供应链管理

预测、规划与优化

微课版

孟庆永 苏兆河 俞锋／主编

SUPPLY
CHAIN MANAGEMENT

人民邮电出版社

北 京

图书在版编目（CIP）数据

供应链管理 ：预测、规划与优化 ：微课版 / 孟庆永，苏兆河，俞锋主编. -- 北京 ：人民邮电出版社，2023.6

职业教育财经类专业群核心课程系列教材

ISBN 978-7-115-61581-7

Ⅰ. ①供… Ⅱ. ①孟… ②苏… ③俞… Ⅲ. ①供应链管理－高等职业教育－教材 Ⅳ. ①F252.1

中国国家版本馆CIP数据核字(2023)第060145号

内 容 提 要

本书是教育部"双高计划"物流管理高水平专业群建设项目的成果之一。全书立足学生职业能力培养，以校企合作模式编写，围绕企业供应链管理流程中的关键决策环节，兼顾理论深度和实践训练，突出实际应用，深入浅出，通俗易懂。全书按照"项目任务式"体例编写，共分为八个项目，包括供应链管理的认知、供应链需求预测、供应链综合计划与产能分配优化、定价与客户关系优化、供应链采购决策优化、供应链库存优化、供应链网络优化、供应链规划与优化综合实训。

本书内容新颖，讲解透彻，可作为职业院校相关专业（物流管理、供应链运营、电子商务、连锁经营管理、市场营销等专业）的教材，也可作为培训用书和供应链管理从业人员的学习和参考用书。

◆ 主　编　孟庆永　苏兆河　俞　锋

　责任编辑　侯潇雨

　责任印制　王　郁　彭志环

◆ 人民邮电出版社出版发行　　北京市丰台区成寿寺路 11 号

　邮编　100164　电子邮件　315@ptpress.com.cn

　网址　https://www.ptpress.com.cn

　天津翔远印刷有限公司印刷

◆ 开本：787×1092　1/16

　印张：14　　　　　　　　　2023 年 6 月第 1 版

　字数：331 千字　　　　　　2023 年 6 月天津第 1 次印刷

定价：56.00 元

读者服务热线：(010)81055256　印装质量热线：(010)81055316
反盗版热线：(010)81055315
广告经营许可证：京东市监广登字 20170147 号

前言

PREFACE

党的二十大报告强调："加快发展数字经济，促进数字经济和实体经济深度融合，打造具有国际竞争力的数字产业集群。"为发挥我国数字经济发展的独特优势，全面促进数字经济与实体经济深度融合，供应链管理的预测、规划与优化尤为重要。

从宏观层面看，推动供应链管理理念、方法及模式在产业界的创新应用，对降低企业经营和交易成本，全面提高产品和服务质量，提升产业竞争力和保障国家资源能源及产业安全具有重要作用。早在 2017 年 10 月，国务院办公厅就印发了《关于积极推进供应链创新与应用的指导意见》，将供应链的创新与应用上升为国家战略。从微观层面看，不管是新兴的跨境电商、新零售企业，还是传统的生产制造、贸易流通企业，有效的供应链管理已成为企业立足市场、取得成功的关键。例如，京东、阿里巴巴等电商头部企业均视供应链管理是新零售成败的关键，小米、苹果等制造业企业也将供应链管理作为提升竞争力的重要策略。

随着 5G、物联网、大数据、云计算等信息技术的广泛应用，供应链管理的实施成本将进一步降低、实施效益将进一步提升，企业会更加注重供应链管理与运营，这也将孕育出新的职业需求。2021 年，"供应链运营"正式列入《职业教育专业目录（2021 年）》。本书依托教育部"双高计划"高水平专业群建设项目，围绕供应链管理与运营中涉及的关键流程——需求预测、综合计划、生产决策、定价决策、客户关系优化、采购决策、库存管理、网络规划与优化，致力于讲述供应链管理与运营过程中的预测、规划与优化等决策问题，改善众多职业院校在人才培养过程中缺乏相关教学资源的现状。

本书编写特色

● **校企合作、注重应用**：本书立足于供应链管理过程中的重要决策环节，采用校企合作的模式编写，结合大量企业案例进行决策分析，让读者真正掌握供应链预测、规划和优化的思路与方法。

● **理实一体、强化实践**：本书采用"项目任务式"体例编写，将理论融于案例与实践，让理论服务于实践，同时配以丰富的实训，全面提升学习效果。

● **配套视频，资源丰富**：本书对 Excel、SPSS、LLamasoft 等软件在供应链优化决策中的具体使用方法配有视频进行讲解，方便获取，即学即会；同时，本书还提供了 PPT、实训及案例素材等立体化的配套资源，用书老师可登录人邮教育社区网站（http://www.ryjiaoyu.com）下载使用。

本书编写组织

本书由浙江经济职业技术学院孟庆永、北京络捷斯特科技发展股份有限公司副总经理苏兆河、浙江经贸职业技术学院俞锋共同编写。孟庆永负责写作提纲、组织编写和最后的统稿工作。具体编写分工为：项目一至项目四由孟庆永编写，项目六至项目八由苏兆河编写，项目五由俞锋编写。感谢北京络捷斯特科技发展股份有限公司工程师李明在本书编写过程中提供的指导和支持。

　　本书在编写过程中参考了大量文献，在此向所有的作者表示诚挚的感谢。由于编者能力有限，本书难免存在不足之处，恳请广大读者批评指正，在此深表谢意！

编　者

2023 年 3 月

目录
CONTENTS

供应链管理的认知

知识目标

1. 理解供应链及供应链管理的概念；
2. 理解不同视角下供应链管理的流程；
3. 知道供应链管理的目标；
4. 理解绿色供应链的概念；
5. 知道绿色供应链和传统供应链的区别；
6. 知道绿色供应链管理的主要内容；
7. 理解智慧供应链的概念；
8. 理解智慧供应链的特征；
9. 理解智慧供应链建设的思路；
10. 理解供应链服务的概念；
11. 知道供应链服务和供应链服务商的特点；
12. 知道供应链服务的常见内容；
13. 理解供应链服务商的能力基础。

技能目标

1. 能从供应链管理的角度分析、评价具体的企业案例；
2. 能围绕供应链管理的目标、内容、策略等要素设计企业供应链管理调研方案。

素质目标

1. 崇尚并养成创新性思维习惯；
2. 体会我国供应链邻域的创新进取精神。

项目导学

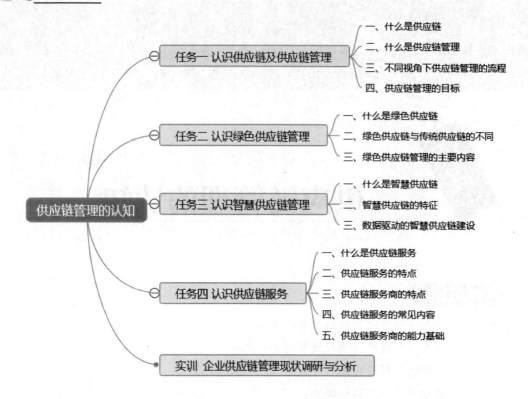

任务一　认识供应链及供应链管理

供应链是人类生产活动的一种客观存在。过去这种客观存在的供应链系统一直处于一种自发的、松散的运动状态，供应链上的各个企业都是各自为战，缺乏共同的目标。不过，由于过去的市场竞争远没有今天企业所面临的这么激烈，因此，这种自发运行的供应链系统并没有反映出不适应。然而，进入 21 世纪后，经济全球化、市场竞争全球化等浪潮一浪高过一浪，自发运行的供应链所存在的种种弊端开始显现出来，企业必须寻找更有效的方法，才能在这种形势下生存和发展下去。所以，人们发现必须对供应链这一复杂系统进行有效的协调和管理，才能取得更好的绩效，才能从整体上降低产品（服务）成本。供应链管理思想就在这种环境下产生和发展起来了。

学习导入

知识学习

一、什么是供应链

关于供应链，很多学者给出了不同的定义，本书采用："通过增值过程和分销渠道控制从供应商的供应商到用户的用户的流就是供应链，它始于供应的源点，结束于消费的终点。"这个定义将供应链清晰地分为两部分，一部分是制造增值过程，另一部分是分销过程。

2021年8月20日，国家市场监督管理总局、国家标准化管理委员会批准的物流领域国家标准—《物流术语》（GB/T 18354—2021）对供应链的标准化定义为："生产及流通过程中，围绕核心企业的核心产品或服务，由所涉及的原材料供应商、制造商、分销商、零售商直到最终用户等形成的网链结构。"根据上述定义，可以用网络图的形式来描述供应链，如图1-1所示。

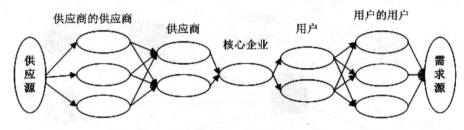

图1-1 供应链

图1-1中每一个垂直的"层面"（如供应商等）称为级；每一个点称为阶段或节点；两个节点之间的连线一般代表物流，有时也可能是信息流或资金流；供应链中产品的供应源称为上游，而需求源称为下游。事实上，"供应链"这个词并不够精确，因为"链"意味着图1-2所示的线性系统（也称连续系统）中，每级只有一个节点，但现在的供应链更类似于图1-1所示的复杂网状结构，每级可能有数十、数百甚至数千个节点。但是在实际中往往研究类似于图1-2中的串行系统，更多的甚至是单阶段系统。

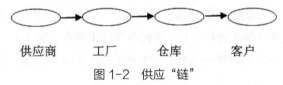

图1-2 供应"链"

二、什么是供应链管理

（一）供应链管理的概念

当今全球市场竞争激烈、新产品的生命周期越来越短，顾客期望值不断提高，这些因素都迫使企业开始投资并关注于它们的供应链。同时通信与物流技术（如5G、互联网、大数据、智能技术、次日达、当日达等）的不断发展，促使供应链及其管理技术也不断发展。

在一个典型的供应链里，首先需要购买原材料，在一个或多个工厂中生产出产品，然后运到仓库临时储存，最后再运往零售商或顾客。因此，为了减少成本并提高服务水平，有效的供应链战略应该考虑供应链中不同层面上各环节的交互作用。供应链，也被称作物流网络，由供应商、制造商、仓库和分销中心零售商和顾客等组成，而原材料、在制品和成品在其中流动，如图1-3所示。

本书将系统阐述对有效供应链管理具有重要意义的概念、决策优化理念、典型方法和实用工具。那么，供应链管理的确切含义是什么？虽然最新版的《物流术语》也对供应链管理给出了标准化的定义，但本书将以更通俗易懂的方式将其定义如下。

供应链管理是用于有效集成供应商、制造商、仓库与分销中心等的一系列方法，通过这些方法生产出来的商品能以恰当的数量，在恰当的时间，被送往恰当的地点，从而实现在满足服务水平要求的同时使系统的成本最小化。

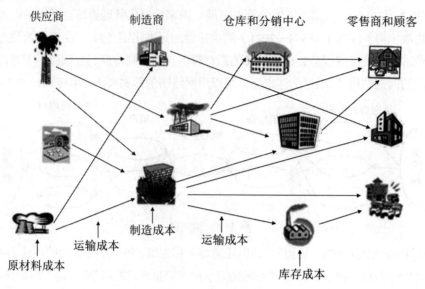

图 1-3　物流网络

（二）供应链管理的理解

关于供应链管理，可以从供应链管理的范围、目标和决策层次三个角度来深入理解。

1. 供应链管理的范围

凡是对成本有影响并在满足顾客需求过程中起作用的环节，都在供应链管理范围中：从供应商和制造商开始，经过仓库和分销中心，直到零售商和顾客。事实上，在有些供应链管理中，还必须考虑供应商的供应商和顾客的顾客，因为他们也对供应链绩效产生影响。

2. 供应链管理的目标

供应链管理的目标是整个系统的效率和成本效益，即系统的所有成本，包括运输和配送，以及原材料、在制品和成品的库存都要尽可能最小化。因此，重点不是简单地最小化运输成本或降低库存，而应该在供应链管理中使用系统的方法进行全局优化。事实上，由于难以对供应链的某些环节进行数学建模，或者模型过于复杂而不易求解，所以通常情况下全局优化的目标难以实现。因此，供应链模型往往专注于优化供应链中的某个环节，或是将供应链的两个或几个方面进行整合，而非面面俱到。

3. 供应链管理决策的层次

由于供应链管理围绕着供应商、制造商、仓库和商店进行有效集成，因此供应链管理决策涵盖从企业战略层到战术层，再到运作层所有层次的活动。

战略层决策对企业的各个方面都会产生重大影响，其时间跨度通常长达几年甚至几十年，如仓库的选址和容量、工厂的选址和产能、与供应商的合同等决策就属于供应链管理中的战略层决策。

战术层决策是指企业的中期决策，时间一般为数月，它可以是固定周期的，但是在具体操作过程中也存在一定的难度。综合计划制订、产品配送、库存补货策略等决策就属于供应链管理中的战术层决策。

运作层决策的时间跨度很短，一般只有几天或几周，在这个时间内已做出的决策必须执行而不能更改。例如，如何满足客户的订单、为运输车辆制定路线等决策就属于供应链管理中的运作层决策。

随着时代和技术的进步，尤其是大数据、云计算、人工智能等新一代信息技术的广泛应用，供应链管理决策的手段进一步丰富，决策更高效，决策变更的节奏也在加快。如在新零售下，多样化、个性化、短生命周期、快速迭代、线上线下混合式销售和快速交付已成为商品产销的基本特征。在这种背景下，产能决策、库存补给策略甚至仓库选址都会成为短期的运作层决策。随着商业模式和决策技术的不断创新，供应链管理决策的三个层次的界限也越来越模糊，因此，本书后续项目不对具体的优化决策内容做上述三个层次上的区分，而是从供应链运作的一般流程出发，梳理流程中的关键环节，并阐述其优化决策的一般思路和典型方法。

三、不同视角下供应链管理的流程

供应链是由一系列发生在各个环节之内以及不同环节之间的流程和流组成的，这些流程和流结合在一起以满足消费者对某种产品的需求。下面介绍观察供应链中的流程的几个不同的视角。

（一）供应链的周期流程

将供应链的流程分为一系列周期，每一个周期都发生在供应链两个相邻环节的接口。所有的供应链流程都可以分解为下面 4 个周期：顾客订货周期，补货周期，制造周期，采购周期。每一个周期都发生在供应链两个相邻环节之间，如图 1-4 所示。

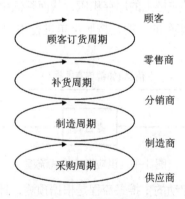

图 1-4 供应链的周期流程

并非每一个供应链都有这种划分清楚的 4 个周期。例如，作为零售商的盒马鲜生，既有原产地直采加工，又有从分销商那里的补充订货，从而很可能有彼此分开的这 4 个周期。相反，小米商城与小米之家分别是小米的线上和线下官方直营渠道，在直接向顾客销售小米产品时绕开了零售商和分销商。

在每个周期中，买方的目的是确保可以得到产品并通过规模购买降低成本。供方则试图对顾客订单进行预测，从而降低接收订单的成本。供方接下来会努力按时完成订单并提高订单履行的效率和准确性。买方接下来则会致力于降低收货过程中的成本。

在所有周期中，订单大多是不确定的，但是可以根据供应链各环节的政策进行预测。例如，在制造周期，制造商可以和经销商合作预测一定时期的销量，并据此安排生产计划；在采购周期，了解了汽车制造商的生产安排之后，轮胎供应商就可以准确预测它的轮胎需求量。各周期之间的另一个区别是订单的规模。一名消费者购买的是一辆汽车，经销商则会从汽车制造商那里一次性订购多辆汽车，而汽车制造商又会从供应商那里订购大量的轮胎。随着消费者向供应商的移动，个体订单数量在减少，而单个订单的规模在增加。

（二）供应链的推拉流程

根据对终端顾客需求的执行时间，供应链中所有的流程都可分为推式流程和拉式流程两种基本类型。

1. 供应链的推式流程

供应链的推式流程是以制造商为核心，产品生产建立在需求预测的基础上的供应链。企业通常是在顾客订货前进行生产，产品生产出来后再考虑销售给不同的顾客，顾客处于被动接收的末端。供应链的推式流程也就是通常所说的以产定销。典型的推式流程运作模式如图1-5所示。

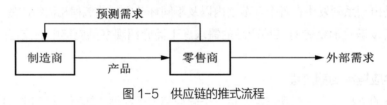

图1-5　供应链的推式流程

2. 供应链的拉式流程

供应链的拉式流程以消费端的顾客需求为核心，以销售商为驱动源点，通过尽可能提高生产和需求的协调一致，来减少供应链上的库存积压，从而降低单件产品成本而获利。在纯粹的拉式流程中是不需要持有任何库存的，而是按照订单进行生产。典型的拉式流程运作模式如图1-6所示。

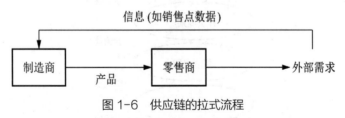

图1-6　供应链的拉式流程

拉式流程是针对顾客订单启动的；推式流程是根据预测，针对顾客订单的预期启动的。拉式流程又可以被称为反应流程，因为它是针对顾客需求做出的反应。推式流程又可以被称为投机流程，因为它是针对投机的（或预测的）需求而不是实际的需求做出的反应。

3. 供应链的推拉混合式流程

事实上，因为拉式供应链的运作实施难度高，通常将其和推式流程组合使用，这就是推拉混合式流程。推拉混合式供应链是指在供应链中，一部分环节（尤其是上游）采用推式，另一部分环节（尤其是下游）采用拉式的供应链流程，即一部分响应预测需求，另一部分响应实际需求。这种策略在生产领域表现为延迟生产或延迟策略。例如，上海通用汽车公司的客户对汽车的车身颜色有严格的要求，该公司对车身的喷漆工序严格按照订单加工，即把生产延迟到接到客户订单后才开始，其余工序批量生产中性产品，最后配上客户指定颜色的车身。吉列公司在其剃须刀刀片业务中也充分应用了生产延迟策略，基础刀片继续在它目前的两个高技术工厂进行生产。但是，包装作业转移到地区配送中心，包装（是一条装配线）将按订单进行，这使标签能够针对每个零售商定制。而且，吉列公司可以正确满足零售商所希望的每个包装的刀片数量，而不会出现不恰当的数量造成多余包装的浪费。

推拉混合式流程结合了推式供应链和拉式供应链的特点，扬长避短，既可以发挥规模经济效益，也可以实现个性化定制。使用推式流程的部分利用了库存聚集，即风险分担的特性，减少了库存。这也是供应链库存优化常用的思路。

（三）企业供应链的宏观流程

前面讨论的两种流程以及本书中的所有供应链流程都可以划分为下面三种宏观流程：客户关系管理（Customer Relationship Management，CRM），内部供应链管理（Internal Supply Chain Management，ISCM），供应商关系管理（Supplier Relationship Management，SRM），如图1-7所示。

供应商	企业	客户
SRM	ISCM	CRM
寻找货源 谈判 购买 合作	计划管理 订单履行 生产 仓储管理 库存策略	市场营销 定价 销售 订单管理

图1-7 企业供应链的宏观流程

在企业内部，所有的供应链活动都属于客户关系管理、内部供应链管理和供应商关系管理这三种宏观流程中的一种。其中，客户关系管理包含围绕企业与其客户之间的联系的所有流程，如市场营销、定价、销售、订单管理等流程；内部供应链管理包括内部各类计划的制订与执行，规划选址和仓储规模，决定每个仓库保管哪些产品，制定库存管理策略以及按实际订单提货、包装和发货等；供应商关系管理包含围绕企业与其供应商之间的联系的所有流程，如各种产品的供应商的选择、价格和交付条款的谈判、与供应商分享供求计划以及补充订单的安排等。

本书后续项目的安排是基于上述宏观流程的。本书后续项目将通过梳理宏观流程涉及的典型环节，阐述各关键环节的优化决策思路、常用方法和相关工具的使用。

四、供应链管理的目标

供应链管理的目标是通过调和总成本最低化、客户服务最优化、总库存最少化、总周期最短化以及物流质量最优化等目标之间的冲突，实现供应链绩效最大化。

（一）总成本最低化

众所周知，采购成本、运输成本、库存成本、制造成本以及供应链物流的其他成本费用都是相互联系的。因此，为了实现有效的供应链管理，必须将供应链中各成员企业作为一个有机整体来考虑，并使实体供应物流、制造装配物流与实体分销物流之间达到高度均衡。从这一意义出发，总成本最低化目标并不是指运输费用或库存成本，或其他任何单项活动的成本最低，而是整个供应链运作与管理的所有成本的总和达到最低。

（二）客户服务最优化

在市场竞争激烈的时代，当许多企业都能在价格、特色和质量等方面提供相类似的产品时，差异化的客户服务能带给企业独特的竞争优势。纵观当前的大多数行业，消费者都有广泛而多样化的选择。企业提供的客户服务水平，直接影响它的市场份额、物流总成本并且最终影响其整体利润。供应链管理的目标之一就是通过上下游企业协调一致的运作，保证达到客户满意的服务水平，吸引并保留客户，最终实现企业的价值最大化。

（三）总库存最少化

传统的管理思想认为，库存是维系生产与销售的必要因素，因而企业与其上下游企业之间的活动只是实现了库存的转移，整个社会的库存总量并未减少。按照准时制生产方式（Just In Time，JIT）的管理思想，库存是不确定性的产物，任何库存都是浪费。因此，在实现供应链管理目标的同时要将整个供应链的库存控制在最低的程度。"零库存"反映的就是这一目标的理想状态。所以，总库存最少化目标的达成，有赖于对整个供应链的库存水平与库存变化的最优控制，而不只是单个成员企业库存水平的最低。

（四）总周期最短化

在当今的市场竞争中，时间已成为最重要的要素之一。当今的市场竞争不再是单个企业之间的竞争，而是供应链与供应链之间的竞争。从某种意义上讲，供应链之间的竞争实质上是时间的竞争，即必须实现快速有效的反应，最大限度地缩短从客户发出订单到交货的总周期。

（五）物流质量最优化

企业产品或服务质量的好坏直接关系企业的成败。同样，供应链企业间服务质量的好坏直接关系到供应链的存亡。如果在所有业务过程完成以后，发现提供给最终客户的产品或服务存在质量缺陷，就意味着所有的成本付出将不会得到任何价值补偿，供应链管理下的所有物流业务活动都会变为非增值活动，从而导致整个供应链的价值无法实现。因此，达到与保持服务质量最优化，也是供应链管理的重要目标。

事实上，不管是绿色供应链、智慧供应链还是供应链服务，其管理内容都是围绕上述五个基本目标展开的，即供应链管理的理念、形态和业态的进化有时会增加一些约束，但通常不会影响供应链管理的基本目标。

 任务实施

时装业传统上从设计到销售的周期平均为 6 个多月，而某品牌把这个周期缩短到了 4～6 周。凭借这一速度，该品牌每周都可以推出新款服装，并且每 3～4 周就可以更换店里展销的 75% 的服装。这样一来，该品牌的在销服装就比其竞争对手的服装更贴近消费者的喜好。其结果是，该品牌的服装大部分是全价销售的，而与其类似的竞争对手店中的服装有一半是减价销售的。

该品牌采用在欧洲（主要在葡萄牙和西班牙）的弹性和快速原料采购与在亚洲的低成本原料采购相结合的方法生产服装。这与那些将大部分生产工序转移到亚洲的服装制造商相比有很大不同。该品牌背后的服装集团自己保有大约 40% 的生产能力，其他则外包出去。需求不确定的产品在欧洲生产，而需求相对确定的产品则在亚洲生产。超过 40% 的成品购买和大部分的内部生产是在销售季节开始之后进行的。而其他大多数零售商只有不到 20% 的生产是在销售季节开始之后进行的。该品牌还大力投资于信息技术以确保及时传递最新的销售数据，促进及时补货和据以制订生产决策。

2009 年，该品牌背后的服装集团从位于西班牙的 8 个配送中心（Distribution Center, DC）为世界各地的专卖店配货。集团宣称，从配送中心收到订单到货物送达专卖店，欧洲的平均配送时间是 24 小时，美洲或亚洲的平均配送时间是 48 小时以内。配送中心向专卖店的配送频率是每周若干次。这使得专卖店的存货非常接近消费者的需求。

任务与思考

根据上述内容绘制该品牌的供应链，并回答下列问题。

（1）该品牌通过拥有快速响应供应链，获得了哪些相对于竞争对手的优势？

（2）该品牌背后的服装集团为什么选择同时开展内部生产和外包生产？为什么尽管在亚洲生产成本更低廉，集团仍然在欧洲保持了一定的生产能力？

（3）为什么该品牌在当地生产需求不确定的产品，而在亚洲生产需求相对确定的产品？

（4）该品牌每周数次为专卖店补货的做法有何好处？补货频率对配送系统的设计有何影响？

（5）结合上述问题，谈谈你对供应链管理的认识。

任务二 认识绿色供应链管理

在资源与环境问题成为全球关注焦点的背景下，很多国家先后调整自己的发展战略，全球性产业结构呈现出绿色战略趋势。2014 年 1 月，首个亚太经合组织绿色供应链合作网络示范中心在天津建立。2015 年 10 月，绿色发展理念作为五大发展理念之一在十八届五中全会上被明确提出。2017 年 10 月，国务院办公厅发布的《国务院办公厅关于积极推进供应链创新与应用的指导意见》（国办发〔2017〕84 号）明确提出要积极倡导绿色供应链，并提出了三条路径：大力倡导绿色制造；积极推行绿色流通；建立逆向物流体系。这表明绿色供应链管理的时代已经到来。

学习导入

知识学习

一、什么是绿色供应链

在供应链管理中考虑环境因素的思想，最早是在 20 世纪 70 年代提出的，当时这种提议只是作为物流管理的一个次要方面来考虑。20 世纪 90 年代，美国国家科学基金会资助密歇根州大学的制造研究协会开展了一项"环境负责制造（Environmentally Responsible Manufacturing，ERM）"研究，第一次提出绿色供应链的概念，研究认为绿色供应链要将环境因素整合到供应链的产品设计、采购、制造、组装、包装、物流和分配各个环节。1996 年，国际标准化组织开始推出 ISO 14000 环境管理体系系列标准，促使绿色供应链领域的研究更加活跃。

绿色供应链管理的最初目的是提高企业的环境绩效，以适应日益严格的环境法规以及日益提高的公众环境意识的要求。其最终目标是实现企业在经济效益、社会效益和环境效益方面的"共赢"，进而促进企业的可持续发展。如果说企业实施绿色供应链管理之初多少还有些迫于外界的压力，那么，随着绿色供应链管理的实施，效率提高带来的经济收益、创新带来的竞争优势、持续改进的产品质量、不断提升的企业形象等一系列综合效益，则使企业逐步认识到实施绿色供应链管理是企业可持续发展的一种有效途径。

国外学者对绿色供应链及管理有多种解释，美国学者将一些环境因素引入供应链模型，在传统供应链基础上加入了再制造、回收和再利用这些活动，提出了拓展型供应链；荷兰学者认为绿色供应链管理与传统供应链管理的区别主要有两点：一是绿色供应链管理在原有供应链管理的基础上强调环境保护意识和供应链内部长期稳定的战略合作关系；二是绿色供应链管理强调技术在供应链运行过程中的关键性作用。

目前，绿色供应链管理还没有确切的一个概念，但其核心观点是指在供应链管理的基础上，加入环境保护的考量，把"无废无污"和"无任何不良成分"及"无任何副作用"贯穿于整个供应链中，这就是绿色供应链管理的基本原则。所以，绿色供应链仍然是供应链，无外乎是其管理的视角和出发点有所不同，在传统供应链管理的基础上增加了"绿色"的约束。借鉴众多研究学者的提法，可以对绿色供应链管理做如下定义。

绿色供应链管理，又称环境意识供应链管理（Environmentally Conscious Supply Chain Management），它考虑了供应链中各个环节的环境问题，注重对环境的保护，促进经济与环境的协调发展。

二、绿色供应链与传统供应链的不同

（一）研究的领域不同

绿色供应链管理涉及的问题领域包括三部分：供应链管理问题；环境保护问题；资源优化问题。绿色供应链管理就是这三部分内容的交叉和集成，而传统供应链管理很少涉及环境保护和资源节约的问题。

（二）获得的效益不同

传统上，企业的唯一目标是经济效益的最大化。企业为了追求自身利益，势必以外部利益为代价，却不愿意承担社会责任。绿色供应链管理则综合考虑经济效益、环境保护、资源节约三者的统一。

（三）传递的信息不同

传统供应链的信息传递非常普遍，几乎无处不在，无时不有。而绿色供应链管理还增加了环境影响信息和资源保护信息的传递，并且将供应链管理的信息流、物流、能量流有机结合，系统地加以集成和优化。

（四）管理的过程不同

绿色供应链管理经历设计、采购、制造、包装、销售、使用、回收处理的整个闭合循环过程，它涵盖了产品生命周期的每一过程。传统供应链管理则只是从供应商到消费者的一个单向过程，其过程可形象地称为"从摇篮到坟墓"。

（五）追求的目标不同

传统供应链管理的功能目标只包含 T（Time，时间）、Q（Quality，质量）、C（Cost，成本）、S（Service，服务）四个目标。而绿色供应链管理的功能目标则包括 T（Time，时间）、Q（Quality，质量）、C（Cost，成本）、S（Service，服务）、E（Environment，环境）和 R（Resource，资源）这六个目标。

事实上，在涉及绿色供应链的规划、优化决策时，通常只是在传统的决策模型基础上增加环境、资源等"绿色"约束而已。

三、绿色供应链管理的主要内容

绿色供应链管理包括从产品设计到最终回收的全过程。

（一）绿色战略

绿色供应链虽然可能由一个主导企业来集中管理，但其并不是由一个企业单独来完成的，而是由供应链中的所有企业一起努力来完成的。这便对供应链中的企业提出了更高要求。常见的情况是：首先，供应链中的一个主导企业按照其发展战略要求首先实现自身的"绿化"；其次，该企业向外部延伸，以自我为主导培育自身的供应链条，并配合自身战略的实施向供应伙伴提出"绿化"要求；最后，基于供应链中各个企业的共同努力，建立起一条完整的绿色供应链。

因此，要有效地实施绿色供应链管理，企业必须确定绿色发展战略，并在企业内确立绿色供应链管理的战略地位。这便要求企业的高层领导对其给予足够的重视，并将其纳入企业的总体发展战略规划之中。同时，企业还要加强对员工理念的培训，让这一发展理念成为企业文化的一部分。

（二）绿色设计

绿色设计又可以称为面向环境的设计或生态设计，是指在产品开发及其生命周期的全过程设计中，充分考虑产品对资源和环境的影响，优化有关设计因素，从而使其产品在制造和使用中对环境的总体影响和资源消耗降到最低。绿色设计是绿色供应链管理的关键一环，这是因为要想从根本上防止污染、节约资源和能源，关键就是把住产品的设计关，而目前一些企业经常采用的"亡羊补牢"式做法，即在产生不良环境影响后再进行末端处理，这是不符合绿色设计理念的。因此，在绿色设计这一环节，要求企业设计人员充分考虑产品在制造、销售、使用及报废后可能对环境产生的各种影响，并积极进行协作安排，重塑制造工艺、装配方案、拆卸方案、回收处理等业务流程，并建立相应的环境评价约束准则。

（三）绿色材料选择

绿色材料是指具有良好使用性能，并在产品的制造、加工、使用乃至报废后回收处理的全生命周期过程中能耗少、资源利用率高、对环境无污染且容易回收处理的材料。这一定义要求绿色材料要具备以下几个要素特征。

（1）材料本身所体现的先进性，如低能耗或给产品带来的优质性。

（2）应用于生产过程的安全性，如低噪声和无污染性。

（3）材料使用的合理性，如降低成本或可回收利用等，尽可能选择对生态环境影响小的材料是绿色设计中应该充分考虑的问题。因此，绿色材料有无或能否开发利用是绿色设计的关键，也是体现绿色设计水平的重要层面。

实施绿色供应链管理，就必须要重视对供应端的"绿色管理"，这是因为理论和案例研究表明，供应端在环境方面取得的成就可以在后续供应链中得到放大，即供应端绿色化的努力比末端处理的效率要高，所以供应端绿色化是绿色供应链管理的核心内容，这要求企业评估、选择好的供应商，并通过垂直培训或要求进行第三方组织培训等手段加强对供应商的"绿色管理"。

（四）绿色制造

绿色制造是指综合考虑环境影响和资源、能源消耗的现代制造模式，其手段是借助于各种先进制造技术、制造工艺、管理技术，其目标是产品在从设计、生产、包装、运输、使用到报废处理为止的全生命周期中，对环境负面影响最小，资源利用率最高，以及企业经济效益和社会效益协调优化。广义的绿色制造包括了前面所介绍的绿色设计和绿色材料选择，还包括绿色包装，甚至还涉及产品的整个生命周期，是个"大制造"的概念。

（五）绿色分销

绿色分销包括绿色销售、绿色包装、绿色运输。绿色销售是指企业对销售环节进行生态管理，它包含分销渠道、中间商的选择、网上交易和促销方式的评价等。绿色包装主要从以下几个方面进行考虑：实施绿色包装设计，优化包装结构，减少包装材料，考虑包装材料的回收、处理和循环使用等；绿色运输主要指集中配送、资源消耗和合理的运输路径的规划。

（六）产品废弃阶段的处理

工业技术的改进使得产品的功能越来越全面，同时产品的生命周期也越来越短，造成了越来越多的废弃物消费品。这些废弃物消费品不仅造成严重的资源、能源浪费，而且成为固体废弃物和污染环境的主要来源。产品废弃阶段的绿色性主要体现在回收利用、循环再用和报废处理上面。

 任务实施

GE 的绿色供应链管理发展战略创新，是 2014 年 11 月由 GE 全球供应链可持续发展部组织实施的"绿色供应链创新（GSI）"项目。GE 的绿色供应链创新项目得到了"中美绿色基金"的支持，GE 协同安永、美国劳伦斯伯克利国家实验室等发起并建立了这种创新的商业模式。GE 业务集团与节能/节水的设备与技术提供方，以及与绿色金融投资机构等合作，通过市场方式构建产业模式，在政府的相关政策支持下，为 GE 的战略供应商提供一揽子节能/节水/可再生能源的综合解决方案。

GE 全球供应链可持续发展部在 GE 负责统筹协调公司的绿色生产、回收、物流、信息平台建设、信息披露和供应商可持续发展事宜，为供应商工厂提供有关供应商的责任标准、可持续发展、能效提升等信息及培训，管理每年数千个供应商工厂的认证和再认证。

GE 全球供应链可持续发展部在中国建立了绿色采购标准制度、供应商绿色认证、供应商绿色审核和筛选、供应商绿色绩效评估、供应商绿色培训体系。GE 全球供应链可持续发展部于 2014 年发起和实施了绿色供应链创新（GSI）项目，项目最终目标是携手政府和卓越的第三方，充分发挥 GE 在绿色产品、技术及大数据分析方面的优势，通过提升供应商能效和生产效率，来加强合作并促进企业竞争力的提高。

早在 2004 年，GE 全球供应链可持续发展部就开始在中国推行绿色供应链管理，10余年来共涉及供应商 4 500 多家，发现并推动供应商解决了约 16 500 项环保问题。同时，GE 也意识到，在绿色供应链管理中发现的供应商安全、环保和劳动用工问题，归根结底都关乎节能减排和生产效率，一个企业生产所用的能源材料投入，减掉排放和能源消耗，才是企业所能得到的产品。GE 在实施供应商绿色审核和认证过程中，深刻地理解到，如果能帮助供应商有效和可持续地减少排放和能源消耗，实现绿色转型，增产增效，那将是 GE 和供应商的共同利益所在。这也促使了 GE 在 2014 年开始实施绿色供应链创新（GSI）项目。

绿色供应链创新（GSI）项目充分发挥了 GE 全球领先的数字化优势。它首先选取了最具成本效益的产品组合，并利用数字化解决方案，优化节能管理成效。

GSI 使得企业实现收入的增加和成本的降低，帮助企业收回初始投资，并不断地带来更多的收益。例如一家参与 GSI 项目的 GE 供应商，利用 GE 的共享高级数据分析平台，推进工业经济数字化管理。除了使用常规的数据分析模块而产生的节能效益外，该供应商还利用高级数据分析工具进行重点耗能设备的数据分析，在第一阶段项目完成后，可实现一年综合节省 3% 的电耗，对应各工程项目的投资回报期将是 1 ~ 4 年。

最初，GE 绿色供应链创新（GSI）还只是一个概念，很多人在刚开始时，以为这和那些已经做了几十年的合同能源管理的商业模式一样，大家都对 GSI 抱着怀疑态度。但是，经过对 GSI 的不断探索、尝试，越来越多的人认识到这种商业模式的可持续发展优势和先进性。GSI 通过绿色供应链管理体系集成创新、绿色技术集成创新、绿色供应链金融模式创新和绿色供应链服务运营模式创新，形成具有商业内驱力、可落地、可复制和可推广的模式。过 3 年时间，一个个可持续的绿色供应链典型应用项目的示范，实现多方共赢，也逐步得到各方认可和支持，包括连续两年获得美国能源部和国家发改委在中美能效大会上的表彰；被环保部和东盟环境中心评为"绿链之星"；2017 年工信部第一届绿色供应链示范项目第一名；携手台湾永冠集团，通过了 2018 年度国家绿色制造系统集成项目评审，作为当年唯一在绿色供应链管理方向的项目列入国家资金计划，获得国家支持。

任务与思考

（1）从供应链管理的流程来看，GE 绿色供应链管理实施的发力点聚焦在哪个环节？为什么？

（2）总结 GE 绿色供应链管理的成功之处。

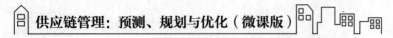

任务三　认识智慧供应链管理

学习导入

2017 年 10 月，国务院办公厅印发的《关于积极推进供应链创新与应用的指导意见》提出，到 2020 年，基本形成覆盖我国重点产业的智慧供应链体系，培育 100 家左右的全球供应链领先企业，中国成为全球供应链创新与应用的重要中心。加快智慧供应链创新与应用，已成为推进供给侧结构性改革、培育新的经济增长点、建设现代化经济体系的重要内容。

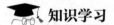
知识学习

一、什么是智慧供应链

随着云计算、人工智能等信息技术的广泛深入应用，供应链与互联网、物联网深度融合，供应链管理开始进入智慧供应链的新阶段。目前，有关各界对智慧供应链的认识还不统一，但较为普遍认同的是，智慧供应链是在传统供应链的基础上将现代信息技术和管理相结合，在企业内和企业间构建的集成系统，能够实现供应链的智能化、数字化、网络化和自动化。

与传统供应链相比，智慧供应链受需求驱动，技术渗透性更强，更加强调与客户及供应商的信息分享和互动协同。从微观层面看，智慧供应链基于信息技术，可以优化业务流程、提高市场响应速度、降低企业成本，使供应链变得透明、柔性和敏捷，使各个职能更加协同，是企业获取竞争优势的核心来源。从产业层面看，智慧供应链是推进供给侧结构性改革的重要抓手，有利于降本增效，更好地连接生产与消费，促进供需匹配和消费升级。从国家层面看，世界经济已经从企业竞争进入供应链竞争时代，美国已将供应链战略上升为国家战略，供应链水平的高低，尤其是智慧供应链的发展成为衡量一国综合实力的重要标志之一。

二、智慧供应链的特征

智慧供应链的特征主要表现在两个方面。

（一）新一代信息技术的应用实现了供应链数字化

新一代信息技术是如何融入供应链的，以及是如何实现供应链数字化的，中国（深圳）综合开发研究院物流与供应链管理研究所所长王国文先生的关于车辆及货物状况实时反馈的一段描述清楚地展示了这一过程："首先，车上装了 RFID 传感器便有了通信的能力，有了 RFID 读写的过程便可以定位一辆车的位置，这是车辆识别技术。然后把网络技术和互联网的连接技术装到车辆上，配合 GPS 技术可以实时确认车辆所处的位置，进行车辆跟踪，使车辆的定位变得实时化。如果把货物加上 RFID，通过无线网络传输，可以实现车和货的结合，就可以实时知道货物在什么地方。再如冷链，如果把更多的软件分析能力、智能卡以及供应链工程的软件放在里面，就可以对车辆和货物的状况进行实时反馈和反映。当出问题时，比如温度上升了，系统会告诉车辆进行制冷，车辆的任何状况都可以上升到供应链事件管理的程度，由于智能化的提升，我们可以管理供应链的事件。"无论是位置、状态，还是温度、湿度，在计算机里都是以数字呈现的，这样通过新一代信息技术的融入实现了供应链的数字化、可视化，为数据驱动管理创造了条件。供应链数字化的关键技术有以下几种。

1. 大数据

供应链运营过程中产生的所有数据，有企业内部的数据，也有企业外部的数据，这些数据有的是整理好的结构性数据；有的是非结构性数据，如社交媒体上的一些很零散的数据。大数据融入供应链的过程，就是要把这些外部数据和内部数据，结构化数据和非结构化数据，装入数据分析的框架，形成一个数据仓库；然后再用计算机和软件进行数据的建模、分析和优化决策等供应链管理工作。

2. 物联网和人工智能

基于机器阅读速度的不断提高，人工智能开始出现，有了机器学习的能力。机器具备了数字神经系统，把人的感知变成了机器的数字化的感知，才能看见光，感受到温度，感受到振动和湿度。正是各种智能传感设备和互联网的组合实现了实物的数字化描述与传输，让供应链运营过程中的围绕商品、车辆、供应商、客户等各种实体的状态信息数字化、实时化、可视化。而人工智能又能充分利用供应链运营过程中产生的各种数据进行科学合理的识别与控制，从而实现供应链管理的高效智能。

除了上述技术外，还有很多新一代信息技术参与了供应链的数字化过程，如区块链技术、云计算技术、机器人技术等。

（二）数据驱动的供应链运营模式实现了供应链管理难度的降低与效率的提升

数据是智慧供应链的核心，数据平台是整个智慧供应链的"大脑"，也是其关键所在。"互联网 +"、云计算、大数据应用于供应链需求、生产计划、供应、物流等各个方面，对供应链进行实时掌控，能更清晰地把握需求预测、生产流程优化、库存状况、物流效率等情况，同时通过对各方面的运行进行仿真并对仿真结果进行分析，调整不合理的地方，利用新的对策使整个供应链战略和网络得到优化，推动供应链运营绩效得到提高。数据对智慧供应链的驱动性主要体现在以下方面。

1. 提高需求预测准确性

对未来需求的预测构成了供应链中战略性和规划性决策的基础。利用智慧平台对消费者的购买信息进行处理、整合，最终做出需求预测。预测不准确时，库存很多或者断货现象屡见不鲜；客户订单无法准时交货，客户投诉不断；生产计划变更频繁，员工丧失积极性等。不管其中哪一种情况发生都将给企业带来无法估量的损失。

2. 提高采购效率

通过与供应商线上沟通，了解供应商的产品、交货能力等信息，为新产品、高质量产品、低成本产品寻找最佳供应商，与供应商建立良好关系，提高采购效率，提升企业自身利益，满足生产需求，做到快速反应，这也体现了智慧供应链的协同性。

3. 降低库存成本

区块链、云计算操作简单且可快速获取信息，可为企业制定合理的库存布局，并对货物的实时信息进行动态搜集和分析，利用智慧平台对货物合理区分，提高货物信息准确性，避免因库存短缺与堆积造成损失，从而有效降低库存成本。

4. 提高物流效率

物流包括装货、配送、卸货等环节，要想提高效率，必须优化每个环节的工作，建立高效的运输和配送中心，使用智能物流管理系统，如智能排车系统、智能配送系统、电子铅封智能管理系统等。利用智能化系统，进行智能配货、路线规划、车辆监控、签收统计等，从而达到提高物流效率的目的。

5. 风险预警

通过数据进行预测性分析，规避风险问题。例如，问题预测可应用到质量风险控制，如生产线上的传感器可将流水化作业过程中设备的运营状况以及产品质量通过数据反映出来，以反映生产线的运行状态，并可利用大量的实时数据计算设备发生故障的概率，这样企业可以提前安排设备维修，降低风险，保证生产安全。

三、数据驱动的智慧供应链建设

智慧供应链的实现依赖于供应链数字化，企业在构建智慧供应链体系的过程中，除了要引进优秀人才、优化现有流程、采用先进设备之外，还要进行数字化改造，运用先进技术手段提高供应链的智能化、现代化水平，进行以下三方面的建设，如图1-8所示。

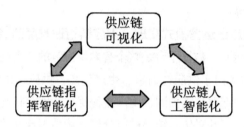

图 1-8　供应链体系的数字化改造

（一）供应链可视化

阿里巴巴旗下的盒马鲜生是数字化供应链实践的代表，该品牌实现了对电子标签的普遍应用，将线上、线下的数据统一起来，具体包括库存数据、商品价格数据、营销数据、品类数据等；消费者可以在网络上订购，到实体店取货，这些措施为构建可视化供应链做好了铺垫。

在实现供应链可视化的基础上，企业能够将采购、开发、营销、物流配送等不同环节的运营连接起来，发挥协同效应，促进运营过程中产生的库存、市场需求、销售情况、物流等信息的高效传递与共享，提高供应链的响应能力。除了上述环节的可视化发展之外，店员、商品品类、消费者等相关信息也将在供应链范围内实现共享。与此同时，企业将建设云计算体系。企业依托可视化信息平台，能够根据自身业务发展需求制订相对应的战略计划，促进供应端与需求端之间的对接，在降低库存的同时不断完善自身的服务体系。

（二）供应链人工智能化

供应链在日常经营过程中会产生多样化的应用场景数据，具体如商品数据、市场数据、库存数据、消费者数据等，企业根据业务发展需求及具体的场景，包括市场需求预测、商品价格制定、品类管理、营销活动、商品供应、库存管理、不同门店之间的资源调度及分享、物流规划等，结合相应的算法，就能运用数字模型对各个场景进行科学的分析。如此一来，企业就能在收集数据、分析数据的基础上，进行数字建模，把握市场变化趋势，为自身的决策制定提供参考。

对供应链运营来说，人工智能的应用模型分为两种：预测模型与决策模型。其中，前者是在掌握海量数据的前提下，通过构建统计模型，结合相应的算法，推测市场需求状况的发展变化趋势；后者是利用科学的算法及运筹模型，根据企业发展需求及具体场景，为企业的决策制定提供有效参考。

从根本上来说，预测功能是人工智能的价值体现，预测本身并不是运用这项技术的目的，而是为了给企业的决策制定提供参考，减少企业因缺乏经验而产生的决策失误。

（三）供应链指挥智能化

指挥控制系统在供应链管理中发挥着核心驱动作用，因此，企业应对自身的业务进行分类，并建立不同类别的指挥控制系统。不同业务类别对应着不同的功能，为企业提供日常经营过程中的各项数据，包括产品供应情况、销售情况、退货情况、订单完成进度、库存周转情况等。此外，这些系统还促进了不同环节之间的配合与连接，运用合适的数学模型进行数据分析，在综合考虑多项因素的基础上为企业的决策制定提供精准的参考信息，帮助企业优化选品、合理定价、提前预测、及时供货。如此一来，供应链管理者只需获取数据信息、确定市场需求、与目标用户展开互动、整合内部资源、促进企业改革创新即可。

 任务实施

作为新零售的代表，盒马鲜生实现了真正的数字化运营。其创新性地将整个数字化的系统搬到"云"端，ERP 系统、门店 POS 系统、门店物流系统、配送系统、App 系统作为一整套系统打通所有环节，包括数据库和界面接口。该系统的核心是会员、营销、商品、交易、供应链、门店作业，实现了全面的数字化：实现所有货架的电子标签化，实现所有货架的库存、货架的商品、动态的变价全面数字化。

任务与思考

结合上述信息，查询相关资料，想一想盒马鲜生为什么要致力于实现数字化运营。

任务四　认识供应链服务

20 世纪 90 年代以来，竞争日益激烈的环境下，市场对生产和管理过程均提出了高质量、高柔性和低成本的要求，把企业内部以及节点企业之间的各种业务看成一体化的整体流程，实施供应链集成化管理是必然趋势，企业希望服务商能够提供一体化、个性化、专业化的供应链服务。

学习导入

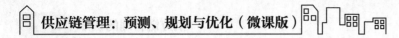
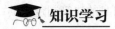
知识学习

一、什么是供应链服务

供应链服务是指以市场需求为起点，利用现代信息技术，与供应链重要节点、重要供应商和客户结成稳定的联盟合作伙伴关系，整合供应链资源，根据供应链上的服务需求，提供集交易、融资、结算、物流配送、品牌培育、营销推广等于一体的供应链服务模式，实现产业链上下游的资源整合、优势互补和协调共享。

2021年发布的《物流术语》（GB/T 18354—2021）对供应链服务的定义为："面向客户上下游业务，应用现代管理和技术手段，对其商流、物流、信息流和资金流进行整合和优化，形成以共享、开放、协同为特征，为客户创造价值的经济活动。"

二、供应链服务的特点

供应链服务的主要特点是服务集成性和协同性。

（一）服务集成性

供应链服务由供应链资源集成、信息集成和管理集成有机整合而成，它们之间相互联系、相互依存、相互作用。供应链资源集成是供应链服务的基础，也是供应链价值创造的基础。资源集成的规模、结构、效率和质量直接体现供应链服务的价值量。信息集成能广泛地收集、整合资源与市场信息，进行价值模拟和有效管理。管理集成则能从战略高度提高资源、市场、信息和整个供应链服务的集成度，增加供应链的价值。所以，供应链服务也叫供应链集成服务。

例如，物产中大集团试图利用互联网、物联网、云计算等信息技术，通过线上、线下结合的方式，把产业生态链的供应链、制造商、消费者和利益相关方有机联系在一起，从而提供标准化、精益化、智能化、柔性化的供应链服务，其商业模式充分体现了供应链的资源集成、信息集成和管理集成。内外部的物流资源、财务资源和信息资源在这一层通过整合形成客户专属的解决方案；资源的集成牵涉到大量的信息流，要依靠信息层集成系统来实现；管理集成是供应链服务的外在表现，向客户提供可选择的服务菜单。

（二）服务协同性

一个集成的供应链服务流程框架包括整个端到端的供应链内的所有协同，包括供应协同、需求协同、物流协同和资金流协同。

1. 供应协同

供应链服务商与供应商之间通过信息资源的实时共享与业务数据的及时传递，实现供应与生产的高度配合，提高企业与供应商的作业效率，并能够敏捷应对生产和市场的变化。

2. 需求协同

供应链服务商与需求客户之间通过构建业务协同平台，及时掌握需求进度和需求数量，实现及时供应和平准化配送，提高供应保障能力，降低库存成本及缺货成本，提升客户服务质量。

3. 物流协同

供应链服务商通过在上下游之间搭建物流信息平台，能够实时掌握物流运输过程，包括计划发到货时间、运输线路、配载情况、到货验收、异议处理等相关信息，可以提高现场服务的前瞻性和敏捷性，同时能够有效控制质量风险及传统验收过程中可能存在的管理漏洞。

4. 资金流协同

供应链服务商与上下游客户、银行、电商平台等开展合作，借助互联网、大数据技术对接物流、资金流和信息流，依托参与各方的数据共享形成的风控及信用体系，为供应链上下游企业提供在线授信、保理、资金集中结算与支付等一体化的金融服务，帮助客户降低供应链融资成本，提高供应链金融服务效率。

三、供应链服务商的特点

供应链服务商可以为客户企业提供整个流通、采购、物流及供应链系统设计、实施和运作服务，其主要特点如下。

（一）供应链服务商扮演"三商合一"的角色

对产业链下游企业而言，供应链服务商是供应商；对上游企业来说，供应链服务商是分销商。同时，供应链服务商围绕物流、商流、信息流、资金流为上下游企业提供一系列增值服务，扮演增值服务提供商。

（二）供应链服务商是产业链的组织者

供应链服务商整合产业链上游优质产品及服务资源，服务下游产业，打通产业链，精准对接产业链上下游，是产业链的组织者。

（三）供应链服务商是供应链的管理者

对于供应链服务商的客户来说，不论是上游企业还是下游企业，其供应链组建、运营与管理的实际"操盘手"是供应链服务商。

（四）供应链服务商通常是优质资源的拥有者

供应链服务商往往拥有行业供应链上的优质资源，只有掌控这些优质资源才能为上下游客户提供高性价比的产品和服务，这是供应链服务商价值的体现。这些资源可以是服务商自身拥有的资源，也可以是通过战略投资或战略联盟等形式掌控的资源。如飞马国际，其前身是第三方物流公司，围绕优质物流资源为客户提供一系列供应链增值服务是其成功的关键；物产中大集团除自有的制造业企业外，还通过战略性投资获得上游供应商的优质资源，如控股上游煤矿等。

（五）供应链服务商是供应链上各类资源的整合者

和第三方物流企业一样，供应链服务商除拥有或掌控部分优质资源外，其大部分资源都是从外部整合而来的。供应链服务商通过整合外部资源和自有资源为供应链上客户提供一体化的服务。

（六）供应链服务商提供的服务内容有行业特征、无边界制约

供应链服务商往往会聚焦于某个行业，如怡亚通主要业务是消费品分销，红狮供应链围绕建材产业，为产业链上下游企业提供供应链服务，而物产中大、浙商中拓、飞马国际主要聚焦钢铁、有色金属、能源等大宗原材料的流通行业，为产业链上下游提供供应链服务。上述供应链服务商所提供的服务内容及重心根据行业需求不同有所差异，但业务并没有边界制约，只要是客户有需求，供应链服务商就可以通过整合相关资源提供针对性的服务。

四、供应链服务的常见内容

（一）功能性或综合性物流服务

供应链服务商为客户提供仓储、运输、加工、包装、配送、库存控制等功能性物流服务。这些服务是完成供应链运作的基础性服务，供应链金融、采购、分销等典型的供应链服务很大程度上要依托物流服务才能完成。因此，不论是整合还是自建物流体系，掌控稳定的物流资源是供应链服务商的基础能力。

（二）采购管理服务

供应链服务商提供的采购管理服务包括境内采购、境外采购以及供应商开发与管理等完整采购管理服务。采购管理服务按照收费模式可以分为采购服务和采购执行两类：采购服务通常由客户出资，供应链服务商替客户完成采购及物流活动并收取合理的服务费；采购执行指由供应链服务商整合客户需求，自行出资完成采购物流活动，并将采购物资以合理的价格卖给客户，赚取利差。

（三）分销管理服务

供应链服务商提供的分销管理服务分为境内分销、境外分销、营销与客户开发、渠道管理等分销相关业务。和采购管理服务一样，分销管理服务按照收费模式可以分为分销服务和分销执行两类：分销服务指供应链服务商替客户提供营销、分销、物流、资金等完成分销活动所必要的服务，并收取合理的服务费；分销执行指由供应链服务商出资买断客户的产品，利用自己建立的下游销售网络完成分销活动，赚取利差，供应链服务商在分销执行中事实上扮演了传统分销商的角色。

（四）金融服务

供应链服务商利用自身的资金优势与金融机构合作，为产业链上下游的中小企业提供供应链金融、商业保理、风险对冲、融资租赁等金融服务。几乎所有供应链服务商都提供金融服务，一方面是因为供应链服务商的客户大多是产业链上下游的中小企业，日常经营受流动资金影响较大，迫切需要便宜、灵活的融资渠道；另一方面是因为资金服务已成为供应链服务商的重要收益来源。

（五）信息管理服务

供应链服务商根据客户需求可以提供信息系统、信息存储管理、信息共享以及供应链管理一体化平台等信息管理服务。

（六）电子商务

供应链服务商提供行业电子商务平台，通过平台撮合交易，控制商流，并依托平台的商流提供资金、物流及信息服务，做到"四流合一"，为产业链上下游企业提供立体化综合服务，如飞马国际的有色金属电商平台，集交易、结算、仓储、物流、金融、资讯等多种服务于一体，为行业用户提供全流程一站式的信息化服务，为有色金属供应链企业提供多元贸易解决方案。

（七）供应链方案设计

类似于合同物流,供应链服务商通常会为企业提供个性化供应链解决方案咨询和设计服务，如创捷供应链为企业提供点对点的个性化方案设计服务，包括企业供应链管理的咨询、培训，以及企业供应链管理一体化方案设计与服务的执行。

五、供应链服务商的能力基础

为实现成功运营，供应链服务商要有对所服务产业的深度认识能力和判断能力，以及供应链服务的专业能力（即能够节约供应链各环节的交易成本并保障供应链网络的稳定运营），因此，它需要各种能力支撑。

（一）供应链服务商解决方案的设计能力

随着利润在价值链不同环节之间的转移，供应链服务商应当随时关注并迅速响应客户需求，为客户设计供应链的一体化解决方案。这要求供应链服务商能够对所服务的产业具有一定的判断和分析能力，能够根据客户需求，设计从采购、生产、分销、物流配送到进出口通关等供应链环节所需的一体化解决方案，通过信息系统支持对全过程进行运行与调整，从而实现供应链的成本最低、增值最多的目标。例如，利丰在维持核心采购服务的同时，超越了采购代理的传统角色，并为所有的供应链合作伙伴创建了协作式数字平台来连接客户和供应商，通过材料平台、3D设计平台、供应商平台和生产平台，提供完整的供应链解决方案。

（二）供应链服务商动态组织能力

随着互联网、物联网技术的发展，供应链管理已逐渐发展到智慧供应链阶段，原有的组织合作方式与业务流程会被重新组合与重构，供应链中的供应商、服务商、客户、潜在竞争者的关系也是动态变化的。供应链动态组织能力是指供应链服务商整合、构建及配置内外部资源，从而应对客户及市场快速变化的能力。根据不同客户的不同需求，企业能够动态调整、配置相对应的操作流程或供应链服务方案。供应链动态组织能力包括供应链的动态协同能力、动态整合能力与动态配置能力。动态协同能力是指有效配置资源和任务，促使各方协同合作共同达成目标，从而具备规划多方资源的运作能力；动态整合能力是指组织利用和吸收内外部资源和信息，从而促进整个供应链活动的完成的能力；动态配置能力是指业务流程适应供应链环境变化的能力，要求供应链服务商能够快速执行资源的配置。

（三）供应链服务商物流服务能力

供应链服务商物流服务的范围不仅包括采购/销售物流和生产物流服务，还包括回收物流、退货物流、废弃物流等反向物流服务。采购/销售物流服务不仅是围绕核心客户的单阶段物流服务（即供应商到客户、客户到分销商、分销商到零售商的相对独立的采购/销售物流活动），还包括所服务客户所在供应链从原材料获取到最终客户的供应链过程的协同式采购/销售物流服务。供应链服务商需要具备对物流的控制能力，拥有先进的物流系统。例如：利丰可以根据客户需求提供各种类型的物流解决方案，包括国际采购的保税分拨中心、国际货代、进出口服务、门店配送、库存管理、线下订单处理、电商订单处理、退货整理等。不仅如此，利丰还可以向客户提供物流网络规划方面的服务，通过仿真模型为客户提供物流网络规划的决策依据。

（四）供应链服务商信息服务能力

供应链服务从方案设计到方案实施、全程监控、运营调整都必须依托有效的电子信息系统支持。供应链服务商要建立覆盖供应链全部环节的集成化信息系统。供应链服务商要建立供应商管理数据库、客户网络数据库、物流系统数据库、金融服务数据库、信用评估系统、风险评估系统等，以提高供应链信息服务的能力。供应链服务商通过物联网、大数据等技术手段，建立与供应链各节点企业的数字化信息交互能力，确保供应链管理的"可视性"。例如，准时达构建了 C2M2C（Component to Manufacture to Consumer）全链条参与的供应链协同平台，统筹合作资源，为供应链整体优化提供支持；同时，针对仓储、运输、外贸、跨境等各类服务场景，具有相应的软件产品，以数据技术赋能客户服务。

（五）供应链服务商金融服务能力

供应链服务中，客户的上下游企业一部分是中小企业，它们难以获取传统融资，资金链的紧张会增加整个供应链的风险。供应链服务商可以与客户合作，为这些中小节点企业提供供应链金融服务，实现对供应链资金流的管理。例如，物产中大与多家银行建立了良好的合作关系，同时物产融资租赁、物产金属小额贷款、跨国公司外汇资金集中管理试点等成功获批，通过运营内部银行、票据池、商业票据、网上信用证、银行保函、仓单质押、物流质押、保理业务等，可为客户提供应收账款融资、未来货权融资及融通仓融资等多种形式的供应链金融服务，解决上下游企业资金不足的问题，提升客户满意度，同时也从中盈利。

（六）供应链服务商风险控制能力

供应链服务所面临的市场环境存在大量的不确定性，只要存在不确定性，就存在一定的风险。在供应链服务过程中，存在着各种产生内在不确定性和外在不确定性的因素，因此需要供应链服务商具备较强的风险预测、评估、控制能力，降低供应链金融的风险。供应链服务商在设计和构建供应链服务方案时，就应识别供应链的各种风险，并制订风险管理目标，合理选择风险预防措施及工具，同时通过加大供应链信息共享程度、加强供应商及客户关系管理、构建供应链的诚信合作关系、制订供应链风险应急措施等手段来控制供应链风险。

 任务实施

利丰经营着世界上最广泛的全球供应链网络之一。利丰在 40 个地区的 230 多个办事处和分销中心拥有约 17 000 名员工，为全球品牌和零售商创建定制的端到端供应链和物流解决方案，每年都有数以百万计的消费品通过利丰的供应链实现增值。利丰提供的供应链集成服务，从产品设计和开发开始，包括原材料和工厂采购、制造控制、物流等各个方面，为消费品供应链中的所有利益相关者提供端到端服务。

接到客户订单后，利丰才开始安排原料采购和生产工序，并负责流程监控和环节与环节之间的沟通和组织，具体的生产则外包给世界各地的生产商。同时，由于利丰与很多生产商有稳定的业务往来，所以供应商愿意在预定产能、快速生产和各种生产细节上配合，并提供最高的生产弹性，使这个由各方组合成的供应链能为客户提供更快更好的服务。以工装裤为例，利丰拿到订单以后就会将生产环节分解成不同的部分，然后在供应商里寻找最合适的供应商、能够用最短的时间、最便宜的方法的。在这一过程中，利丰以客户为中心，以市场需求为原动力，强调企业以核心业务在供应链上定位，将非核心业务外包，并与客户建立紧密合作、共担风险、共享利益的关系；同时，利丰利用信息系统优化供应链的运作，在工作流程、实物流程、信息流程和资金流程的设计、执行中不断检讨和不断改进，缩短产品生产时间，使生产尽量贴近实时需求，也大大减少了环节之间的成本。

利丰与供应商合作，专注于能力建设，使他们能够更好地管理自己的工厂。利丰的供应商遍布全球主要生产市场，这使得利丰能够灵活地跨市场转移生产，平衡产能限制并更好地满足客户需求。

在维持核心采购服务的同时，利丰已经超越了采购代理的传统角色，并为所有的供应链合作伙伴创建了协作式数字平台：前所未有地连接客户和供应商。利丰的目标是对供应链的每个步骤进行完全数字化，以便数据可以无缝流动，从而为利丰的客户、供应商和其他利益相关者提供端到端的可见性。这意味着他们可以在零售业中处于领先地位，捕获和共享整个价值链中的数据，以制定更明智、更快捷和更有效的决策，从而确保业务的可持续性。

任务与思考

根据上述案例，分析：利丰为客户提供哪些供应链服务？它不做哪些业务？

实训　企业供应链管理现状调研与分析

实训背景

供应链是以客户需求为导向，以提高质量和效率为目标，以整合资源为手段，实现产品设计、采购、生产、销售、服务等全过程高效协同的组织形态。随着信息技术的发展，供应链已发展到与互联网、物联网深度融合的智慧供应链新阶段。为加快供应链创新与应用，促进产业组织方式、商业模式和政府治理方式创新，推进供给侧结构性改革，国务院办公厅出台了《国务院办公厅关于积极推进供应链创新与应用的指导意见》（国办发〔2017〕84号），意见指出了推进高效供应链管理的战略意义，并明确提出我国供应链创新与应用的目标及重点任务，其中就包括：促进制造供应链可视化和智能化；提升供应链服务水平，引导传统流通企业向供应链服务企业转型，大力培育新型供应链服务企业；积极倡导绿色供应链，大力倡导绿色制造，积极推行绿色流通和建立逆向物流体系。企业供应链管理的现状是什么样的？供应链管理的常见内容有哪些？智慧供应链管理、绿色供应链的理念及供应链服务在企业中的应用状况及成效如何？厘清这些问题有助于认识供应链管理在企业中的具体实践，有利于进一步加深对供应链管理理念、目标、内容和形态的理解。

实训目的

通过本次实训，了解企业供应链管理的常见形态，理解供应链管理思想、目标、内容及常见管理策略，能够根据任务要求设计调研方案，开展典型企业调研，完成资料收集，并完成调研报告的撰写。

实训组织

1. 自由组队。

2. 选择 3 ~ 4 家企业作为调研对象，调研的企业类型既可以是生产制造企业，也可以是供应链服务、电子商务、运输、贸易等工商企业。重点调查其业务流程、上下游企业状况、供应链管理现状（理念、目标、手段、形式、内容及成效等，注：不限于上述领域）。

3. 采用网络调研、电话调研、访谈等形式对企业展开调研。

4. 进行调研数据的整理与结果分析。

5. 撰写调研报告并进行小组展示。

实训评价

从调研报告内容完整性、展示效果、报告规范性、工作态度等方面进行综合评价。

供应链需求预测

项目二

知识目标

1. 理解供应链需求预测的意义；
2. 理解供应链需求预测的影响因素和特点；
3. 知道定性预测和定量预测的区别；
4. 知道时间序列的构成和分类；
5. 理解时间序列法、回归分析法和Bass预测法的适用场景与条件；
6. 理解不同产品预测方法的适用性；
7. 知道常见的预测误差度量方法。

技能目标

1. 能选择合适的定性预测法进行供应链需求预测；
2. 能使用合适的时间序列模型对平稳型、趋势型及季节趋势型需求实施预测；
3. 能使用回归分析法对供应链需求实施预测；
4. 能使用Bass预测法对供应链需求实施预测。

素质目标

1. 养成严谨细致的工作习惯；
2. 具备团队合作意识。

项目导学

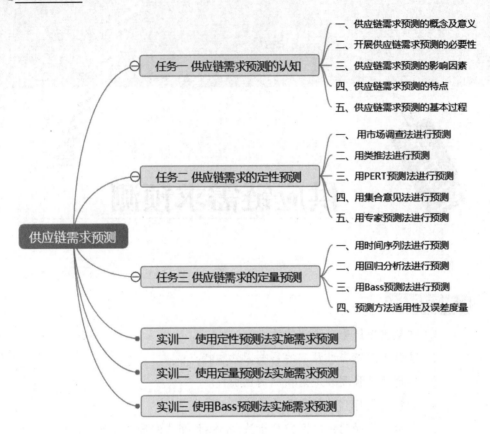

任务一 供应链需求预测的认知
　　一、供应链需求预测的概念及意义
　　二、开展供应链需求预测的必要性
　　三、供应链需求预测的影响因素
　　四、供应链需求预测的特点
　　五、供应链需求预测的基本过程

任务二 供应链需求的定性预测
　　一、用市场调查法进行预测
　　二、用类推法进行预测
　　三、用PERT预测法进行预测
　　四、用集合意见法进行预测
　　五、用专家预测法进行预测

供应链需求预测

任务三 供应链需求的定量预测
　　一、用时间序列法进行预测
　　二、用回归分析法进行预测
　　三、用Bass预测法进行预测
　　四、预测方法适用性及误差度量

实训一 使用定性预测法实施需求预测

实训二 使用定量预测法实施需求预测

实训三 使用Bass预测法实施需求预测

任务一　供应链需求预测的认知

　　需求预测是供应链管理中的一项重要工作，是制订供应链中各类计划的重要依据，提高供应链需求预测的准确性是供应链高效运营的关键。

 **知识学习**

学习导入

一、供应链需求预测的概念及意义

　　供应链需求主要是指供应链运营过程中各环节产生的相关需求。如果一个供应链能够协同运作，那么，最终顾客的产品需求就能够基本决定供应链上各环节所产生的相关需求。因此，对最终顾客的产品需求进行预测是所有供应链规划和运作管理的基础。供应链需求预测是供应链战略规划的前提，也是供应链运作的驱动力。目前，国内外关于需求预测的准确度对供应链管理及运作的影响的研究成果已较为丰富。这些研究明确了需求预测在提高供应链运作效率、降低供应链成本中的重要性。尤其是随着互联网与制造业的不断融合发展，需求的不确定性已成为商业运营中的一种常见现象。因而，正确把握市场需求、提高需求预测的准确度，从而提升供应链系统应对需求不确定性的能力，对实现供应链运作效率的提升有着重要的现实意义。

二、开展供应链需求预测的必要性

（一）预测是供应链战略决策的重要参考

供应链的战略决策对于供应链中所有企业的生存和发展都具有极为重要的意义，而战略决策的前提是对市场当前和未来发展趋势有一个明确的判断。供应链管理者应该时刻对市场的发展方向、客户需求进行判断和预测，然后决定是应该增强供应链的响应能力，还是应该改变供应链的产品，抑或是逐渐减少对供应链的投资，甚至考虑解散当前的供应链。

（二）预测是各项供应链运作计划的依据

对于任何一条供应链来说，管理者都会编制一系列详细的计划，如需求计划、采购计划、销售计划、生产计划、供应链网络计划、仓储配送计划，而这一系列计划的初始来源是对于市场需求的预测。要处理好供应链中的推式流程和拉式流程的关系，供应链管理者首先应提高客户需求预测的准确度。需求预测影响着供应链决策，对供应链管理者来说，做好预测工作至关重要。

（三）预测可提高供应链供需匹配度

以戴尔为例，除了网络直销的市场销售策略之外，戴尔的成功还来自整条供应链对市场需求的准确预测。戴尔虽然是根据客户的订单来对产品进行装配，但它必须根据预测的客户未来需求来决定需要准备的计算机零部件数量（这是一种拉式流程），同时确定工厂所需的产能（为推动生产做准备）。而在供应链上游的企业，英特尔也进行着同样的预测工作。英特尔的供应商也必须进行预测。精确的预测可以让戴尔的供应链更好地响应和服务客户。从计算机的制造商到电商平台，合作预测提高了供应链应对市场需求的准确性，提高了供应链中供求关系的匹配度。

（四）预测为库存管理和控制提供重要信息

供应链中的需求预测与库存管理之间是息息相关的，需求预测的结果最终会落到库存这一实体之上。库存管理常常要求管理者对固定时间间隔之内的需求数量做出预测，同时，预测工作也为库存控制提供重要信息。管理者可以预测客户本期的需求有多少，在不同时间段应准备的库存量应该控制在什么范围才能应对各种可能出现的情况。

三、供应链需求预测的影响因素

供应链需求预测构成了供应链中所有计划的基础。企业对顾客以往行为的了解可以为预测其未来的行为提供线索。顾客需求受到一系列因素的影响，因此，如果企业可以确定这些因素与未来需求之间的关系，那么需求就是可以预测的，至少在某种程度上是可以预测的。为了预测需求，企业必须首先识别能够影响未来需求的因素，其包括下列几种。

（一）过去的需求数据

企业对未来需求的估计必须基于过去的需求数据而不是销售数据。在进行需求预测时，要将过去的价格折扣或是广告营销活动等纳入考虑范围。例如，一家品牌家电企业于2021年6月对某品牌产品进行了促销，结果6月该品牌产品的销量较高，而同类品牌产品的销量则较低。

该企业不应利用 2021 年的销售数据推测得出该品牌产品在 2022 年 6 月的需求将比较高，因为只有 2022 年 6 月该品牌产品仍将开展促销而且其他品牌产品的反应仍与上一年一样，这个结论才能成立。在进行预测时，企业必须清楚如果不开展促销需求会是什么样，以及促销活动和竞争对手的举措将如何影响需求。综合上述信息，企业才能根据 2021 年的促销计划对 2022 年 6 月的需求进行预测。

（二）产品的补货提前期

在供给方面，企业必须考虑现有的供应源以决定所期望的预测精度。如果有提前期短的备用供应源，那么精度高的预测可能就不是特别重要了。然而，如果只有一个提前期长的供应源可用，那么精度高的预测就具有很高的价值。长期预测的准确性通常低于短期预测，也就是说，长期预测的误差的标准差要大于短期预测。"7-11" 便利店就是利用这一关键特性来改进自己的绩效。它制定了能够在数小时内对订单做出快速响应的补货流程。例如，如果某个 "7-11" 便利店的经理在上午 10 点前下订单，那么订单中的货物将在当天晚上 7 点前交付。因此，便利店经理只需要预测当天晚上的销售量，而这距离实际销售还不到 12 个小时。较短的补货提前期使得管理者可以更加准确地将诸如天气等影响产品销售的最新信息纳入考虑，这样的预测相比提前一周进行的预测可能更为准确。

（三）竞争对手采取的行动以及流行趋势

需求的高低深受同业竞争者行为的影响，例如，竞争对手的目标市场在哪里、产品价格高低、促销与服务措施等都会影响需求预测的结果。此外，流行趋势在需求预测中也占据着重要的地位。以快时尚品牌为例，极速信息转换能力是支撑快时尚品牌在世界范围内扩张的基础。所谓信息转换能力，就是指快时尚品牌在对消费市场中正在流行和即将流行的趋势和指标进行吸收消化，第一时间生产出成品来满足消费者需求的能力。快时尚品牌的设计团队随时关注消费市场的流行趋势，从各种各样的时尚潮流信息中捕捉与汇总当前的潮流指标。因为消费者总会追随某一个潮流热点，所以快时尚品牌若能在第一时间把信息变为产品，完成小批量、多批次的生产，那么在激烈的市场竞争中就可以立于不败之地。

（四）产品组合特征

产品的市场需求往往会受到相关产品的影响。企业必须知道所销售的产品有多少种相关产品，它们之间是相互替代的还是互补的。如果一种产品的需求会影响另一种产品的需求或者受到另一种产品的需求的影响，那么最好同时进行这两种产品的需求预测。例如，当企业推出现有产品的改进版本时，原有产品的需求可能会出现下滑，因为顾客倾向于购买改进的产品。虽然原有产品的需求下降从历史数据中不会有所反映，但是企业在进行两种产品的需求预测时应该考虑到这一点。显然，应当同时进行这两种产品的需求预测。

四、供应链需求预测的特点

（一）预测通常是不准确的

应当同时兼顾预测均值和预测精度的度量。例如，有两个同种产品的经销商进行销售预测，一个预计销售量在 100 到 1 900，另一个预计销售量在 900 到 1 100。虽然二者都预计到了销售量的可能平均值是 1 000，但由于预测精度的不同，两个经销商的采购政策必然不同。因此，预测误差（或需求的不确定性）是大多数供应链需求决策的一个关键影响因素。

（二）长期预测的精度往往比短期预测低

长期预测时间跨度大，相对于短期预测，不确定性因素影响更大，因此长期预测的标准差相对于均值而言，比短期预测要大，预测准确度通常不如短期预测。如较短的补货提前期可使管理者能够更加准确地掌握天气等影响产品销售的最新信息。

（三）综合预测往往比单项预测更精确

相对于均值，综合预测的标准差要小于单项预测的标准差。例如，在 2% 的误差范围内，预测某一行业的年销售收入并不困难，然而在 2% 的误差范围内预测其中一家公司的年销售收入就困难多了。这两种预测的关键不同点在于预测的综合性。行业的年销售收入是所有本行业公司收入的总和，公司收入又是其所有产品销售收入的总和，综合性越高，预测的精度也就越高。

（四）供应链上游企业对市场需求预测的误差高于下游企业对市场需求预测的误差

企业越处于供应链的上游，接收的失真信息就越多。需求信息在向供应链上游传递的过程中会发生扭曲的现象，这被称为"牛鞭效应"。

五、供应链需求预测的基本过程

需求预测过程主要包括识别预测目标，整合需求计划和预测，明确预测范围，选择合适的预测方法、精度及模型，执行预测，制定预测绩效标准。

（一）识别预测目标

所有的预测结果都是用来支持以预测为基础的决策的，所以准确识别出预测目标很重要。这就要求供应链上相关方就产品销量达成一致的预测，并以此为基础确定一个共同的行动方案。

（二）整合需求计划和预测

将预测与整个供应链中所有计划活动联系起来，如采购计划、销售计划、生产计划、供应链网络计划、仓储配送计划等，通过预测信息共享实现整条供应链的协调一致。

（三）明确预测范围

企业的产品需求预测按照产品和需求区域可分为单一产品分区预测、单一产品需求总量预测、系列产品需求总量预测和多种产品销售总额预测等不同综合水平的预测，因此应选择合适的综合预测水平、预测范围和预测变量。企业还应识别替代产品的数量对预测的影响，以便决定需要预测的产品数量。

（四）选择合适的预测方法、精度及模型

识别需求是增长或衰退还是季节性波动，以便选择预测方法；识别补货提前期长短，以便决定所需要的预测精确度。综合考虑上述因素，制定合适的预测模型。

（五）执行预测

收集预测所需数据，验证预测模型并做出预测。

（六）制定预测绩效标准

为衡量预测效果，应建立评价预测准确性和时效性的绩效衡量标准。根据评价结果，选择

适当方案来降低预测误差或对观察到的预测误差做出响应。

 任务实施

位于温州的某科技公司是一家集科研、设计、生产、销售、服务于一体的高新技术公司。现公司旗下设有锁具事业部、厨房事业部、晾衣架事业部、卫浴事业部，涉及的平台有天猫、京东、苏宁易购等，2016年全年销售额达5亿元。

小陈是应届毕业生，目前在该公司锁具事业部实习，主要负责日常库存监管和采购，与供应商直接沟通，跟踪货品的生产进度，及时反馈给旗舰店和各大分销商。在实习期间，小陈遇到了一系列让她很苦恼的问题。

由于公司采用全渠道战略，线上线下销售渠道众多，线上在各大平台开设旗舰店，线下有多个大小不一的经销商。公司经营的锁具种类款式较多，不同款式的锁具不定期搞促销活动，由于促销活动没有长期的规划，部分锁具促销时间长，促销品促销期间的销量也难以预测，加上线下经销商也会因为促销而加大购买量。在线上线下的销量不确定的背景下，小陈为防止促销期间缺货，往往备货量是平常的数倍。而促销活动结束后往往堆积大量存货，主管也会因此责怪小陈没有做好采购，下了太多的订单。为此，主管要求小陈及时找原因并提出合理的解决方案。

任务与思考

1. 小陈的解决方案要解决什么问题？难点是什么？
2. 结合案例谈谈团队合作的重要性。

任务二　供应链需求的定性预测

定性预测是一种直观的预测方法，也称判断分析法，它主要根据预测人员的经验和判断分析能力，不用或仅用少量的计算，即可从对预测对象过去和现在的有关资料及相关因素的分析中，揭示出事物发展规律，得出预测结果。

学习导入

🎓 **知识学习**

定性预测是应用最早的一种预测技术，它的作用十分重要。在有些方面，定性预测是不可取代的，即使是在定量预测技术得到很大发展的今天，定性预测技术仍有其不可忽视的重要作用。

定性预测主要应用于以下两个方面。

（1）对事物发展性质的预测。如某一预测对象，其影响因素比较复杂，且又缺乏历史资料，无法进行定量预测。

（2）对事物发展趋势、方向和重大转折的预测。如国家经济形势的发展、新产品开发前景、企业战略决策方向等。定性预测方法很多，本章仅介绍几种常用的方法。

一、用市场调查法进行预测

市场调查法，是以市场实地调查获得的资料为基础，经分析判断，推算市场未来需求（或销售）量的预测值。通过市场调查进行相关因素的分析和预测是较为常用的一种方法，大多数企业经常通过市场调查来分析和预测产品的需求量、销售量、市场占有率以及市场潜力等。本部分介绍直接利用市场调查资料进行定性预测的几种方法，分别为市场试销预测法、联测法、购买意向调查法。

（一）市场试销预测法

市场试销预测法是一种实验调查预测法，是指对某一特定地区或对象（实验市场），采用试销手段投放新产品或改进的老产品，取得销售资料，进行销售预测的一种方法。

【例2-1】某企业试制一种新的洗衣液，在某市一地区试销。企业通过试销了解到该地区30%的家庭购买过这种洗衣液，其中20%的家庭重复购买，一般家庭年平均消费量为2千克。企业准备将这一新产品投放整个城市，预测年销售量。

【解】以 Y 表示年销售量预测值，预测公式如下

$$Y = QND$$

式中：Q 为每单位用户平均消费量；N 为总用户数；D 为重复购买率。

将 $Q=2$ 千克，$D=30\% \times 20\%=6\%$ 和整个城市总用户数 N 代入预测公式，可得出新洗衣液在这个城市的年销售量。假设 $N=1\,000\,000$，则

$$Y = 2 \times 1\,000\,000 \times 6\% = 120\,000（千克）$$

（二）联测法

联测法就是以某一个企业或某一地区的抽样调查资料为基础，进行分析、判断、联测，确定某一行业乃至整个市场的预测值。市场预测中，普查固然可以获得全面的资料，但由于主客观条件的限制，很多情况下不可能进行普查，只能通过抽样调查获取局部资料，从而推断整个市场的情况。

【例2-2】用联测法预测某地区四个城市居民家庭2022年对净水器的需求量。

居民家庭对净水器的需求受水质、收入水平、供水状况的影响。假定这四个城市的水质、收入水平、供水状况大致相同。所以，可以用某一城市市场需求的抽样资料，联测其他三个城市的市场需求量。预测过程分为以下几步。

1. 了解四个城市市场（A_1，A_2，A_3，A_4）2021年净水器销售量及城市居民户数资料，如表2-1所示。

2. 选择某一市场（如 A_1）进行抽样调查，经调查得到如下资料：该市场2022年每一百户对净水器的需求量为8台，即需求率 D_1 为0.08，计算 $A_1$2022年净水器的需求量 S_1（需求量＝需求率×居民家庭户数）为

$$S_1 = 0.08 \times 500\,000 = 40\,000（台）$$

表 2-1　四个城市市场 2021 年净水器销售量及城市居民户数

项目	A_1	A_2	A_3	A_4
实际销售量/台	25 000	27 000	22 000	20 300
居民家庭/万户	50	45	40	35
销售率/（台·户-1）	0.05	0.06	0.055	0.058

3. 根据 A_1 城市 2022 年市场需求率，测算其他三个城市的市场需求率。为消除各城市居民家庭户数对销售量的影响，可以用销售率反映各城市的消费水平。销售率 = 实际销售量 / 居民家庭户数。假设四个城市的销售率分别为 C_1、C_2、C_3、C_4，需求率分别为 D_1、D_2、D_3、D_4，有以下计算公式

$$D_j = \frac{C_j D_1}{C_1}, (j = 2,3,4)$$

这样，$D_2 = \dfrac{C_2 D_1}{C_1} = \dfrac{0.06 \times 0.08}{0.05} = 0.096$

$D_3 = \dfrac{C_3 D_1}{C_1} = \dfrac{0.055 \times 0.08}{0.05} = 0.088$

$D_4 = \dfrac{C_4 D_1}{C_1} = \dfrac{0.058 \times 0.08}{0.05} = 0.0928$

4. 由三个城市的需求率推算出各城市市场需求量

$$S_2 = 0.096 \times 450\,000 = 43\,200（台）$$

$$S_3 = 0.088 \times 400\,000 = 35\,200（台）$$

$$S_4 = 0.0928 \times 350\,000 = 32\,480（台）$$

（三）购买意向调查法

购买意向调查法是指通过一定的调查方式（如抽样调查、典型调查等）选择一部分或全部的潜在购买者，直接向他们了解未来某一时期购买商品的意向，并在此基础上对商品需求或销售做出估计的方法。

在实际调查时，应首先向被调查者说明所要调查的商品性能、价格以及市场上同类商品性能、价格等情况，以便被调查者能准确地做出选择判断;其次请被调查者填写购买意向调查表（见表 2-2）;最后，把所有调查表的结果汇总，如表 2-3 所示。

表 2-2　购买意向调查表

购买意向	肯定购买	可能购买	未定	可能不买	肯定不买
概率描述 P_i	100%	80%	50%	20%	0

表 2-3　购买意向调查汇总表

购买意向	肯定购买	可能购买	未定	可能不买	肯定不买
概率描述 P_i	100%	80%	50%	20%	0
人数 X_i/人	X_1	X_2	X_3	X_4	X_5

最后，计算购买者所占比例的期望值

$$E = \frac{\Sigma P_i X_i}{\Sigma X_i} \times 100\%$$

若预测范围内的总人数为 X，则总购买量预测值为 EX。

应用购买意向调查法应注意其适用范围。这种方法对高档耐用消费品或生产资料等商品的销量来说，是一种有效的预测方法。而消费者对于一般消费品的购买则不需事先计划，使用购买意向调查法来预测购买量效果不好。

二、用类推法进行预测

类推法也称类比法，就是把预测目标与同类的或相似的先行事物加以对比分析，来推断预测目标未来发展趋向与可能水平的一种预测方法。类推法一般用于开拓新市场、预测购买力和需求量等。它适合于中、长期的预测。如企业要推出一种新产品，因没有历史资料，所以只能用同类型或近似产品的历史与现实资料，通过类推、比较和判断，来预测新产品的未来销售情况。当然，要对预测结果不断地加以调整和修正，才能使预测值更接近于实际情况。

【例2-3】某地区近十几年来摩托车销售统计资料如表2-4所示，试以此资料分析预测本地区家用轿车的市场销售发展趋势和销售量。

表2-4 摩托车销售统计资料

年份	1985	1986	1987	1988	1989	1990	1991	1992
销售量/万台	0.4	0.6	0.9	1.2	2.8	2.4	3.8	6.1
环比指数	100	150	150	133	233	86	158	161
年份	1993	1994	1995	1996	1997	1998	1999	2000
销售量/万台	8.5	7.2	12.1	21.5	38.5	60.1	78.2	91.6
环比指数	139	85	168	178	179	156	130	117

从表2-4中可以看出，除少数年份的销售量略有下降外，其他年份都是稳步上升：1985—1993年为稳步增长的导入期，其基数小，增长幅度不大；1994—1998年为迅速成长期，基数放大，增长幅度大；1999—2000年开始进入成熟期，其增长幅度明显放慢。

由于轿车与摩托车都属高档耐用消费品，具有豪华、舒适、快捷、安全的代步功能。根据类推法，家用轿车的上市大致也有类似的导入期和成长期，且当市场拥有率达到每100户10～20辆时增长速度明显放慢，进入成熟期。假设最初具有购买摩托车经济条件的家庭占居民户数的30%，其第一年实际购买量为400辆，而购买家用轿车经济条件的家庭如果占具有购买摩托车经济条件家庭的1/2，那么，家用轿车第一年的预测销售量为200辆。

三、用PERT预测法进行预测

PERT 预测法是来源于 PERT（Program Evaluation and Review Technique，计划评审技术）中的一种工期估计的方法，这种方法产生于20世纪50年代。最初，美国将它应用于北极星导弹的试制，取得了很好的效果，很快这种方法在美国得到了推广，并被扩大应用到预测与决策的各个领域。在商业上，它常常被用来预测销售量。

用 PERT 预测法进行预测的依据是一个经验公式：

推定平均值＝（最乐观估计＋4× 最可能估计＋最悲观估计）÷6

由于推定平均值有时也称为综合判断值，所以用以上经验公式进行预测的方法也被称为综合判断预测法。从某种意义上来讲，用此经验公式进行预测效果较佳。但目前对此公式只能做描述性解释。

由于销售人员和市场部门的经理更了解市场的动向，因此做销售预测时，要充分听取他们的意见，然后加以综合以做出预测。

【例2-4】假如某百货公司某种商品有销售员3人，分别为甲、乙、丙，他们对下一年（或下一季度）商品的销售量分别做了如下估计。

销售员甲的估计是：最高销售量是 800 件；最低销售量是 400 件；最可能的销售量是 600 件。

销售员乙的估计是：最高销售量是 950 件；最低销售量是 450 件；最可能的销售量是 700 件。

销售员丙的估计是：最高销售量是 900 件；最低销售量是 500 件；最可能的销售量是 700 件。

那么，对3个销售员的各种估计数，可分别按上述公式求出推定平均值

$$M_甲 = \frac{800+4\times 600+400}{6} = 600（件）$$

$$M_Z = \frac{950+4\times 700+450}{6} = 700（件）$$

$$M_丙 = \frac{900+4\times 700+500}{6} = 700（件）$$

用推定平均值进行预测分两种情况。

1. 若甲、乙、丙三人经验丰富程度相当，则用简单的算术平均值作为预测值

$$\hat{M} = \frac{600+700+700}{3} \approx 666.7（件）$$

2. 若甲、乙、丙三人经验丰富程度不等，则可根据经验丰富程度采用加权算术平均值作为预测值

$$\hat{M} = \frac{\alpha \times 600 + \beta \times 700 + \gamma \times 700}{\alpha + \beta + \gamma}$$

其中：α、β、γ 非负且经验丰富程度越大权数越大。

例如：上例中若甲的经验是乙的两倍，乙、丙的经验相当，则

$$\hat{M} = \frac{2\times 600 + 700 + 700}{2+1+1} = 650（件）$$

此时预测值为 650 件，即该新产品上市后的预期销量为 650 件。

四、用集合意见法进行预测

集合意见法，就是集合企业经营管理人员、业务人员等的意见，凭他们的经验和判断共同对未来发展趋势进行预测的方法。由于经营管理人员、业务人员等比较熟悉市场需求及变化动向，他们的判断往往能反映市场的真实趋向。集合意见法可以避免个人掌握信息量有限、看问题片面等弱点，从而使预测结果更接近实际。因此，集合意见法是进行短期预测的常用方法。

集合意见法的预测步骤如下。

（1）预测组织者根据企业经营管理的要求，向参与预测的有关人员提出预测目的和要求。

（2）由有关人员凭个人经验和分析判断提出预测意见，包括未来市场的可能状态及出现的概率、每种状态下销售可能达到的水平。据此计算不同个人和类别的期望值。

（3）对各类人员的预测值进行综合，得出最终的预测结果。综合方法一般是采用算术平均法、加权平均法或中位数法。

【例2-5】为预测某种型号笔记本电脑明年的销售量，销售部门负责人、计划财务部门负责人、生产部门负责人需要进行预测。估计数据如表2-5所示。

【解】根据表2-5中各类人员的总期望值可计算下一年度某种型号笔记本电脑的销售量预测值。这里采用算术平均法和加权平均法得出综合预测结果。

表2-5 各部门负责人估计数据

部门	各种销售量估计	销售量/台	概率	期望值（销售量×概率）/台
销售部门负责人	最高销售量	18 600	0.1	1 860
	最可能销售量	11 160	0.7	7 812
	最低销售量	9 920	0.2	1 984
	总期望值		1	11 656
计划财务部门负责人	最高销售量	12 400	0.1	1 240
	最可能销售量	11 160	0.8	8 928
	最低销售量	9 300	0.1	930
	总期望值		1	11 098
生产部门负责人	最高销售量	12 400	0.3	3 720
	最可能销售量	10 540	0.6	6 324
	最低销售量	7 440	0.1	744
	总期望值		1	10 788

（1）算术平均法。

$$（11\ 656+11\ 098+10\ 788）÷3 ≈ 11\ 181（台）$$

（2）加权平均法。

根据各部门负责人对市场情况的熟悉程度以及他们在以往的预测判断中的准确程度，分别给予不同部门负责人不同的评定等级，在综合处理时，采用不同的加权系数，如销售部门负责人的加权系数取为2，其他两个部门负责人的加权系数取为1，下一年度笔记本电脑的销售量预测值为

$$（11\ 656×2 + 11\ 098 + 10\ 788）÷4 ≈ 11\ 300（台）$$

应根据实际情况对综合预测值进行调整。可以召开会议，互相交换意见，经过互相补充，最后由预测组织者确定最终预测值。

五、用专家预测法进行预测

专家预测法最常用的有头脑风暴法和德尔菲法。

（一）头脑风暴法

头脑风暴法又称智暴法（Brain Storming Method），由奥斯本（A.F.Osborn）于 1957 年提出，提出后很快就得到了广泛的应用。

头脑风暴法是通过组织一组专家共同开会讨论，进行信息交流和互相启发，从面激发出专家们的创造性思维，以达到互相补充，并产生"组合效应"的预测方法。它既可以获取所要预测事件的未来信息，也可以就一些问题和影响深入分析，特别是一些交叉事件的相互影响。头脑风暴法可分为创业头脑风暴和质疑头脑风暴两种方法。创业头脑风暴就是组织专家对所要解决的问题自由地发表意见，集思广益，提出解决问题的具体方案。质疑头脑风暴就是对已制订的某种计划方案，召开专家会议，由专家提出质疑，使计划方案趋于完善。

组织头脑风暴会议应遵守以下原则。

（1）专家的选择应与预测对象相一致，而且要注意选择那些在方法论和专业技术领域具有专长的资深专家。

（2）被挑选的专家最好彼此不相识。在会议中不公布专家所在的单位、年龄、职称或职务，使与会者感到平等。

（3）为会议创造良好的环境条件，使专家能高度集中于所讨论的问题。所谓良好的环境条件，是指一个真正自由发言的环境，组织者要说明政策，使专家没有心理顾虑，做到真正的畅所欲言。

（4）要有措施鼓励专家对已提出的设想做任何改进。

（5）最好选择熟悉预测程序和处理方法并具备相关经验的专家来负责会议领导和主持工作。

（二）德尔菲法

德尔菲法是头脑风暴法的发展和完善。它是以匿名方式，通过多轮函询专家对预测事件的意见，并不断进行收敛与量化，最终得出较为一致的专家预测意见的一种经验判断法。此法是美国兰德公司于 20 世纪 40 年代末期创立的，最初用于军事和科技预测，现已广泛用于经济、社会、科技等各个领域的预测。在应用德尔菲法进行预测时，一般按以下程序进行。

（1）预测准备阶段。它包括确定主题和选定专家。

（2）预测实施阶段。准备工作就绪之后，就进入了多轮函询过程，通常包括 3 ~ 5 轮。

第一轮，组织者向专家提出预测的主题和具体项目，并提供必要的背景材料。由于在通常情况下，所预测事件的发展变化趋势主要取决于有关政策及相关领域的发展，而专家仅为某一领域的专家，不一定完全清楚有关政策。因此，组织者有必要向专家提供充足的资料，以利于专家做出正确评估，加快意见集中及反馈的速度。专家可以向组织者索取更详细的材料，也可以任何形式回答问题。

第二轮，组织者对专家的各种回答进行综合整理，把相同的事件或结论统一起来，剔除次要的、分散的事件或结论，用准确的术语进行统一描述，制成第二轮征询表，连同补充材料、组织要求等再寄给专家征询意见，请专家对他人的预测意见加以评论，对自己的预测意见进行修改和补充说明。

第三轮，组织者将上一轮征询意见汇总、整理后制成征询表，附上补充材料和具体要求等再寄送给专家，要求专家根据新材料，深入思考，进一步评价别人意见和修改补充自己的意见。

最后一轮，经过上述多轮（第四轮、第五轮的具体操作与第三轮相类似）反复修正、汇总后，专家们的预测结果较为一致时，组织者再进行统计整理以及意见归纳，形成最终的预测结论。

（3）结果处理阶段。上述各轮，尤其是最后一轮的归纳整理，涉及结果处理。组织者要合理运用数理统计方法，处理和统计专家们的分散意见。最后的预测结论必须忠实于专家意见，从专家意见中提炼出真正的预测值。

（4）提出预测报告。当组织者有了切合实际的预测答案后，就应编制预测报告，介绍预测的组织情况、资料的整理情况、预测结论以及决策建议等。

德尔菲法和前述几种方法都属于通过收集众多专家意见进行预测的方法。但与其他方法的组织处理方式不同的是，该方法有其鲜明的特点，具体如下。

（1）匿名。德尔菲法是通过匿名函询方式收集专家意见，专家之间不存在横向联系，且组织者对专家的姓名也是保密的。这样，既可减少交叉影响、权威效应，又可使专家毫无顾虑地修改自己的意见。

（2）多轮反馈。德尔菲法不同于民意测验式的一次征求专家意见，而是多次轮番，通常要经过 3～5 轮，而且每轮都将上一轮的意见集中，全部或部分反馈给每位专家，以供专家修改自己的意见时参考。

（3）收敛。每轮意见收集后，组织者都对意见进行处理，根据专家意见的集中程度，重新整理问题，再次征询专家意见。同时，每轮都要整理问题和提供集中意见供专家参考，进而使意见趋于集中。

（4）广泛。因采用函询方式，所以可以在比较广泛的范围内征询专家意见。德尔菲法不仅可用于有历史资料和无历史资料情况下的预测，而且还可用于近期探索性和远期开放性情况下的预测。

以上述特点为核心，德尔菲法克服了其他预测法的不足，形成了较为突出的优点。

（1）集思广益，可发挥专家的集体智慧，从而避免主观性和片面性，提高预测质量，并且，由于以函询方式征询专家意见，具有广泛性和经济合理性。

（2）有利于专家独立思考，各抒己见，充分发表自己的意见。

（3）有利于探索性地解决问题。通过反馈，专家可实现匿名形式下的信息传递和相互启发，修改并完善自己的意见。

德尔菲法也存在着一些不足。

（1）易忽视少数人的创意。

（2）缺少思想交锋和商讨。专家都是凭个人知识和经验作估测，难免要受到个人的信息占有量和知识经验局限性的影响，而带有一定的主观片面性，而且，专家没有机会相互启发和正面交锋，使预测意见难以碰撞出思想火花。

（3）组织者主观意向明显。德尔菲法的多轮反馈，都是组织者通过归纳整理上一轮专家意见进行的，其意见的取舍、新资料的提供等都可能会直接影响专家的思考，因而，汇总结果会带有明显的组织者的主观意向。

纵观德尔菲法，其应用虽具有广泛性，但更多地适用于下述几种情况。

（1）缺乏足够的资料。

（2）做长远规划或大趋势预测。

（3）预测事件的影响因素很多。

（4）主观因素对预测事件的影响较大。

 任务实施

某公司对所经营地区进行下一年度各类热水器购买意向调查，挑选了 200 户。最后的调查结果汇总情况是：肯定购买者 3 户，有 80% 购买可能性的有 8 户，还未定的有 30 户，可能不买的有 95 户，肯定不买的有 64 户。

任务与思考

如何基于 200 户的调查结果预测该地区热水器的销量。

任务三 供应链需求的定量预测

定量预测法是基于数据和预测模型的预测方法。定量预测法种类繁多，有简单的，也有复杂的。各类定量预测法有不同的适用场景，很难去比较优劣。本任务将介绍几种常见的定量预测法。

学习导入

知识学习

一、用时间序列法进行预测

所谓时间序列，是指各种社会、经济、自然现象的数量指标按照时间顺序排列起来的统计数据。例如，某种商品的销售额按季度顺序排列起来的统计数据，职工工资总额按年度顺序排列起来的统计数据等都是时间序列。时间序列一般用 y_1，y_2，…，y_t，…表示，t 为时间，简记为 $\{yt\}$。

（一）时间序列的构成与分类

影响时间序列变动的因素有很多，要想利用各类时间序列来做预测，需要将这些影响因素加以分解，分别进行测定。

1. 时间序列的构成

在具体分析中，通常按影响因素的性质，将影响时间序列总变动的因素分解为长期趋势、季节变动、循环变动和随机变动四种主要类型。

（1）长期趋势。

长期趋势是指时间序列在较长时期内，受某种根本性因素影响所呈现出的总趋势，是经济现象的本质在数量方面的反映，也是时间序列分析和预测的重点。长期趋势可以是上升的，也可以是下降的，或者是平稳的（或称水平的）。

（2）季节变动。

季节变动是指时间序列受季节更替规律或节假日的影响而呈现的周期性变动。例如，农作物的生长受季节影响，从而导致农产品加工业的季节性变化，并且波及运输、仓储、价格等方面的季节性变动；再如，空调、燃料、冷饮等商品的销售量受天气冷暖的影响，出现销售旺季及销售淡季；另外，当春节、中秋节、国庆节等节假日来临时，某些食品的需求量剧增，也会出现购买高峰。季节变动的周期比较稳定，一般是以一年为一个周期反复波动，当然也有不到一年的周期变动。

（3）循环变动。

循环变动是一种变化非常缓慢、需要经过数年或数十年才能显现出来的循环现象。它虽类似于周期变动，但规律性不明显，无固定周期，出现一次循环变动之后，下次何时出现，周期多长难以预见，因而周期效应难以预测。例如半导体产业的发展曾出现过这种循环变动。

为了掌握时间序列受循环变动因素的影响情况，需要取得很长时期的样本数据加以分析，以获得循环变动的信息。在短期内，循环变动是显现不出来的，因而在短期预测中，可以不考虑循环变动的影响。

（4）随机变动。

随机变动是指时间序列由突发事件或各种偶然因素引起的无规律可循的变动。如自然灾害、意外事故、战争和政策改变等事件对时间序列的影响。这种随机变动有时对数据影响较大，但却不能以趋势、季节或循环变动加以解释，也难以预测。

了解构成时间序列的四种因素后，就可以有的放矢地加以处理了。在预测时，需要从时间序列中分离出长期趋势，并找到循环、季节变动的规律排除随机干扰。

通常情况下，时间序列的变动可以看成是上述四种因素的叠加，是它们综合作用的结果。其作用形式一般有以下两种模式。

加法模式：$y_t = T_t + S_t + C_t + I_t$

乘法模式：$y_t = T_t \cdot S_t \cdot C_t \cdot I_t$

式中：y_t——第 t 期的时间序列值；

$\qquad T_t$——第 t 期的长期趋势值；

$\qquad S_t$——第 t 期的季节变动值；

$\qquad C_t$——第 t 期的循环变动值；

$\qquad I_t$——第 t 期的随机变动值。

上面所研究的是时间序列的一般构成。实际进行时间序列分析和预测时，四个分量不一定同时存在。有时可能没有 S，即时间序列无季节变动的影响；有时可能没有 C，即时间序列无循环变动的影响；但是不能没有 T，因为任何模式都以长期趋势 T 为主干。

一般而言，若时间序列的季节变动、循环变动和随机变动的幅度随着长期趋势的增长（或衰减）而加剧（或减弱），应采用乘法模式；若季节变动、循环变动和随机变动的幅度不随长期趋势的增衰而变化，应采用加法模式。在商业领域，乘法模式更常见一些，因此，下面的模型主要以乘法模式为例。

2. 时间序列的分类

在下面的讨论中，假定时间序列无循环变动的影响。在时间序列预测中，常遇到的数据类型有以下几种。

（1）水平趋势型。

这时时间序列表现为既无上升或下降趋势，也无季节变动影响，只是沿着水平方向发生变动，如图2-1（a）所示，表示为

$$y_t = T_t + I_t \qquad （加法模式）$$

或
$$y_t = T_t \cdot I_t \qquad （乘法模式）$$

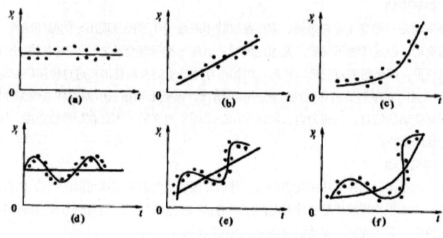

图2-1　六种时间序列的散点图

（2）线性趋势型。

这时时间序列的长期趋势值是时间 t 的线性函数，无季节变动影响，如图2-1（b）所示，可表示为

$$y_t = (a + bt) + I_t \qquad （加法模式）$$

或
$$y_t = (a + bt) \cdot I_t \qquad （乘法模式）$$

这里，a 和 b 都是常数，且 $b \neq 0$。

（3）曲线趋势型。

这时时间序列的长期趋势值是时间 t 的非线性函数，无季节变动影响，以二次曲线为例，如图2-1（c）所示，可表示为

$$y_t = (a + bt + ct^2) + I_t \qquad （加法模式）$$

或
$$y_t = (a + bt + ct^2) \cdot I_t \qquad （乘法模式）$$

这里，a、b、c 均为常数，且 $c \neq 0$。

（4）水平趋势季节型。

这时时间序列无上升或下降趋势，但受季节变动影响，如图2-1（d）所示，可表示为

$$y_t = T_t + S_t + I_t \qquad （加法模式）$$

或
$$y_t = T_t \cdot S_t \cdot I_t \qquad （乘法模式）$$

（5）线性趋势季节型。

这时时间序列的长期趋势值是时间 t 的线性函数，且受季节变动影响，如图2-1（e）所示，可表示为

$$y_t = (a+bt) + S_t + I_t \qquad \text{（加法模式）}$$

或
$$y_t = (a+bt) \cdot S_t \cdot I_t \qquad \text{（乘法模式）}$$

这里，a 和 b 都是常数，且 $b \neq 0$。

（6）曲线趋势季节型。

这时时间序列的长期趋势值是时间 t 的非线性函数，且受季节变动影响，以指数函数为例，如图 2-1（f）所示，可表示为

$$y_t = ab^t + S_t + I_t \qquad \text{（加法模式）}$$

或
$$y_t = ab^t \cdot S_t \cdot I_t \qquad \text{（乘法模式）}$$

这里，a 和 b 都是正的常数，且 $b \neq 1$。

在实际应用中，应、根据四类因素对时序变化的作用程度，采用不同的预测方法；长期趋势显著（S、I 不大）——用长期趋势预测；季节作用明显——用季节变动预测；随机因素突出——用随机变动预测。

（二）时间序列平滑预测

较常见的时间序列平滑预测模型是移动平均法和指数平滑法，这两种方法能利用最新的数据信息进行预测，属于自适应类时间序列预测法。

1．移动平均法

移动平均法计算给定时期的需求平均值，并用这个平均值来预测未来需求。因此，移动平均模型对于没有趋势性或季节性的数据预测效果最好。

一个 N 期的移动平均预测模型使用最近的 N 个观测需求值，D_i 为第 i 期的观测值，t 时期的需求预测为

$$y_t = \frac{1}{N} \sum_{i=t-N}^{t-1} D_i$$

也就是说，移动平均法得到的预测值是前个观测值的算术平均数，上述即 N 期简单移动平均预测模型。

2．指数平滑法

指数平滑法是一种以历史数据为基础的加权移动平均预测方法。这种方法中近期观测数据的权重大，远期观测数据的权重小。一次指数平滑假设需求是平稳的，二次指数平滑假设需求具有趋势，三次指数平滑既考虑趋势又考虑季节性。这些方法都需要使用者在预测需求、趋势、季节性时，赋予数据相关权重。这三个权重分别称为平滑因子、趋势因子和季节因子。本部分讨论一次指数平滑和二次指数平滑在定量预测中的具体应用，三次指数平滑（Winters 法或 Holt-Winters 法）将在趋势预测模型中讨论。

（1）一次指数平滑法。

将 α（$0 < \alpha < 1$）定义为平滑因子，可以将当前的预测值表示为过去需求预测值和最近需求观测值的加权平均。

$$y_t = \alpha D_{t-1} + (1-\alpha) y_{t-1}$$

这里 α 是上一期需求观测值的权重，$1-\alpha$ 是上一期预测值的权重。通常情况下，赋予过

去的预测值较大的权重，所以 α 取值更接近 0。

（2）二次指数平滑法。

二次指数平滑法可以预测具有线性趋势的需求。第 t 期的需求预测值是两个第 $t-1$ 期的估计值之和，其中一个是需求水平，另一个是需求趋势，即

$$y_t = I_{t-1} + S_{t-1}$$

这里 I_{t-1} 是第 $t-1$ 期需求水平的估计值，S_{t-1} 是第 $t-1$ 期需求趋势的估计值。I_{t-1} 表示落在第 $t-1$ 期需求过程的估计值；在第 t 期，该过程将增加 S_{t-1}。需求水平和需求趋势的估计计算如下

$$I_t = \alpha D_t + (1-\alpha)(I_{t-1} + S_{t-1})$$
$$S_t = \beta(I_t - I_{t-1}) + (1-\beta)S_{t-1}$$

其中 α 是平滑因子，β 是趋势因子。I_t 和一次指数平滑法类似，α 是最近一期需求观测值 D_t 的权重，$1-\alpha$ 是上一期需求预测值的权重。S_t 可以简单地解释为：将最近一期的趋势估计值（最近两期的需求水平之差）赋予权重 β，并将前一期的趋势估计值赋予权重 $1-\beta$。如果趋势向下倾斜，则 S_t 为负。这种二次指数平滑法就是霍尔特法（Holt）。

（三）趋势预测模型

一段时间序列常表现出这样的特点，它依时间变化呈现某种上升或下降的趋势，但无明显的季节变动和循环变动，因此可以尝试找到一条适当的函数曲线来反映这种变化趋势，即以时间 t 为自变量，时间序列 y_t 为因变量，建立曲线趋势模型：$y_t = f(x)$。当这种趋势可以延伸至未来时，给定时间 t 的未来值，将其代入模型即可得到相应时刻时间序列的预测值，这就是曲线趋势预测法。和上述时间序列的平滑预测不同的是，这种趋势模型建立后假定不随观察到的新需求而发生改变，属于静态时间序列预测法。下面以直线趋势预测法为例介绍这类预测的一般思路。

1．直线趋势的识别

首先绘制 y_t 的散点图，若散点图走势近似于一条直线，初步判断该时间序列可以选用直线趋势模型进行预测。另外可用一阶差分法识别。时间序列 $\{y_t\}$ 的一阶差分为

$$\Delta y_i = y_i - y_{i-1}, \quad i = 2, 3, \cdots$$

若上述一阶差分近似为一个常数，则可以选择直线趋势模型进行预测。

2．直线趋势模型

直线趋势模型为

$$\hat{y}_t = a + bt$$

式中：t——时间变量；

$\hat{y}_t$——预测值；

a，b——模型参数。

上述参数 a，b 可以用最小二乘法来估计，将未来某个时间 t_0 代入模型中，得到的 $\hat{y}_{t_0} = a + bt_0$ 即变量的预测值。

【例 2-6】表 2-6 是某品牌果汁 2010—2017 年各年的果汁销量，试预测 2018—2020 年该品牌果汁的销量。

表 2-6 某品牌果汁 2010—2017 年销量

年份	时间/t	果汁销量/万吨	一阶差分/万吨
2010	1	149	—
2011	2	156	7
2012	3	161	5
2013	4	164	3
2014	5	171	7
2015	6	179	8
2016	7	184	5
2017	8	194	10

【解】（1）选择模型。首先画出果汁销量的散点图，如图 2-2 所示。从图 2-2 中可以看出，果汁销量大致呈直线变化的趋势。再从表 2-6 的一阶差分序列中得知它围绕 7 这个常数变化，因此可以选择直线趋势模型进行预测。

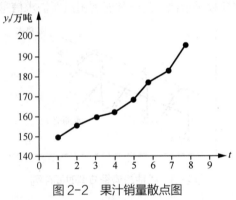

图 2-2 果汁销量散点图

（2）建立直线趋势模型。设所求直线趋势模型为 $\hat{y}_t = a + bt$，用最小二乘法估计参数 a 和 b，可以使用 Excel 的回归函数 LINEST（Y，t）快速计算 a 和 b，其中参数 Y 为果汁销量列数据，t 为时间列数据。根据原始数据计算得到直线趋势模型如下

$$\hat{y}_t = 142.107 + 6.143t$$

（3）预测。利用直线趋势模型预测 2018—2020 年的果汁销量。将 $t = 9, 10, 11$ 分别代入上述模型得到下式

$$\hat{y}_{2018} = \hat{y}_9 = 142.107 + 6.143 \times 9 = 197.394 \text{（万吨）}$$

$$\hat{y}_{2019} = \hat{y}_{10} = 142.107 + 6.143 \times 10 = 203.537 \text{（万吨）}$$

$$\hat{y}_{2020} = \hat{y}_{11} = 142.107 + 6.143 \times 11 = 209.680 \text{（万吨）}$$

除上述直线趋势模型外，时间序列趋势预测还有曲线模型，如多项式曲线模型、指数曲线模型、皮尔模型、龚玻兹模型等。很多时候，时间序列的趋势表现很难分清是哪一种曲线，在这种情况下，如果通过图形能大致看出时间序列的变动趋势，只是不知道用哪一个模型合适，那么可以同时使用多个模型，比较各个模型的预测误差，选择预测误差最小的那个模型作为预测模型。当然，用这种方法确定模型，计算量非常大，此过程只能由统计软件来完成。

（四）季节预测模型

对于含有季节变动的时间序列而言，用数学方法拟合其演变规律并进行预测是相当复杂的，甚至是不可能的。但是，如果能够设法从时间序列中分离出长期趋势线，并找到季节变动的规律，将二者结合起来进行预测，就可以将问题简化，也能够达到预测精度的要求。

1．判断季节变动存在的方法

对于一个时间序列，如何判断它是否存在季节变动影响因素，这是首先要解决的问题。对于不带趋势的时间序列，可以采用直观判断法，就是绘制时间序列的散点图，直接观察其变化规律，以判断它是否受季节变动的影响，并确定季节的长度。对带有趋势的时间序列可以先剔除趋势影响后再采用直观判断法。这种方法的优点是直观，但判断时略带主观性。还有一种基于自相关系数的判断法，但操作较为复杂。

2．季节预测模型内容

常见的季节变动时间序列通常带有线性趋势，如图2-3所示。可用趋势比率法（季节指数法）或霍尔特 - 温特斯（Holt-Winters）法进行预测，其中趋势比率法属于静态时间序列预测法，而 Holt-Winters 法又叫三次指数平滑法，是一种能利用最新需求信息的自适应预测法。

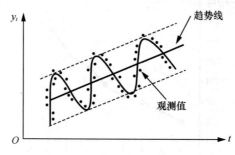

图2-3　线性趋势季节型时间序列

（1）趋势比率法。

① 建立趋势线方程：$T_t = \hat{a} + \hat{b}t$。

② 根据趋势线方程，计算各期趋势值 $T_1, T_2, \cdots, T_n$。

③ 剔除趋势：$\tilde{S}_t = \dfrac{y_t}{T_t}, (t = 1, 2, \cdots, n)$。

④ 初步估计季节指数。对同季节的 $\tilde{S}_t$，求平均值，以消除随机干扰，将此平均值作为季节指数的初步估计值，即

$$\overline{S}_i = \frac{\tilde{S}_i + \tilde{S}_{i+L} + \tilde{S}_{i+2L} + \cdots + \tilde{S}_{i+(m-1)L}}{m}, (i = 1, 2, \cdots, L)$$

⑤ 最终估计季节指数。一个周期内的各季节指数之和应等于 L，即

$$\sum_{i=1}^{L} \overline{S}_i = L$$

但是用上面的方法求出的季节指数的初步估计值，一般来说不满足这一要求，因此要加以调整。调整的方法是：先求出一个周期内各季节指数初步估计值的均值作为调整系数，即

$$S = \frac{1}{L}\sum_{i=1}^{L} \bar{S}_i$$

然后，用各季节指数初步估计值 $\bar{S}_i$，除以调整系数 S，可得到季节指数的最终估计值，即

$$S_i = \frac{\bar{S}_i}{S}, (i = 1, 2, \cdots, L)$$

⑥建立趋势季节预测模型，并进行预测。预测模型为

$$\hat{y}_t = (\tilde{a} + \hat{b}t)S_i, (i = 1, 2, \cdots, L)$$

式中：$\hat{y}_t$——第 t 期的预测值；

S_i——第 t 期所在季节对应的季节指数。

趋势比率法有多个周期的预测能力。

【例2-7】某企业2015—2017年各季度的利润额资料如表2-7所示，试预测2018年各季度的利润额。

表2-7　某企业利润额及趋势比率法计算表　　　　单位：万元

年、季		t	利润y_t	T_t	$\tilde{S}_t$	$\hat{y}_t$	$|y_t - \hat{y}_t| / y_t$
（1）		（2）	（3）	（4）	（5）	（6）	（7）
2015	1	1	41	31.230 7	1.312 8	41.421 3	0.010 3
	2	2	25	33.006 9	0.757 4	26.689 4	0.067 6
	3	3	29	34.783 1	0.833 7	28.918 7	0.002 8
	4	4	37	36.559 3	1.012 1	37.791 3	0.021 4
2016	1	5	50	38.335 5	1.304 3	50.844 4	0.016 9
	2	6	33	40.111 7	0.822 7	32.434 3	0.017 1
	3	7	32	41.887 9	0.763 9	34.825 6	0.088 3
	4	8	44	43.664 1	1.007 7	45.135 6	0.025 8
2017	1	9	62	45.440 3	1.364 4	60.267 5	0.027 9
	2	10	40	47.216 5	0.847 2	38.179 3	0.045 5
	3	11	44	48.992 7	0.898 1	40.732 5	0.074 3
	4	12	55	50.768 9	1.083 3	52.479 8	0.045 8

【解】预测步骤如下。

（1）绘制散点图。由散点图（见图2-4）看出，数据变化呈线性趋势并受季节影响，可以选择直线作为趋势线。

（2）建立线性趋势线方程。根据表2-7中利润额的数据用最小二乘法估计参数 $\hat{a}, \hat{b}$，可以用 Excel 的 LINEST 函数快速计算这两个参数，得到趋势线方程如下

$$T_t = 29.454\,5 + 1.776\,2t$$

也可以用其他方法建立趋势线方程，如二次移动平均法、二次指数平滑法、三点法和三段法等。

（3）求各期的趋势值。分别将 $t=1,2,\ldots,12$ 代入趋势线方程中，得到各期的趋势值，结果

列于表2-7第（4）列中。

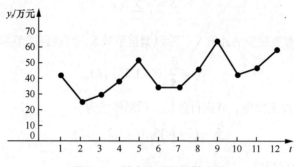

图2-4 某企业利润额散点图

（4）剔除趋势。将表2-7中的第（3）列数据除以第（4）列数据得到 $\tilde{S}_t$，结果列于表2-7第（5）列中。

（5）初步估计季节指数。将表2-7中第（5）列的 $\tilde{S}_t$，填入表2-8中第①行，然后计算同季节 $\tilde{S}_t$ 的平均值 $\bar{S}_i$，列于表2-8第③行中。

表2-8 季节指数计算表

序号	年度	第一季度	第二季度	第三季度	第四季度	合计
①	2015	1.312 8	0.757 4	0.833 7	1.012 1	—
	2016	1.304 3	0.822 7	0.763 9	1.007 7	
	2017	1.364 4	0.847 2	0.898 1	1.083 3	
②	合计	3.981 5	2.427 3	2.495 7	3.103 1	—
③	同季平均 $\bar{S}_i$	1.327 2	0.809 1	0.831 9	1.034 4	4.002 6
④	季节指数 S_i	1.326 3	0.808 6	0.831 4	1.033 7	4.000 0

（6）最终估计季节指数。表2-8中第③行的合计数应等于4，但合计数为4.002 6，故需要进行调整。调整系数为

$$S = \frac{1}{4}\sum_{i=1}^{4}\bar{S}_i = \frac{1}{4}\times 4.002\,6 = 1.000\,65$$

用表2-8中第③行的数据分别除以 S，可得第④行季节指数的最终估计值 S_i。

（7）所建立的趋势季节预测模型为

$$\hat{y}_t = (29.454\,5 + 1.776\,2t)S_i, (i = 1,2,3,4)$$

先根据预测模型计算追溯预测值，结果列于表2-7中第（6）列中。然后计算平均绝对百分比误差如下

$$\text{MAPE} = \frac{1}{12}\sum_{i=1}^{12}\frac{|y_t - \hat{y}_t|}{y_t} = \frac{1}{12}\times 0.443\,7 = 3.7\%$$

MAPE<5%，说明该模型的预测精度较高，可用于未来预测。

2018年各季度利润额的预测值为

$$\hat{y}_{2018.1} = \hat{y}_{13} = (29.454\,5 + 1.776\,2\times 13)\times 1.326\,3 = 69.690\,6 \quad（万元）$$

$$\hat{y}_{2018.2} = \hat{y}_{14} = (29.454\,5 + 1.776\,2\times 14)\times 0.808\,6 = 43.924\,2 \quad（万元）$$

$$\hat{y}_{2018.3} = \hat{y}_{15} = (29.454\ 5 + 1.776\ 2 \times 15) \times 0.831\ 4 = 46.639\ 5\ （万元）$$
$$\hat{y}_{2018.4} = \hat{y}_{16} = (29.454\ 5 + 1.776\ 2 \times 16) \times 1.033\ 7 = 59.824\ 0\ （万元）$$

趋势比率法也适用于曲线趋势季节型时间序列的预测，预测的原理与方法同线性趋势季节型类似，此处不再详述。

（2）霍尔特 - 温特斯（Holt-Winters）法。

该方法的基本思想是把具有长期趋势、季节变动和随机变动的时间序列进行分解研究，并与指数平滑法相结合，分别对长期趋势（T_t）、趋势的增量（b_t）和季节变动（S_t）做出估计，然后建立预测模型，外推预测值。

Holt-Winters 法包括三个平滑公式和一个预测模型。

平滑公式如下

$$T_t = \alpha \frac{y_t}{S_{t-L}} + (1-\alpha)(T_{t-1} + b_{t-1})$$
$$b_t = \beta(T_t - T_{t-1}) + (1-\beta)b_{t-1}$$
$$S_t = \gamma \frac{y_t}{T_t} + (1-\gamma)S_{t-L}$$

式中，α, β, γ 为平滑系数，取值为（0，1），L 为季节长度，常见的有季度数或月数，分别取 4 或 12。

预测模型（乘法模型）如下

$$\hat{y}_{t+\tau} = (T_t + b_t \tau)S_{t+\tau-kl}, (\tau = 1, 2, \cdots)$$

其中，k 为整数，τ 为向后预测的期数且（$k-1$）$L+1 \leqslant \tau \leqslant k$。此条件保证 $S_{t+\tau-kl}$ 是落在观测值最后一个周期内的与第 $(t+\tau)$ 期同季节的季节指数。

Holt-Winter 法较多应用于具有线性趋势季节型时间序列数据的预测中，被实践证明是一种行之有效的方法。它的预测能力有多个周期。由于计算方法较为烦琐，通常采用专业统计软件来实施预测，尤其是三个平滑系数的确定，获取难度高，计算量大，使用 SPSS 或其他软件工具来处理则容易得多。

二、用回归分析法进行预测

在自然界和人类社会中，许多变量之间往往存在着一定的关系。例如，人的血压与年龄之间有一定的关系：年龄大的，血压可能就高些；年龄小的，血压可能就低些。钢材的消费量增加了，电焊条的需求量也增多了。回归分析就是应用数学的方法，对大量的统计数据进行分析、处理加工，得出能反映事物发展的客观规律，并应用规律进行预测分析。在预测分析时，利用回归分析可以判断变量之间是否存在相关关系以及相关的密切程度，还可找出它们之间合适的数学表达式，近似地确定它们之间的数量关系。回归分析法是一种广泛使用的预测方法。回归分析可分为线性回归分析和非线性回归分析，线性回归分析又包括一元线性回归分析和多元线性回归分析。这里只介绍一元线性回归分析预测法。

（一）模型的建立

一元线性回归模型是最简单的线性回归模型，由于模型中只有一个解释变量，其参数估计

方法最为简单。因此，一元线性回归模型成为回归分析预测法的基础。一元线性回归模型的一般形式为

$$y_i = \beta_0 + \beta_1 x_i + \mu_i, (i = 1, 2, \cdots, n)$$

其中：y_i 为被解释变量，x_i 为解释变量，β_0 和 β_1 为模型参数，μ_i 为随机误差项。

μ_i 满足以下条件。

（1）正态性：$\mu_i \sim N(0, \sigma^2)$。

（2）方差齐性：$\mathrm{Var}(\mu_i) = \sigma^2, (i = 1, 2, \cdots, n)$。

（3）独立性：$\mathrm{Cov}(\mu_i, \mu_j) = 0, (i \neq j)$。

（4）随机误差项 μ_i 与解释变量 x 之间不相关，即 $\mathrm{Cov}(x_i, \mu_i) = 0, (i = 1, 2, \cdots, n)$。

从变量的属性看，每一个 y_i 都是随机变量，实际观测值只是这个随机变量的一次实现。在很多情况下，习惯用大写字母表示随机变量，小写字母表示随机变量的观测值，本书不做区分，读者根据上下文判断是随机变量还是随机变量的实现值。

在实际回归分析中，要根据观测到的数据来估计 β_0、β_1 的取值 $\hat{\beta}_0$、$\hat{\beta}_1$，称由此得到的方程如下

$$\hat{y} = \hat{\beta}_0 + \hat{\beta}_1 x$$

为 y 关于 x 的一元线性回归方程。通过最小二乘法，可以计算参数值，记 $L_{xx} = \sum\limits_{i=1}^{n} (x_i - \overline{x})^2$，$L_{xy} = \sum\limits_{i=1}^{n} (x_i - \overline{x})(y_i - \overline{y}) = \sum\limits_{i=1}^{n} x_i y_i - n\overline{x}\overline{y}$，则参数值可以用下面的公式计算。

$$\hat{\beta}_0 = \overline{y} - \hat{\beta}_1 \overline{x}, \quad \hat{\beta}_1 = \frac{L_{xy}}{L_{xx}}$$

（二）模型的检验

得到了模型的参数估计量，就基本建立了一个线性回归模型。然而，该模型能否客观揭示所研究的经济现象中诸因素之间的关系，能否用于实际预测，还需要进一步检验才能确定。一元线性回归模型的检验包括经济意义检验、统计检验等。

1. 经济意义检验

经济意义检验主要检验模型参数的估计量在经济意义上的合理性。方法是将模型参数的估计量同预先拟定的理论期望值进行比较，检验参数估计量的符号和大小，以判断其合理性。

首先，检验参数估计量的符号。以如下假想的社会消费品模型为例：

社会消费品零售总额 $= 8\,700.12 - 0.26 \times$ 居民收入总额

该模型中，居民收入总额前的参数估计量为负，意味着居民收入越多，社会消费品零售总额越低。这从经济行为上无法解释，所以此模型不能通过检验，应找出原因重建模型。

如果参数估计量的符号正确，则要进一步检验参数估计量的大小是否合适。经济意义检验是一项最基本的检验。如果模型的经济意义不合理，不管其他方面的质量多高，也没有实际价值。

2. 统计检验

统计检验是指对已建立的一元线性回归模型，检验变量之间是否具有显著的线性相关关系等。常用的统计检验有拟合优度检验、回归系数的显著性检验（t 检验）和 F 检验。

（1）拟合优度检验。样本决定系数或判定系数、相关系数等都可以用来检验回归方程的拟合优度。其中相关系数最直观。

相关系数计算的参数与过程如下。

总离差平方和：$\mathrm{TSS} = \sum(y_i - \bar{y})^2$。

回归平方和：$\mathrm{RSS} = \sum(\hat{y}_i - \bar{y})^2 = \hat{\beta}_1^2 \sum(x_i - \bar{x})^2$。

残差平方和：$\mathrm{ESS} = \sum(y_i - \hat{y}_i)^2 = \sum e_i^2$。

可以证明，TSS=ESS+RSS，显然，若模型拟合得好，则总离差平方和与回归平方和应该比较接近。因此可将此作为评判模型拟合优度的一个标准。

设样本决定系数 $R^2 = \dfrac{\mathrm{RSS}}{\mathrm{TSS}} = 1 - \dfrac{\mathrm{ESS}}{\mathrm{TSS}}$，根据上述分析，$R^2$ 越接近 1，则回归直线与样本观测值拟合得越好。R^2 的取值范围是 $[0,1]$。

实际计算 R^2 时，常采用下面的公式。

$$R^2 = \frac{L_{xy}^2}{L_{xx}L_{yy}}$$

人们往往采纳 R^2 最高的模型，这是因为 R^2 越高，就意味着该模型把 y 的变动解释得越好。

相关系数是另一个广泛用来测定拟合优度的指标，计算公式为

$$r = \sqrt{R^2} = \frac{L_{xy}}{\sqrt{L_{xx}L_{yy}}}$$

由公式可知，样本决定系数只是相关系数的平方，但这两种度量方法提供了相互补充的信息。相关系数可正可负，正相关系数意味着因变量和自变量以相同方向增减，负相关系数意味着因变量和自变量以相反方向增减。相关系数越接近于 1，因变量和自变量的拟合程度就越好，通常认为 $r>0.75$ 时，x 和 y 高度相关。

（2）回归系数的显著性检验（t 检验）。对一元线性回归模型而言，回归系数的显著性检验主要是针对 $\hat{\beta}_1$ 是否显著为 0 进行的检验。若 $\hat{\beta}_1$ 显著为 0，说明 Y 与 X 之间不存在线性关系，则回归模型就失去了线性意义；若 $\hat{\beta}_1$ 显著不为 0，则 Y 与 X 之间存在线性关系，所建立的回归模型才有意义。检验步骤如下。

① 提出原假设 $H_0 : \hat{\beta}_1 = 0$；备择假设 $H_1 : \hat{\beta}_1 \neq 0$。

② 计算统计量 $t_{\hat{\beta}_1} = \dfrac{\hat{\beta}_1}{S_{\hat{\beta}_1}}$，其中，$\hat{\beta}_1$ 的样本标准差 $S_{\hat{\beta}_1} = \sqrt{\dfrac{\sum e_i^2}{(n-2)L_{xx}}}$。

③ 给定显著性水平 α，查 t 分布表，得到临界值 $t_{\alpha/2}(n-2)$。这里 n 为样本容量。

④ 比较判断。若 $\left| t_{\hat{\beta}_1} \right| \geq t_{\alpha/2}(n-2)$，则拒绝 H_0，接受 H_1，即认为 $\hat{\beta}_1$ 显著不为 0，从而可判定 Y 与 X 之间有显著的线性关系，检验通过。若 $\left| t_{\hat{\beta}_1} \right| < t_{\alpha/2}(n-2)$，则接受 H_0，即认为 $\hat{\beta}_1$ 显著为 0，从而可判定 Y 与 X 之间无显著的线性关系，检验未通过。

（3）F 检验。F 检验是从整体上检验回归方程显著性的工具，在简单回归分析中，t 检验与 F 检验的作用基本相同。这一点从检验假设中可以看出，在一元回归中，F 检验的原假设和 t 检验相同，所以，一元回归只要检验其中之一即可。但在多重回归分析中则有很大差异，针对每个变量的 t 检验是必须要做的，在实际运用中应予以注意。具体操作原理请参阅统计学相

关书籍。

（三）模型的预测

上述一元线性回归模型通过了各种检验之后，即可以认为该回归模型能够正确地反映相关现象，可用于预测，给定解释变量 X 一个特定值，利用样本回归方程对被解释变量 Y 的值做出估计。预测分为点预测和区间预测。

1. 点预测

对于给定的解释变量 x 的一个特定值 x_0 的点预测值为

$$\hat{y}_0 = \hat{\beta}_0 + \hat{\beta}_1 x_0$$

2. 区间预测

用回归方程计算出预测值，是计算一个具体的数，称为点预测。点预测是一个平均数，实际值可能高于它，也可能低于它。例如，明年某商品的销售量预测值为 20 万件，实际上不可能刚刚销售 20 万件，可能销售量在 19 万件到 21 万件的范围之内，也可能在这个范围之外，只有 18 万件或达到 22 万件。因此，还必须指出销售量在 19 万件～21 万件的范围内有多大可能性，有多少把握，即要求把预测值的范围和可能性大小计算出来。假设通过计算有 95.45% 的概率保证，明年该商品的销售量在 19 万件～21 万件的范围以内。其中，95.45% 就称为置信度，19 万件～21 万件称为预测区间，19 万件称为下限，21 万件称为上限。区间预测包括个别值的区间预测和平均值的区间预测。

（1）个别值的区间预测。

为了求得 y 的预测区间，需要知道预测误差 $e_0 = y_0 - \hat{y}$ 的抽样分布。可以证明如下

$$e_0 \sim N\left\{0, \sigma^2\left[1 + \frac{1}{n} + \frac{(x_0 - \bar{x})^2}{\sum(x_i - \bar{x})^2}\right]\right\}$$

另外，可以证明，σ^2 的无偏估计量为

$$\hat{\sigma}^2 = \frac{\sum(y_i - \hat{y}_i)^2}{n-2}$$

对于小样本（样本量 <30），可以构造 t 统计量如下

$$t = \frac{y_0 - \hat{y}_0}{S_{e_0}} \sim t(n-2)$$

其中，

$$S_{e_0} = \sqrt{\frac{\sum(y_i - \hat{y}_i)^2}{n-2}\left[1 + \frac{1}{n} + \frac{(x_0 - \bar{x})^2}{\sum(x_i - \bar{x})^2}\right]}$$

于是，在 $(1-\alpha)$ 的置信度下，y_0 的置信区间为

$$[\hat{y}_0 - t_{\alpha/2}(n-2)S_{e_0}, \hat{y}_0 + t_{\alpha/2}(n-2)S_{e_0}]$$

当 n 很大时（$n \geq 30$），$t_{\alpha/2}(n-2)$ 可以近似地用正态分布 $Z_{\alpha/2}$ 来代替，相应的预测区间可近似地记为

$$[\hat{y}_0 - Z_{\alpha/2}S_{e_0}, \hat{y}_0 + Z_{\alpha/2}S_{e_0}]$$

在实际计算时，当样本量超出 30 不多时也可以使用自由度为 30 的 t 值进行计算。

（2）平均值的区间预测。

平均值的区间预测又叫置信区间估计，是对 x 的一个给定值 x_0，求出 y 的平均值的区间估计。设 x_0 为自变量 x 的一个特定值或给定值；$E(y_0)$ 为给定 x_0 时因变量 y 的平均值或期望值。一般来说，估计值不能精确地等于 $E(y_0)$。按照上述思路，构造 t 统计量如下

$$t = \frac{\hat{y}_0 - E(y_0)}{S_{\hat{y}_0}} \sim t(n-2)$$

其中，

$$S_{\hat{y}_0} = \sqrt{\frac{\sum(y_i - \hat{y}_i)^2}{n-2}\left[\frac{1}{n} + \frac{(x_0 - \bar{x})^2}{\sum(x_i - \bar{x})^2}\right]}$$

于是，在（$1-\alpha$）的置信度下，$E(y_0)$ 或 y_0 均值的置信区间为

$$[\hat{y}_0 - t_{\alpha/2}(n-2)S_{\hat{y}_0}, \ \hat{y}_0 + t_{\alpha/2}(n-2)S_{\hat{y}_0}]$$

和个别值区间预测一样，当样本量大于 30 时，可以考虑用正态分布代替 t 分布。

【例 2-8】某市 2011 年到 2020 年的 10 年中，个人消费支出和收入资料如表 2-9 所示，试建立回归模型预测 2021 年个人收入为 213 亿元时的个人消费支出额。

表 2-9　一元线性回归模型计算

年份	个人收入x/亿元	消费支出y/亿元	$x-\bar{x}$	$y-\bar{y}$	$(x-\bar{x})(y-\bar{y})$	$(x-\bar{x})^2$	$(y-\bar{y})^2$
2011	64	56	−47.4	−37.0	1 753.8	2 246.76	1 369.0
2012	70	60	−41.4	−33.0	1 366.2	1 713.96	1 089.0
2013	77	66	−34.4	−27.0	928.8	1 183.36	729.0
2014	82	70	−29.4	−23.0	676.2	864.36	529.0
2015	92	79	−19.4	−14.0	271.6	376.36	196.0
2016	107	88	−4.4	−5.0	22.0	19.36	25.0
2017	125	102	13.6	9.0	122.4	184.96	81.0
2018	143	118	31.6	25.0	790.0	998.56	625.0
2019	165	136	53.6	43.0	2 304.8	2 872.96	1 849.0
2020	189	155	77.6	62.0	4 811.2	6 021.76	3 844.0
Σ	1 114	930			13 047.0	16 482.4	10 336.0

利用一元线性回归分析进行预测，可分为以下 4 步。

第一步：对预测对象进行分析，建立以预测对象为被解释变量的回归模型。用 y 表示个人消费支出，x 表示个人收入，绘制 y 与 x 的散点图，如图 2-5 所示。由散点图可以看出，y 与 x 呈线性趋势，因此可以建立一元线性回归模型：$y_i = \beta_0 + \beta_1 x_i + \mu_i$。

第二步：对模型参数进行估计，求得样本回归方程。由表 2-9 计算得

$$\hat{\beta}_1 = \frac{L_{xy}}{L_{xx}} = \frac{13\,047.0}{16\,482.4} \approx 0.791\,571\,6, \quad \hat{\beta}_0 = \bar{y} - \hat{\beta}_1\bar{x} = 93 - 0.791\,571\,6 \times 111.4 \approx 4.818\,922$$

由此得到样本回归方程为

$$\hat{y}_i = 4.818\,922 + 0.791\,571\,6x_i$$

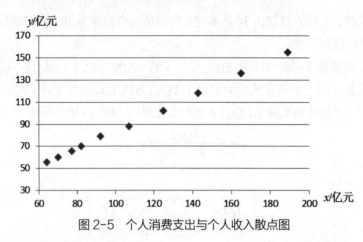

图 2-5　个人消费支出与个人收入散点图

第三步：模型检验。进行以下三种检验。

1. 经济意义检验。从经济理论和实际经验看，个人消费支出和个人收入之间是有关系的，收入决定消费支出。解释变量 x 的系数 0.791 571 6 说明，收入每增加 1 个货币单位，平均而言消费支出约增加 0.791 571 6 个货币单位。

2. 拟合优度检验。根据上述样本决定系数计算公式计算可得

$$R^2 = \frac{L_{xy}^2}{L_{xx}L_{yy}} = \frac{13\,047.0^2}{16\,482.4 \times 10\,336.0} \approx 0.999\,19$$

说明模型的拟合优度很高。

3. 对 $\hat{\beta}_1$ 的显著性 t 检验，根据上述公式有

$$\text{RSS} = \text{TSS} - \text{ESS}$$

$$\sum e_i^2 = \sum(y_i - \bar{y})^2 - \hat{\beta}_1^2 \sum(x_i - \bar{x})^2 = L_{yy} - \hat{\beta}_1^2 L_{xx}$$

$$= 10\,336 - 0.791\,571\,6^2 \times 16\,482.4 \approx 8.365$$

$$S_{\hat{\beta}_1} = \sqrt{\frac{\sum e_i^2}{(n-2)L_{xx}}} = \sqrt{\frac{8.365}{(10-2) \times 16\,482.4}} \approx 0.007\,965$$

对 β 进行 t 检验如下。

① 原假设 $H_0 : \hat{\beta}_1 = 0$；备择假设 $H_1 : \hat{\beta}_1 \neq 0$。

② 计算统计量：$t_{\hat{\beta}_1} = \dfrac{\hat{\beta}_1}{S_{\hat{\beta}_1}} = \dfrac{0.791\,571\,6}{0.007\,965} \approx 99.38$。

③ 给定 $\alpha = 0.05$，查自由度为 $n - 2 = 8$ 的 t 分布表，得临界值 $t_{0.025}(8) = 2.306$。

④ 判断。显然 $t_{\hat{\beta}_1} > t_{0.025}(8)$，因此拒绝 H_0，接受 H_1，认为 $\hat{\beta}_1$ 显著不为 0，即 y 与 x 之间存在线性关系。

第四步：进行预测。通过以上检验可知，样本回归方程基本符合实际，因此可以用于预测。

将 2021 年个人收入 213 亿元代入样本回归方程得

$$\hat{y}_{2021} = 4.818\,922 + 0.791\,571\,6 \times 213 \approx 173.424 \text{（亿元）}$$

即 2021 年当个人收入为 213 亿元时，个人消费支出的预测值为 173.424 亿元。

下面进行区间预测如下

$$S_{e_0} = \sqrt{\frac{\sum(y_i - \hat{y}_i)^2}{n-2}\left[1 + \frac{1}{n} + \frac{(x_0 - \bar{x})^2}{\sum(x_i - \bar{x})^2}\right]} \approx 1.343\,5$$

当给定 $\alpha=0.05$ 时，查 t 分布表得 $t_{0.025}(8) = 2.306$，于是

$$\hat{y}_0 - t_{0.025}(8)S_{e_0} = 173.424 - 2.306 \times 1.343\,5 \approx 170.326$$

$$\hat{y}_0 + t_{0.025}(8)S_{e_0} = 173.424 + 2.306 \times 1.343\,5 \approx 176.522$$

因此，在 95% 的置信水平下，2021 年个人消费支出的预测区间为 [170.326，176.522]。同样可以计算其均值的置信区间为 [171.414，175.434]。

Excel 的加载项提供了回归分析的功能，其输出结果与上述计算结果一致（计算过程中，保留的小数位数会造成微小差异）。Excel 回归分析的具体操作如下：首先将数据输入 Excel 表，如图 2-6 所示；然后调用数据分析中的回归分析（"数据"—"数据分析"—"回归"，使用前须完成数据分析模块的加载），并在图 2-7 所示的窗口中输入自变量 x 和因变量 y 对应的数据（B1：B11 和 C1：C11），选中标志和置信度（默认值为 95%），输出选项选择"新工作表组"单选按钮，单击确定。输出结果如图 2-8 所示。

	A	B	C
1	年份	个人收入x/亿元	消费支出y/亿元
2	2011	64	56
3	2012	70	60
4	2013	77	66
5	2014	82	70
6	2015	92	79
7	2016	107	88
8	2017	125	102
9	2018	143	118
10	2019	165	136
11	2020	189	155

图 2-6　自变量与因变量　　　　　　　　　图 2-7　回归分析窗口

	A	B	C	D	E	F	G	H	I
1	SUMMARY OUTPUT								
2									
3	回归统计								
4	Multiple R	0.99959526							
5	R Square	0.99919068							
6	Adjusted R Square	0.99908952							
7	标准误差	1.02256594							
8	观测值	10							
9									
10	方差分析								
11		df	SS	MS	F	Significance F			
12	回归分析	1	10327.63	10327.63	9876.8447	1.17349E-13			
13	残差	8	8.365129	1.045641					
14	总计	9	10336						
15									
16		Coefficients	标准误差	t Stat	P-value	Lower 95%	Upper 95%	下限 95.0%	上限 95.0%
17	Intercept	4.818922	0.944378	5.102746	0.0009267	2.641181942	6.99666206	2.641181942	6.99666206
18	个人收入x	0.79157162	0.007965	99.38232	1.173E-13	0.773204491	0.80993874	0.773204491	0.80993874

图 2-8　Excel 回归分析的输出结果

输出结果中的 Multiple R 表示相关系数；R Square 表示判定系数或样本决定系数；Adjusted R Square 表示矫正判定系数；标准误差为拟合误差的标准差，其值等于方差分析表中的 SS/df

的平方根，其中 SS 表示残差平方 ESS，df 表示自由度。根据上述分析，标准误差越小表明拟合效果越好。这些指标都反映了拟合优度，总体上看拟合优度质量是很高的，与上述计算结果也是一致的。

方差分析表中回归分析对应的 SS 值表示回归平方和 RSS，总计 SS 表示总离差平方和 TSS，满足上述等式 TSS=RSS+ESS。MS 表示均方差，等于 SS/df，其中 RSS 的自由度 df=p，ESS 的自由度 df=$n-p-1$，TSS 的自由度 df=$n-1$，其中 p 是自变量的个数，本例是一元回归分析，自变量只有一个，所以 p=1。F 值等于回归分析 MS/ 残差 MS，该统计量可以用来进行上文提到的 F 检验，其中 Significance F 表示 F 检验的 P 值，代表弃真概率，这个值一般要小于给定的显著性水平 0.05，且越小越好。F 检验反映回归方程的整体相关性，由于一元回归只有一个自变量，所以其检验结果和 t 检验一致。

输出结果的第三部分包括回归系数和显著性 t 检验。其中 Intercept 表示截距，即回归方程中的 $\hat{\beta}_0$，其值（Coefficients）为 4.818 9；自变量 x 的系数 $\hat{\beta}_1$ 等于 0.791 57，和上述计算结果一致。t Stat 为 t 统计量，P-value 为 t 检验的 P 值，表示统计量发生的概率（弃真概率），能反映该系数显著性水平。P 值要小于给定的显著性水平，且越小越好。下限 95.0% 和上限 95.0% 表示该系数 95% 的置信区间。

三、用Bass预测法进行预测

Bass 模型由 Frank M. Bass 提出，他认为新产品扩散同时受外部因素（大众传媒）和内部因素（消费者口头传播）的影响，并提出了一个综合大众传媒和消费者口头传播的数学模型，即创新扩散模型中最经典的 Bass 模型。Bass 模型是一个宏观的模型，适用于创新产品的自上而下、从外向内的传播，该模型成功拟合了大量的新产品扩散数据，是创新扩散研究领域的权威数学模型，国际管理学权威期刊 *Management Science* 于 2003 年把论述 Bass 模型的论文评为过去 50 年里 10 篇最具影响力的论文之一。Bass 模型能为新产品的销量提供预测和指导，对短生命周期的产品的预测有很强的适用性。

新产品的销售模式大致会经历三个阶段，快速成长期、成熟期和衰退期。Bass 模型是一种著名的参数方法，用于估计单一新产品随时间推移的需求轨迹。在忽略价格及广告的前提下，Bass 模型的三个基本参数能够有效地为各种新产品推广提供精确的预测和指导。在缺少或没有历史数据时，该模型可得到较好的预测结果。图 2-9 描述了 20 世纪 60 年代推广彩电的过程中得到的需求数据（预测和实际）。

（一）Bass模型描述

Bass 模型的前提是顾客可以分为创新者和模仿者。创新者（或早期使用者）在购买新产品时，不考虑其他人的决策。而模仿者在购买时，会受之前买家的评价影响。例证参见图 2-10，随着时间的推移，创新者的数量减少，购买产品的模仿者数量先增加后减少。

Bass 模型的目标是试图通过描述这种行为来预测需求，它给出了口碑效应的数学表征，口碑效应存在于已购买与尚未购买新产品的顾客之间。此外，Bass 模型试图预测两个方面：有多少顾客最终会购买其新产品以及何时购买。了解购买时间是非常重要的，因为这可以让企业巧妙利用资源销售新产品。对于这个模型的分析就是基于 Bass 对此问题的原有分析。

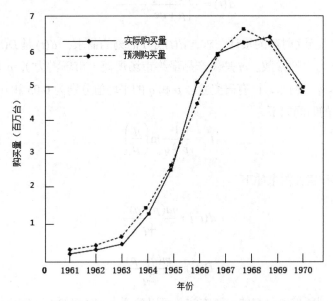

图 2-9　20 世纪 60 年代彩电业需求观测值与 Bass 预测值

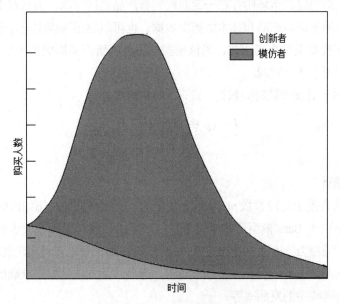

图 2-10　Bass 扩散曲线

　　Bass 模型认为，一项新产品或者新技术投入市场后，它的用户数增长速度主要来源于两个方面：一是大众传媒的宣传与推广，影响程度用 p 表示，p 称为创新系数，因受大众传媒影响而采纳该产品或技术的人群称为创新采用者；二是人与人之间的口头传播，影响程度用 q 表示，q 称为模仿系数，因受口头传播而采用该产品或技术的人群称为模仿者。综合考虑这两方面的影响，**Bass** 提出了创新扩散模型如下

$$D(t) = m \frac{1 - e^{-(p+q)t}}{1 + \dfrac{q}{p} e^{-(p+q)t}}$$

$$d(t) = \frac{mp(p+q)^2 \mathrm{e}^{-(p+q)t}}{[p+q\mathrm{e}^{-(p+q)t}]^2}$$

其中，$D(t)$ 是截至 t 时刻的累计需求，$d(t)$ 是 t 时刻的需求，$d(t)$ 是 $D(t)$ 的导数，也叫作 t 时刻的需求率，e 为自然常数。m 是新产品最终市场规模（市场潜力），p 是创新系数，q 是模仿系数。规定 $p < q$，例如，已有研究验证 p 和 q 的平均值分别为 0.03 和 0.38。

需求峰值发生的时间如下

$$t^* = \frac{1}{p+q}\ln\left(\frac{q}{p}\right)$$

此时的需求率和累计需求如下

$$d(t^*) = \frac{m(p+q)^2}{4q}$$

$$D(t^*) = \frac{m(q-p)}{2q}$$

Bass 模型作为创新扩散研究的主流方法，可以预测出 t 时期的大致客户数量，因此常常被用作市场分析工具对已经在市场中存在一定时期的新产品进行预测，当然对于刚投入市场的新产品和新技术，借助于类似产品和技术的历史数据，也可以应用该模型进行预测研究。目前很多知名公司应用该模型进行市场研究，因该模型与各类创新产品历史扩散数据的拟合度很好，现已逐渐被广泛应用于各个领域。

Bass 模型可用于处理离散时间数据，此时 t 时刻的需求为

$$d_t = (p + \frac{q}{m}D_{t-1})(m - D_{t-1})$$

其中初期累计需求 $D_0 \equiv 0$。

（二）参数估计

Bass 模型很大程度上是由参数 m、p 和 q 决定的。下面将简要介绍如何估计这些参数。

市场潜力 m：由于 Bass 模型通常应用于对新产品的预测，因此在大多数情况下，早期销售数据难以预测市场潜力。m 通常是由定性估计得到的，如由管理者对市场规模的判断和直觉、市场调查或者德尔菲法估计所得。在某些市场中，这些估计方法是相当准确的。例如，制药业可以从其估计中得到疾病的发病率等。

创新系数 p 和模仿系数 q：如果历史数据可得，那么首先利用如下线性回归模型计算出参数 a、b 和 c 的最小二乘估计，再对参数 p 和 q 进行估计如下

$$d_t = a + bD_{t-1} + cD_{t-1}^2, (t = 2, 3 \cdots)$$

需要注意的是，在实际中观测到的是离散需求数量而不是连续需求函数，因此这个模型是离散时间 Bass 模型（模型中 d_t 是需求，D_t 是累计需求）。在用回归分析确定参数 a、b、c 之后，Bass 模型参数计算如下

$$m = \frac{-b - \sqrt{b^2 - 4ac}}{2c}$$

$$p = \frac{a}{m}$$

$$q = -mc$$

然而，由于 Bass 模型主要用于在新产品进入市场之前预测其需求，通常没有可以用于回归模型的销售数据。一种替代方法是用类似产品的扩散模型的估计系数来代替。Lilien 和 Rangaswamy（1998）提出了适用于许多行业的行业专用数据，如表 2-10 所示。

表 2-10　Bass 模型参数

产品	p	q	产品	p	q
有线电视	0.100	0.060	杂交玉米	0.000	0.797
便携摄像机	0.044	0.304	拖拉机	0.000	0.234
手机	0.008	0.421	超声波	0.000	0.534
CD播放器	0.157	0.000	洗碗机	0.000	0.179
收音机	0.027	0.435	微波	0.002	0.357
家用PC	0.121	0.281	VCR	0.025	0.603

四、预测方法适用性及误差度量

由于大数据的最新技术应用得越来越广泛，因此供需预测数据来源愈发多种多样，很多数据都是非结构化数据。因为每个产品组都有不同的数据模式，对数据的一视同仁可能会降低预测的准确度。因此，企业必须评估和细分产品组合，并配合使用适当的预测方法来实现整个产品组合的最佳预测效果。

在对预测数据进行评估时，企业应关注两个关键要素，即对企业的价值和可预测性，并根据这两个关键要素将企业产品组合分为四个象限，如表 2-11 所示。

表 2-11　四种产品细分区域

新产品（价值高，可预测性低）	定性预测法	因果分析法	成长品牌（价值高，可预测性高）
	一般预测 市场调研 历史类比 德尔菲法	简单回归 多元回归	
小众品牌（价值低，可预测性低）	多种方法结合	时间序列法	成熟品牌（价值低，可预测性高）
	多种方法结合	移动平均法 指数平滑法	

（一）新产品象限

新产品象限能够分为三个子类：产品线延伸或改良性新产品；生命周期较短产品；革命性的新产品。第一类为产品线延伸或改良性新产品，这类产品通常与现有品牌有关，可以隶属于过去的产品线延伸，它们可以使用同类产品或替代产品来预测。第二类为生命周期较短产品。

生命周期较短产品在时尚服装行业尤为突出，这些产品的历史需求时间通常不到 1 年，一般平均周期为 6 个月，特别是时尚设计服装。可按产品线延伸预测方法对这些新产品进行处理，将类似产品作为替代，但两者的不同之处在于，类似产品的历史需求非常短暂，使预测者很难感知季节性和周期性模式。第三类为革命性的新产品。该类产品代表了当前市场和行业的技术突破。遗憾的是，没有类似产品或替代产品的数据可用于预测这些新产品的需求。大多数情况下，这需要通过问卷调查、小组讨论等进行相关信息采集，并需要大量的业务知识以及对有关产品和市场动态的深刻理解，才能生成基本研究数据。

（二）小众品牌象限

小众品牌呈现了那些供给规模较小的地区的小众市场的品牌和产品，以及在某些情况下针对特定消费者（根据年龄、性别和 / 或社会经济地位来区分）的专业品牌和产品。小众品牌同样可以定位于非传统零售渠道，如互联网。这种产品通常有相当大的历史需求，由于其性质，需求预测可能存在较高的无法解释的误差，这就需要更多的因果因素来进行解释。然而，由于企业对数据和信息搜集的投入有限，因此，因果因素需要采用多种方法进行收集。

（三）成长品牌象限

成长品牌象限代表了那些被认定为主要业务增长引擎的品牌和产品。这些特定品牌和产品最有产生达到公司长、短期目标与股东目标所需的业务量和利润的潜力。在大多数情况下，它们有足够长的需求历史来发现趋势、季节性和周期性模式特征。然而，销售和营销活动的执行，易导致数据中存在大量的非解释性差异。

（四）成熟品牌象限

成熟品牌象限代表那些被认定为高利润和低增长的品牌和产品。它们已经形成了一定的趋势和季节性模式特征，并已销售多年，以独特趋势、季节性及周期性模式提供了长期需求的历史数据，因此易于预测需求量。

了解定量和定性预测方法的优点和局限性后，可以将预测方法划入相应象限。对新产品象限，可以使用定性预测法；对成熟品牌象限，可以使用时间序列法；对成长品牌象限，可以使用因果分析法；而对小众品牌象限，可以使用各种方法的综合。

无论采用何种方法预测需求，不管是定性预测法、时间序列法还是因果分析法，都可以通过推测过去来预测未来。因此，每一类方法对过去的依赖程度各不相同，并具有不同的优缺点，供应链管理者需根据产品、目标和限制条件来确定和细分合适的预测方法。

在选择需求预测模型时，供应链管理者还应该考虑以下五个原则。

（1）精度优先原则。预测期间所预测的结果与实际值相比较误差较小、精确度高。

（2）简洁性原则。在相同预测精度下，预测模型结构越简单，简洁性通常也越强。

（3）适应性原则。当参数发生变化后得到预测误差变化越小，模型适应性越强。

（4）实用性原则。模型越易于被使用者理解和接受，则实用性越强。

（5）不断更新原则。随着时间推移需要对预测模型进行修正，否则预测精度会降低。

（五）预测误差的度量

预测的最终目的是得到一个准确的和不含主观偏见的结果。预测误差带来的成本是巨大的，因此进行预测的公司必须做大量的努力来跟踪预测误差并采取必要的步骤改进他们的预测技术。所谓预测误差，是指在给定的时间间隔内实际值与预测值之间的差值，预测误差（Forecast Error）为决策者提供了一个判断预测准确与否的标准，同时决策者可根据误差产生的原因及时调整决策。误差的计算公式如下

$$E_t = D_t - F_t$$

式中：E_t 为第 t 期的预测误差，D_t 为第 t 期的真实需求，F_t 为第 t 期的预测值。常见的衡量预测模型的误差指标有均方误差（MSE）、平均绝对误差（MAD）和预测累计误差（RSFE）等，下面对这三种误差衡量指标进行说明。

1. 均方误差

均方误差（Mean Squared Error，MSE）是衡量预测误差最常见的指标之一，其计算公式如下

$$MSE_n = \frac{1}{n} \sum_{i=1}^{n} E_t^2$$

式中：n 为进行预测的期数。在 MSE 计算过程中，较大的预测误差经过平方、相加再平均后就不那么突出了。这样就会产生 MSE 很小，但反映到真实的误差上会存在较大幅度波动的情况，即预测结果不仅有许多小的误差，同时还有几个大的误差。所以一般情况下，决策者不太喜欢这样的预测模型。

2. 平均绝对误差

平均绝对误差（Mean Absolute Deviation，MAD）是所有时期预测误差绝对值的平均，其计算公式如下

$$MAD_n = \frac{1}{n} \sum_{i=1}^{n} |E_i|$$

MAD 是一项广泛使用的预测准确性的指标，为决策提供了对比各种预测方法的简易途径。当 MAD 是 0 的时候，表明预测结果准确地反映了实际需求的情况；MAD 越大，表明预测结果越偏离实际情况，这也就说明预测模型很差，需要修正。所以，通过对不同预测方法的比较，决策者可以由最小的 MAD 来确定选用哪种预测方法更准确。

3. 预测累计误差

预测累计误差（Running Sum of Forecast Error，RSFE）是用来判定预测结果与真实需求相比是否持续高估或者低估，其计算公式如下

$$RSFE_n = \sum_{t-1}^{n} E_t$$

如果 RSFE 为正，则表明预测结果低估了真实需求（容易造成缺货）；如果 RSFE 为负，则表明预测结果高估了真实需求（容易造成库存积压）；如果 RSFE 为 0，则表明预测结果比较稳定。为进一步了解累计误差是否处于可接受的控制范围之内，可以用跟踪信号 TS（Tracking Signal）来进行检验，其计算公式如下

$$TS_t = \frac{RSFE_t}{MAD_t}$$

当 TS≤−4 时，表明预测结果低估了真实需求；当 TS>+4 时，表明预测结果高估了真实需求。在这两种情况下，公司有必要选择一种新的预测方法，以提高预测的准确性和效率。

任务实施

我国1991—2003年国家财政收入与文教科学卫生事业费用的支出数据如表2-12所示。

表2-12　财政收支数据　　　　　　　　　　单位：亿元

年份	文教科学卫生事业费用Y	财政收入X
1991	708	3 149.48
1992	792.96	3 483.37
1993	957.77	4 348.95
1994	1 278.18	5 218.1
1995	1 467.06	6 242.2
1996	1 704.25	7 407.99
1997	1 903.59	8 651.14
1998	2 154.38	9 875.95
1999	2 408.06	11 444.08
2000	2 736.88	13 395.23
2001	3 361.02	16 386.04
2002	3 979.08	18 903.64
2003	4 505.51	21 715.25

任务与思考

（1）建立一元线性回归模型。

（2）对模型进行经济意义检验、统计检验。

（3）当财政收入为30 000亿元时，预测文教科学卫生事业费用支出。（取显著性水平 $\alpha = 0.05$）

实训一　使用定性预测法实施需求预测

实训背景

1. 利用联测法预测四个城市2022年对某产品的市场需求量。已知2021年这种产品四个城市的销售资料如表2-13所示，对X1市场抽取1 000人调查，得知2022年对该产品的市场需求量为50件。

表2-13　产品销售资料

市场	X1	X2	X3	X4
实际销售量/台	11 000	14 000	16 000	18 000
人口数	300 000	403 000	450 000	470 000

2. 现有某新产品上市,销售人员甲、乙、丙对该产品做了表 2-14 所示的销量估计,试用 PERT 预测法预测该产品的销量,甲、乙、丙的经验值为 2∶1∶1。

表 2-14　销售人员的销量估计

销售人员	最高销量/件	最可能销量/件	最低销量/件
甲	800	600	400
乙	900	700	500
丙	1 000	800	480

3. 某企业对 2022 年其产品销售量进行预测。预测者邀请了三类人员:经理、业务主管、销售。得到的预测意见如表 2-15 所示。这三类人员的重要性为 3∶2∶1,用集合意见法进行预测。

表 2-15　预测意见

人员	销售状态	估计值/万元	概率
经理	最高销售额	1 200	0.25
	最可能销售额	1 050	0.50
	最低销售额	930	0.25
业务主管	最高销售额	1 080	0.20
	最可能销售额	950	0.50
	最低销售额	840	0.30
销售	最高销售额	1 000	0.25
	最可能销售额	850	0.55
	最低销售额	780	0.20

实训目的

掌握几种典型的定性预测法的具体操作。

实训组织

1. 通过 Excel 完成上述三个预测任务。

2. 整理数据,撰写实训报告。

3. 按时上交实训成果。

实训评价

1. 结果准确（60%）。

2. 步骤清晰,格式规范（40%）。

实训二　使用定量预测法实施需求预测

实训背景

1. 某企业的销售部经理希望得到该企业 2022 年各季度的销量,现有 2016—2021 年季度产品销量资料（单位:千个）,如表 2-16 所示。选择合适的方法预测 2022 年各季度的销量。

表2-16　2016—2021年季度产品销量资料　　　　　　　　　　　单位：千个

时间	销量	时间	销量	时间	销量	时间	销量	时间	销量	时间	销量
2016		2017		2018		2019		2020		2021	
1	450	1	468	1	563	1	628	1	718	1	713
2	473	2	498	2	603	2	668	2	798	2	808
3	518	3	583	3	668	3	768	3	858	3	943
4	428	4	476	4	563	4	645	4	678	4	748

2. 据调查，杭州某宠物连锁店对某新兴品牌狗粮的需求稳步增长。其前26周的需求（按袋计算）在表2-17中给出。

表2-17　狗粮需求量　　　　　　　　　　　单位：千克

周	1	2	3	4	5	6	7	8	9	10	11	12	13
需求	646	683	708	761	787	809	856	892	944	991	1 034	1 091	1 123
周	14	15	16	17	18	19	20	21	22	23	24	25	26
需求	1 144	1 164	1 186	1 231	1 255	1 298	1 337	1 389	1 436	1 490	1 528	1 555	1 613

（1）对$t=1,2$，令$I_t = D_t$，且$S_2 = I_2 - I_1$，假设$\alpha =0.2$，$\beta =0.1$，用二次指数平滑法预测下周的需求。

（2）用线性回归法预测下周的需求。

3. 足球比赛的瓶装水需求与比赛时的室外温度有关。表2-18是过去两个赛季某体育场举行的主场比赛的场次、温度和瓶装水的销售数据（每赛季19场主场比赛）。

（1）用这些数据建立一个关于温度和瓶装水需求数量的线性回归模型，并估计β_0、β_1的值。

（2）若接下来三场比赛的温度分别是21.6℃、27.3℃和26.6℃。预测每场比赛的瓶装水需求量。

表2-18　体育场瓶装水销售数据

场次	1	2	3	4	5	6	7	8	9	10	11	12
温度/℃	30.0	26.1	26.4	30.0	30.0	32.8	30.4	26.6	24.7	27.4	26.1	27.2
需求量/瓶	770	696	702	770	770	823	778	705	669	721	696	717
场次	13	14	15	16	17	18	19	20	21	22	23	24
温度/℃	24.1	27.6	27.8	26.1	23.5	20.5	22.7	19.4	21.5	22.3	26.2	26.2
需求量/瓶	658	724	728	696	647	590	631	569	609	624	698	698
场次	25	26	27	28	29	30	31	32	33	34	35	36
温度/℃	30.1	26.8	28.2	28.4	28.4	24.5	28.2	27.2	24.1	27.0	25.0	28.4
需求量/瓶	772	709	736	740	740	666	736	717	658	713	675	740

实训目的

掌握具有趋势的预测、具有季节性的预测和回归预测的使用场景及具体操作方法。

实训组织

1. 通过 Excel 或其他数据分析软件完成上述预测任务。

2. 整理数据，撰写实训报告。

3. 按时提交实训报告。

实训评价

1. 结果准确（60%）。

2. 步骤清晰，格式规范（40%）。

实训三　使用Bass预测法实施需求预测

1. 小米公司生产的新产品正计划进入印度市场，公司在与第三方物流公司（3PL）签订合约的过程中，需要确定租用的第三方物流仓库规模。小米计划预测新手机的总销售量以及何时能达到销售峰值。在进行市场调研之后小米估计出 $p=0.008$，$q=0.421$，$m=58\ 000$（万元）。计算何时出现销售峰值以及截至该点此公司累计销售多少台新手机。

2. Banana 计算机公司计划明年年初推出电子产品 iPeel。基于对市场的调查，他们预测 iPeel 的市场潜力是 17 万台，创新系数和模仿系数分别为 0.07 和 0.31。

（1）如果 iPeel 在 1 月 1 日上市，它的销售高峰是何时？当天的需求率是多少？截至此时累计卖出多少台？

（2）何时完成销售量的 90%？

（3）以时间为轴，画出需求率以及累计需求的函数图像。

3. 最近出版的一本小说的预期需求服从 Bass 扩散过程。该出版商决定出版一定数量的图书，观察该书 20 周的销量，估计 Bass 参数，然后根据这些参数计算生命周期，影印第二版进行出版。表 2-19 给出了 20 周的需求量。用这些数据估计 m、p 和 q。

表 2-19　图书的历史需求量　　　　　　　　　　　　　　　　　单位：册

周	1	2	3	4	5	6	7	8	9	10
需求	214	262	275	344	385	372	469	507	535	549
周	11	12	13	14	15	16	17	18	19	20
需求	587	665	691	708	674	684	723	679	616	645

实训目的

掌握 Bass 预测法的使用场景及具体操作方法。

实训组织

1. 通过 Excel 或其他数据分析软件完成上述预测任务。

2. 整理数据，撰写实训报告。

3. 按时提交实训报告。

实训评价

1. 结果准确（60%）。

2. 步骤清晰，格式规范（40%）。

供应链综合计划与产能分配优化

知识目标

1. 理解供应链综合计划的目标和作用；
2. 知道制订供应链综合计划涉及的输入数据；
3. 知道制订供应链综合计划的步骤；
4. 知道供应链产能分配优化的场景和目的。

技能目标

1. 能根据企业的实际情况制订供应链综合计划，并能完成相关指标的灵敏度分析；
2. 能正确使用产能分配优化模型优化制造商和物流商的供应链产能。

素质目标

1. 养成系统思考与全局计划的意识；
2. 具备统筹协调的思维习惯。

项目导学

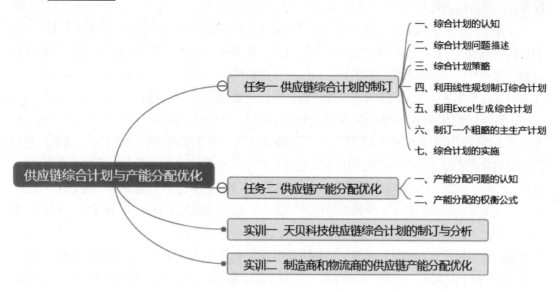

任务一 供应链综合计划的制订

假设生产能力、运输能力、仓储能力甚至信息容量都是无限的，而且没有成本、补货期几乎等于零，产品生产和运输都可立即进行。此时就没有必要提前预测需求，这是因为当顾客想要购买某件商品的时候，可以立即得到满足。这种情况下，综合计划起不到任何作用。

学习导入

实际上，产能是有成本的，补货期也大于零。因此，企业必须制订关于生产能力水平的决策，决定生产能力如何使用，甚至决定何时进行促销活动，以激发顾客需求。企业必须在需求产生之前进行预测，并决定需求得到满足的程度。企业是否应该投资建设一个有巨大产能的工厂，使它在需求旺季能生产出足够丰富的产品来满足顾客需求呢？企业是否该建设一个小一点的工厂，并在淡季根据对今后几个月的需求预期多生产一些产品作为库存，并为此付出库存持有成本呢？这些都是综合计划能够帮助企业解决的问题。

知识学习

一、综合计划的认知

（一）综合计划的概念和作用

综合计划是确定企业在一段时期内的产能、生产、转包、库存、缺货甚至是定价等计划的综合决策。综合计划的目标是制订可以在利润最大化的前提下满足需求的计划。正如其名称所显示的，综合计划是关于全局的综合性决策，而不是关于最小库存单位（Stock Keeping Unit，SKU）层面的决策。综合计划确定一个工厂在某个月的总产量，但并不涉及所要生产的每种SKU的数量。因此，综合计划适用于解决 3 ~ 18 个月的中期时间框架内的决策问题，在这一时间框架下，确定各 SKU 的生产水平为时尚早，而要安排额外的产能往往又为时过晚。因此，综合计划回答的问题是：企业应当如何更好地利用现有的设施？

下面以一个高档纸张供应链为例，来说明综合计划是如何帮助企业实现利润最大化的。很多种类型的造纸厂都面临季节性需求，其波动从终端顾客到分销商再到印刷厂，最终蔓延到制造商。很多种类的高档纸张的需求旺季出现在春季和秋季。由于造纸厂的产能成本非常高，因此为满足春季和秋季的旺盛需求而增加产能，建设一家造纸厂的代价过于高昂。在供应链的另一端，高档纸张的制造通常需要特殊的添加剂和涂料，而在旺季这些材料有可能供不应求。造纸企业必须应对这些约束并在其限制下实现利润最大化。为了解决这些潜在问题，造纸厂利用综合计划决定在淡季增加生产量和库存，为满足春季和秋季超过造纸厂产能的需求积累库存。这样，造纸企业在旺季不需要扩大产能，依靠淡季积累的库存和现有产能也可以满足旺季需求。利用相对便宜的库存持有成本交换昂贵的产能成本，在满足需求的前提下，增加了总利润。如果增加产能（劳动力）的成本较为低廉，造纸企业有可能通过增加产能而非积累淡季库存的形式获得最低的运营成本和最大利润。如果将转包因素考虑在内，制订综合计划还将会权衡库存、产能、转包等各项因素的成本，最终确定一个既能最大限度地满足需求又能最小化成本的决策。

（二）制订综合计划的目的

由上述高档纸张供应链可知，综合计划最终必须能够输出一些数据来指导企业的生产运作，这些数据要能反映计划期内（通常 3 ～ 18 个月）各时期的生产率、劳动力水平、加班量、机器产能水平、转包、延期交货、现有库存水平。综合计划制订者的主要目的就是通过综合计划来识别这些有助于生产运作决策的参数，这些参数的详细解释如下。

（1）生产率：单位时间（如每周或每月）完成的产品数量。

（2）劳动力水平：进行生产所需的工人数量／产能数量。

（3）加班量：计划的加班生产量。

（4）机器产能水平：生产所需的机器产能的单位数。

（5）转包：在计划期内的转包生产能力。

（6）延期交货：当期未能满足而转移至未来交付的需求。

（7）现有库存水平：计划期内各个时期的库存持有水平。

（三）制订综合计划的要求

综合计划相当于生产运作的广阔蓝图，为制订短期生产和分配决策提供依据。综合计划使得供应链可以改变产能配置和修订供应合同。在计划过程中必须涉及整条供应链的各个环节。如果制造商计划在某个给定期间内增加产量，那么供应商、运输商和仓储商都必须知晓该计划并对自己的计划进行相应调整。理想情况下，供应链的各个环节应当联合制订综合计划以最大化供应链绩效。如果每个环节都独立制订自己的综合计划，那么这些计划很可能会相互冲突。缺乏协调将导致供应链的供给短缺或者供给过剩。因此，应当在供应链的范围内进行综合计划制订。

二、综合计划问题描述

综合计划的目标是以企业实现最大化利润的方式来满足需求。可以将综合计划问题描述如下。

在计划期每个时期的需求预测给定的情况下，决定在计划期内可以最大化企业利润的各期生产水平、库存水平（内部的和外包的）及延期交货情况（未满足的需求）。

为了制订综合计划，企业必须确定计划期。计划期（Planning Horizon）是指综合计划得出解决方案的时间范围，通常为 3～18 个月。企业还必须确定计划期内每个时期的持续时间（如周、月或季度），即计划期各时期的度量单位。一般来说，综合计划是以月或季度为单位。接下来，企业需明确制订综合计划所需的关键数据，并确定综合计划的决策变量。下面将介绍制订综合计划所需要的数据及通常的计量规则。

（一）综合计划的输入数据

制订综合计划所需的输入数据分为基础数据和约束数据。

（1）综合计划制订涉及需求、成本等相关数据，这些数据是综合计划运算的基础，可将其视为综合计划制订的基础数据。通常需要的基础数据如下：

① 计划期内 T 个时期（通常为 3～18 个月）每个时期 t（通常以月为单位）的综合需求预测 F_t；

② 生产成本；

③ 正常工作时间的劳动力成本（元/小时）和加班时间的劳动力成本（元/小时）；

④ 转包生产的成本（元/单位或元/小时）；

⑤ 产能转换的成本，如雇用/解雇劳动力的成本（元/名工人）和增加/减少机器产能的成本（元/台机器）；

⑥ 单位产品所需的劳动力/机器工时；

⑦ 库存持有成本［元/（单位·时期）］；

⑧ 库存不足或延期交货成本［元/（单位·时期）］。

（2）除上述基础数据外，综合计划制订还受到诸如产能、资金等相关数据的制约，可以将这些数据视为综合计划制订的约束数据。通常需要的约束数据如下：

① 加班的限制；

② 裁员的限制；

③ 可用资本的限制；

④ 库存不足和延期交货的限制；

⑤ 供应商对企业施加的限制；

（二）综合计划的输出数据

将上述数据输入综合计划模型可以得出一系列输出数据，企业可利用这些输出数据制订下列决策。

（1）正常工作时间、加班时间和转包时间的生产量：用来确定工人数量和供应商采购水平。

（2）持有库存：用来确定所需的仓库空间和运营资本。

（3）延期交货/库存不足量：用来确定客户服务水平。

（4）劳动力雇用/解雇：用来确定有可能遇到的任何劳动力问题。

（5）机器产能的增加/减少：用来确定是否应当购买新的生产设备或者现有设备是否会出

现闲置。

综合计划的质量对于企业的盈利能力具有重要影响。不合理的综合计划如果没有可用的库存和产能来满足需求就会导致销售量和利润方面的损失，相反，还有可能导致大量的库存和产能积压，从而推高成本。因此，综合计划是帮助供应链实现最大化盈利的一个重要工具。

（三）确定总量单位

1. 认识总量单位

制订综合计划的第一步是识别一个恰当的总量单位。由于综合计划通常不是围绕具体产品来制订的，而是基于产品大类或抽象产品制订的。例如，某自行车厂生产的自行车可以分为两个系列——24 型和 28 型，而 24 型有 A、B、C 三种具体型号，28 型分为 D、E 两种具体型号。在制订综合计划时通常是围绕 24 型和 28 型这两个产品大类展开的，如果生产 24 型和 28 型自行车所用资源相同，则可以将 24 型和 28 型两个产品大类进一步抽象成一个大类，并基于这个抽象大类展开综合计划的制订。这个"大类"产品可以称为抽象产品或虚拟产品，它综合了所有具体产品的特征，是最具代表性的产品。很容易将一系列具体产品的需求数据依据抽象产品整合为一个需求总量，但是制订综合计划所需的单位产能、成本等数据通常是以具体产品分别给出的，如何将这些具体产品的生产运作数据转换为上述抽象产品的数据呢？由于生产量不同，上述 A、B、C 三种自行车的单位产能、成本等数据不能以简单平均的方式进行抽象整合，必须找到一个合理的方式，如通过产量的占比，采用加权平均的形式整合三个产品的单位产能作为 24 型产品的单位产能。这样就得到了总量产品各输入数据的度量单位。综上所述，总量单位可以理解为：在制订综合计划时，上述按照类别汇总的抽象产品各输入数据的度量规则。

由于总量单位是将企业一系列具体产品抽象成大类或抽象产品的关键。当总体量级的综合计划制订完毕后，下一步在制订最终生产计划（必须在分量产品级别上制订）的时候再以某种方式确定总产量，而最终计划基本可以确定实际实施时的情况。

2. 总量单位的确定

在选择总量单位、计算产能和生产时间时，需要更多地关注限制约束条件，因为往往这些约束决定了企业可以采取的决策方式。评估生产时间时，往往需要考虑占用了时间却未能带来任何产量的活动（如调试和维修）。否则，综合计划将会对可用的生产能力估计过高，从而导致在实际操作中无法实施该计划。接下来通过一个案例来展示如何确定总量单位，以及评估与总量单位相关的成本、收入和时间。

浙江义乌的一家宠物食品制造商天德公司生产 6 个产品系列。每个产品系列的成本、收入、生产时间、调试时间和批量生产记录如表 3-1 所示。

在表 3-1 中，通过分摊，可以得出每单位的净生产时间。因此，系列 A 的每单位净生产时间为 8÷50+5.60=5.76（时）。

确定总量单位的一个简单的方法是根据每个系列所占的销售单位百分比进行加权平均。如果所有的产品系列大致上使用的都是同样的资源，并且混合销售非常适合该系列产品，那么这种方法就是可行的。采用该方法，可以得出每一个总量单位的原料成本为（15×0.10）+（7×0.25）+（9×0.20）+（12×0.10）+（9×0.20）+（13×0.15）=10（元）。利用同样的评估机制，可以得出每一个总量单位的收入为 40 元，每一个总量单位的净生产时间为 4.00 小时。

表 3-1 天德公司的成本、收入和生产时间

系列	原料成本/(元·单位⁻¹)	收入/(元·单位⁻¹)	测试时间/(时·批⁻¹)	平均批量	生产时间/(时·单位⁻¹)	净生产时间/(时·单位⁻¹)	销售单位/百分比
A	15	54	8	50	5.6	5.76	10
B	7	30	6	150	3	3.04	25
C	9	39	8	100	3.8	3.88	20
D	12	49	10	50	4.8	5	10
E	9	36	6	100	3.6	3.66	20
F	13	48	5	75	4.3	4.37	15

其他潜在的总量单位还有产量吨（很可能适用于持续流通的商品，如汽油、纸张）或元。例如，一家造纸厂可能生产不同厚度和质量的纸张。如果将产量吨用作总量单位，那么所有的产能、成本收入计算都可以用来解释产品组合。

三、综合计划策略

综合计划制订者必须在产能成本、库存成本和缺货成本之间进行权衡。一般来说，造成上述某种成本增加的综合计划通常会降低另外两种成本。从这个意义上说，成本决策就是一种权衡：要想降低库存成本，计划制订者必须增加产能成本或者是延迟给顾客送货。因此，计划制订者是用库存成本来交换产能成本或缺货成本。综合计划的目标就是实现这一权衡的最优组合，使得盈利能力最大。由于需求随着时间而变化，上述三种成本的相对水平会使得其中一种成本成为计划制订者用来最大化利润的关键杠杆。如果改变产能的成本比较低，那么企业可能就不需要保留库存或者是延期交货。如果改变产能的成本很高，那么企业就需要保留库存或者是将旺季的一部分需求推迟到淡季再交货。

实现上述成本之间的平衡通常有三种综合计划策略。这些策略涉及在资本投资、劳动力规模、工作时间、库存和延期交货/销量损失之间的权衡。计划制订者实际使用的大多数策略是三类策略的结合，称之为定制化（Tailored）或混合策略（Hybrid Strategy）。

（一）追逐策略——通过调节产能获得最优成本

该策略通过调整机器产能或者增减员工数量来实现生产与需求的同步。实践中，因为短时间内很难改变产能和劳动力规模，所以这种同步通常难以实现。如果长期改变机器或劳动力的产能成本很高，那么这个策略的实施成本就比较高，还有可能对员工士气造成严重的负面影响。追逐策略下，供应链的库存通常维持在较低的水平，而产能和劳动力规模的变动水平较高。当库存持有成本较高而产能和劳动力变动成本较低时，应当采用追逐策略。

（二）灵活策略——通过调节利用率获得最优成本

如果存在过剩的机器产能（如机器并未每周 7 天每天 24 小时投入使用），而劳动力在时间安排上具有灵活性，那么可以采用该策略。在这种情况下，劳动力规模（产能）保持稳定，而工作时间却是长期动态变化的，以实现生产与需求同步。计划制订者可以利用不同的加班时间或者是灵活的时间安排来实现这种同步。尽管该策略需要劳动力具有弹性，但是它避免了追逐

策略存在的一些问题，如改变劳动力规模。这种策略下，供应链的库存水平较低，机器的平均利用率低于追逐策略。当库存持有成本相对较高且机器产能相对比较便宜时，可以采用灵活策略。

（三）平衡策略——通过调节库存计划获得最优成本

该策略以稳定的机器产能和劳动力维持相对稳定的产出率，但会造成长期的库存不足或积压。在这种情况下，生产与需求并不同步——要么是基于对未来需求的预期保留库存，要么是将旺季的需求推迟到淡季再交货，但员工可以从稳定的工作状况中受益。这种策略的一个缺点是有可能积累大量库存，也有可能导致顾客订单被延误。平衡策略下，产能和产能变动水平相对较低。当库存持有成本和延期交货成本相对较低时，应当采用该策略。

实践中，计划制订者通常会考虑企业的实际情况，对上述三种基本策略进行组合，从而实现符合企业需求的定制化或混合策略。

四、利用线性规划制订综合计划

如前所述，综合计划的目标是在满足需求的同时实现利润最大化。每家企业在满足顾客需求的过程中都会受到一定的限制，如受限于设施的产能或供应商交付某种零部件的能力。在面临一系列约束的前提下实现企业利润最大化，可以使用一种高效的运筹学工具——线性规划。线性规划（Linear Programming）可以找到企业在面临一系列约束的情况下实现利润最大化的方案。

以天德公司为例来说明线性规划。天德公司是一家生产宠物食品的小公司，其工厂位于浙江义乌。公司的运作是把采购来的原材料制作成多个等级的宠物食品。由于进行生产的设备和场地有限，天德公司的产能主要由员工数量决定。在本例中，将时间定为6个月，因为其长度足以说明综合计划中的很多问题。

（一）天德公司需求与生产数据

顾客对天德公司生产的宠物食品的需求具有高度的季节性，这种季节性需求波动在供应链上从零售商传递到制造商天德公司。公司应对需求季节性波动的方法包括在旺季增加员工数量、将一部分工序转包出去、在淡季积累库存以及推迟一部分订单的交货。为了根据综合计划来决定如何更好地利用这些方法，公司负责供应链的副总裁首先做的是需求预测。尽管天德公司可以自行预测需求，但是如果与零售商一起进行合作预测可以得到更为准确的预测结果。需求预测如表3-2所示。需要注意的是，需求预测中应考虑到哪些产品组合可能有较高的销量，并且以前面介绍的总量单位给出。

表3-2　天德公司的需求预测　　　　　　　　　　单位：百件

月份	需求预测	月份	需求预测
1	1 600	4	3 800
2	3 000	5	2 200
3	3 200	6	2 200

天德公司以每个40元的价格将宠物食品出售给零售商。公司在1月的初始库存为1 000个SKU。在1月初，公司有80名员工。工厂每个月的工作日总共为20天，每名员工在正常

工作时间内每小时的工资为 4 元。每名员工每天的正常工作时间是 8 个小时，其余时间为加班。如前所述，生产运作的能力主要是由员工总的劳动时间决定的。因此，机器产能并不对生产运作造成约束。公司规定，每名员工每个月的加班时间不得超过 10 个小时。表 3-3 中列出了各种成本。需要注意的是，正如上面所介绍的，成本和劳动时间都应为总量单位。

表 3-3　天德公司的成本

项目	成本	项目	成本
原材料成本	10元/单位	所需的劳动时间	4时/单位
库存持有成本	2元/（单位·月）	正常工作时间成本	4元/时
库存不足/延期交货的边际成本	5元/（单位·月）	加班成本	6元/时
员工雇用和培训成本	300元/人	转包成本	30元/单位
解雇成本	500元/人		

目前，天德公司在转包、库存和库存不足 / 延期交货方面没有约束。所有的库存不足都可以延期由后续月份的生产来供应。库存成本是每个月的期末库存的成本。负责供应链的公司副总裁的目标是制订最优的综合计划，使公司在 6 月底没有缺货且至少有 500 单位的库存。

最优综合计划的目标是能够在 6 个月的计划期内实现利润最大化。目前来看，由于天德公司期望实现较高的客户服务水平，假设所有的需求都得到了满足，虽然有些需求是延期交付的。因此，计划期内实现的收入是固定的，计划期内最小化成本也就相当于最大化利润。在很多情况下，公司可以选择不满足某些需求或者说定价本身也是公司要基于综合计划来确定的一个变量。在这种时候，最小化成本就不等同于最大化利润。

（二）决策变量

构建综合计划模型的第一步是识别一系列决策变量，这些变量的值由综合计划决定，下面给出了天德公司由综合计划模型所定义的决策变量。

月份 t 的员工数量 W_t，其中，$t=1,\dots,6$。

月份 t 开始时雇用的员工数量 H_t，其中，$t=1,\dots,6$。

月份 t 开始时解雇的员工数量 L_t，其中，$t=1,\dots,6$。

月份 t 生产的产品数量 P_t，其中，$t=1,\dots,6$。

月份 t 结束时的库存量 I_t，其中，$t=1,\dots,6$。

月份 t 结束时的库存不足 / 延期交货的数量 S_t，其中，$t=1,\dots,6$。

月份 t 的转包数量 C_t，其中，$t=1,\dots,6$。

月份 t 的加班工作时间 O_t，其中，$t=1,\dots,6$。

构建综合计划模型的第二步是定义目标函数。

（三）目标函数

将时期 t 的需求记为 D_t。D_t 的值由表 3-2 中的需求预测值给出。目标函数是计划期内的总成本，能使目标函数最小化的综合计划是最优综合计划。发生的成本包括以下几部分：正常工作时间的劳动力成本；加班时间的劳动力成本；雇用和解雇的成本；库存持有成本；库存不足成本；原材料成本；转包成本。

上述成本的计算如下。

（1）正常工作时间的劳动力成本。员工每个月正常工作时间的工资是 640 元（4 元 / 时 ×8 时 / 天 ×20 天 / 月）。因为时期 t 的员工数量为 W_t，所以计划期内正常工作时间的劳动力成本为

$$正常工作时间的劳动力成本 = \sum_{t=1}^{6} 640W_t$$

（2）加班时间的劳动力成本。因为加班时间的劳动力成本是每小时 6 元（见表 3-3），而时期 t 的加班时间用 O_t 表示，所以计划期内加班时间的劳动力成本为

$$加班时间的劳动力成本 = \sum_{t=1}^{6} 6O_t$$

（3）雇用和解雇的成本。雇用一名员工的成本是 300 元，解雇一名员工的成本是 500 元（见表 3-3）。时期 t 雇用的员工数量和解雇的员工数量分别由 H_t 和 L_t 表示。因此，雇用和解雇的成本为

$$雇用和解雇的成本 = \sum_{t=1}^{6} 300H_t + \sum_{t=1}^{6} 500L_t$$

（4）库存持有成本与库存不足成本。库存持有成本是每月每单位 2 元，库存不足成本是每月每单位 5 元（见表 3-3）。时期 t 的库存量和库存不足的数量分别由 I_t 和 S_t 表示。因此，库存持有成本与库存不足成本为

$$库存持有成本与库存不足成本 = \sum_{t=1}^{6} 2I_t + \sum_{t=1}^{6} 5S_t$$

（5）原材料成本与转包成本。原材料成本是每单位 10 元，转包成本是每单位 30 元（参见表 3-3）。时期 t 的生产量和转包的数量分别由 P_t 和 C_t 表示。因此，原材料成本与转包成本为

$$原材料成本与转包成本 = \sum_{t=1}^{6} 10P_t + \sum_{t=1}^{6} 30C_t$$

计划期内发生的总成本就是上述各项成本之和，计算公式为

$$\sum_{t=1}^{6} 640W_t + \sum_{t=1}^{6} 6O_t + \sum_{t=1}^{6} 300H_t + \sum_{t=1}^{6} 500L_t + \sum_{t=1}^{6} 2I_t + \sum_{t=1}^{6} 5S_t + \sum_{t=1}^{6} 10P_t + \sum_{t=1}^{6} 30C_t$$

天德公司的目标是制订使计划期内发生的总成本最小化的综合计划。目标函数中各决策变量的值不能随意设定，而是受制于一系列由现有的产能和运作政策所定义的约束条件。构建综合计划模型的第三步是明确地定义决策变量的约束条件。

（四）约束条件

天德公司的副总裁接下来必须明确决策变量不能违背的约束条件，具体说明如下。

（1）员工数量、雇用和解雇数量的限制。时期 t 的员工数量 W_t 由时期 $t-1$ 的员工数量 W_{t-1} 加上时期 t 雇用的员工数量 H_t 再减去时期 t 解雇的员工数量 L_t 而得到

$$W_t = W_{t-1} + H_t - L_t, \quad (t=1,\dots,6)$$

期初的员工数量为 $W_0 = 80$。

（2）产能约束。在每个时期，生产量都不能超过现有的产能。这种约束将总产量限制在企

业内部总的可获得产能之内，而内部总的可获产能则是由包括正常工作时间和加班时间在内的可用的劳动时间决定的。转包生产的数量并不在约束范围内，这是因为该约束只针对工厂内部的生产。由于每名员工每个月在正常工作时间内可以生产 40 单位产品（表 3-3 所示为每单位 4 个小时），加班时间内每 4 个小时可以生产 1 单位产品，因此有下式。

$$P_t \leqslant 40W_t + \frac{O_t}{4}，（t=1,\dots,6）$$

（3）库存余额约束。第三个约束是每一时期期末的库存余额。时期 t 的净需求为当期的需求 D_t 与上一期的延期交货量 S_{t-1} 之和。这个需求既可以由当期生产（内部生产量 P_t 或转包的数量 C_t）来满足，也可以由上一期的库存 I_{t-1}（在这种情况下，库存 I_t 可能有剩余）或者是部分延期交货量 S_t 来满足。上述关系如下所示。

$$I_{t-1} + P_t + C_t = D_t + S_{t-1} + I_t - S_t，（t=1,\dots,6）$$

期初的库存量为 $I_0 =1\,000$，期末库存必须不少于 500 单位（即 $I_6 \geqslant 500$），而最初并没有延期交货量（即 $S_0 =0$）。

（4）加班时间约束。第四个约束是员工每个月的加班时间不得超过 10 个小时。这个要求将总的加班时间约束如下

$$O_t \leqslant 10W_t，（t=1,\dots,6）$$

此外所有的决策变量都不能为负，而且在时期 6 的期末不得有延期交货量（即 $S_6 =0$）。在 Excel 中运行该模型（后面会具体介绍运行过程）时，如果将所有限制条件等号右边都写成 0，运行起来是最简单的。上面的加班时间约束用这种形式表示就是

$$O_t -10W_t \leqslant 0，（t=1,\dots,6）$$

显然可以很容易地通过增加约束条件来限制每个月从转包商处采购的数量，也可以限制雇用或解雇的员工数量，同样也可以加入其他限制延期交货量或者是库存量的约束。理想情况下，雇用或解雇的员工数量应当是整数变量，但是如果某些员工在一个月内未全勤工作，也可能出现分数变量。这样的线性规划可以用 Excel 中的规划求解工具来求解。

（五）综合计划输出及分析

通过上述各约束条件对目标函数中的成本最小化进行优化，天德公司的副总裁得到了表 3-4 所示的综合计划。

表 3-4　天德公司的综合计划

时期t	雇用数量H_t	解雇数量L_t	员工数量W_t	加班时间O_t	库存I_t/单位量	库存不足S_t/单位量	转包C_t/单位量	总产量P_t/单位量
0	0	0	80	0	1 000	0	0	
1	0	16	64	0	1 960	0	0	2 560
2	0	0	64	0	1 520	0	0	2 560
3	0	0	64	0	880	0	0	2 560
4	0	0	64	0	0	220	140	2 560
5	0	0	64	0	140	0	0	2 560
6	0	0	64	0	500	0	0	2 560

根据该综合计划，计划期内的总成本 =422 660 元。

天德公司在月初解雇了 16 名员工。此后公司始终保持员工数量和生产水平不变。公司在 4 月利用了转包商。公司仅在 4～5 月有延期交货。在其他所有月份，公司都没有缺货。

事实上，天德公司在其他所有时间都保有库存。这些库存可以描述为季节性库存，因为持有这些库存是为了应对需求的季节性波动。由于每单位产品的销售价格为 40 元，总销量为 16 000 单位，因此计划期内的销售收入为

$$计划期内的销售收入 = 40 \times 16\,000 = 640\,000（元）$$

如果假设时期 t 的平均库存为期初库存与期末库存的平均数，即（$I_{t-1}+I_t$）/2，则计划期内的平均库存为

$$平均库存 = \frac{(I_0+I_T)/2 + \left(\sum_{t=1}^{T-1} I_t\right)}{T}$$

计划期内单位产品的平均库存周转时间可以利用利特尔法则（Little's Law）（平均流动时间 = 平均库存 / 生产量）得到。平均库存周转时间为

$$平均库存周转时间 = \left[\frac{(I_0+I_T)/2 + \left(\sum_{t=1}^{T-1} I_t\right)}{T}\right] \div \left[\left(\frac{\sum_{t=1}^{T} D_t}{T}\right)\right]$$

根据上述计算规则，计划期内的平均季节性库存为

$$平均季节性库存 = \frac{(I_0+I_T)/2 + \left(\sum_{t=1}^{T-1} I_t\right)}{T} = \frac{5\,250}{6} = 875$$

该综合计划下计划期内的平均流动时间为

$$平均流动时间 = \frac{875}{2\,667} \approx 0.33（月）$$

如果需求的季节性波动加剧，那么供给和需求的同步将变得更加困难。这将导致库存量或延期交货量增加，进而使得供应链的总成本增加。例 3-1 展示了需求预测的波动变大是如何影响供应链综合计划的。

【例 3-1】需求预测的波动变大的影响

除了需求预测以外，假设相同的总需求（16 000 单位）以季节性波动更为剧烈的方式在 6 个月内分配，如表 3-5 所示。找出本例中的最优综合计划。

表 3-5　季节性波动更为明显时的需求预测

月份	需求预测	月份	需求预测
1	1 000 单位量	4	4 800 单位量
2	3 000 单位量	5	2 000 单位量
3	3 800 单位量	6	1 400 单位量

这种情况下的最优综合计划（成本与之前的讨论相同）见表 3-6。

从表 3-6 中可见，每个月的生产量是一样的，但是与根据表 3-2 给出的需求预测得到的综

合计划相比，库存和库存不足（延期交货）的数量都有所增加。满足表 3-5 所示新的需求预测的成本增加到了 433 080 元（而根据表 3-2 给出的需求预测得到的成本是 422 660 元）。

计划期内的季节性库存为

$$季节性库存 = \frac{(I_0 + I_T)/2 + \left(\sum_{t=1}^{T-1} I_t\right)}{T} = \frac{6\,310}{6} \approx 1\,052$$

该综合计划下计划期内的平均流动时间为

$$平均流动时间 = \frac{1\,052}{2\,667} \approx 0.39（月）$$

表 3-6　根据表 3-5 给出的需求预测得到的最优综合计划

时期t	雇用数量H_t	解雇数量L_t	员工数量W_t	加班时间O_t	库存I_t，单位量	库存不足S_t，单位量	转包C_t，单位量	总产量P_t，单位量
0	0	0	80	0	1 000	0	0	
1	0	16	64	0	2 560	0	0	2 560
2	0	0	64	0	2 120	0	0	2 560
3	0	0	64	0	880	0	140	2 560
4	0	0	64	0	0	1 220	0	2 560
5	0	0	64	0	0	660	0	2 560
6	0	0	64	0	500	0	0	2 560

从例 3-1 中可以看到，来自零售商的需求变动加剧会带来季节性库存与计划成本的增加。

从天德公司的案例中，还可以看到随着成本的变化，最优权衡也会发生变化，例 3-2 证实了这一点，即当雇用和解雇成本降低时，最好的做法是通过调整产能实现减少库存和延期交货的数量。

【例 3-2】雇用和解雇成本降低的影响

假设天德公司的需求如表 3-2 所示，除了雇用和解雇成本现在为每名员工 50 元以外，其他所有的数据都保持不变。根据表 3-4 所示的综合计划，计算总成本。针对新的成本结构提出一个最优综合计划。

分析如下。

如果雇用和解雇的成本降低为每名员工 50 元，那么与表 3-4 所示的综合计划相对应的成本将由 422 660 元降低到 412 780 元。将新的成本纳入考虑后得到表 3-7 所示的新的最优综合计划。可以看到，员工数量在最高值 87 和最低值 45 之间波动，这与表 3-4 中一直保持稳定是不同的。

与表 3-4 所示的综合计划相比，员工数量是变动的（因为产能调整的成本降低了）而库存和库存不足的数量都减少了。如果雇用和解雇成本是每名员工 50 元，那么表 3-7 所示的综合计划的总成本是 412 780 元，而不是 422 660 元。

表 3-7　雇用和解雇成本为每名员工 50 元时的最优综合计划

时期t	雇用数量H_t	解雇数量L_t	员工数量W_t	加班时间O_t	库存I_t/单位量	库存不足S_t/单位量	转包C_t/单位量	总产量P_t/单位量
0	0	0	80	0	1 000	0	0	
1	0	35	45	0	1 200	0	0	1 800
2	0	0	45	0	1 200	0	0	1 800
3	42	0	87	0	280	0	0	3 480
4	0	0	87	0	0	20	20	3 480
5	0	26	61	0	220	0	0	2 440
6	1	0	62	0	500	0	0	2 480

计划期内的季节性库存为

$$季节性库存 = \frac{(I_0 + I_T)/2 + \left(\sum_{t=1}^{T-1} I_t\right)}{T} = \frac{2\,450}{6} \approx 408$$

该综合计划下计划期内的平均流动时间为

$$平均流动时间 = \frac{408}{2\,667} \approx 0.15（月）$$

从例 3-2 可以看到，通过降低雇用和解雇成本实现了员工数量的弹性变化，不仅降低了总成本，而且使得最优平衡发生了变化，即利用员工或产能的数量弹性来实现库存和库存不足的降低。

（六）综合计划中的预测误差

上述的综合计划方法并未考虑到预测误差，而所有的预测都是有误差的。为了提高这些综合计划的质量，必须将预测误差纳入考虑。可以用安全库存或安全产能来应对预测误差。企业可以采用多种方法用安全库存或安全产能为预测误差建立一个缓冲。下面列出了几种方法：①利用加班作为安全产能的一种形式；②长期雇用额外的员工作为安全产能的一种形式；③利用转包商作为安全产能的一种形式；④建立并持有额外的库存作为安全库存的一种形式；⑤从开放的市场或现货市场上购买产能或产品作为安全产能的一种形式。

五、利用Excel生成综合计划

由于 Excel 操作简便，学习和使用成本低，下面将介绍如何利用 Excel 来进行综合计划的线性规划运算。

可以利用 Excel 来生成表 3-4 所示的天德公司的综合计划。为了应用 Excel 的线性规划功能，需要使用 Excel 中的规划求解功能（"数据"—"分析"—"规划求解"），该功能是 Excel 的加载项程序，需要完成加载配置后方可使用。具体操作步骤如下。

（一）创建决策变量表格

首先，需要创建一个表格（见图 3-1），其中包括下列决策变量。

月份 t 的员工数量 W_t，其中，$t=1,…,6$。

月份 t 开始时雇用的员工数量 H_t，其中，$t=1,…,6$。

月份 t 开始时解雇的员工数量 L_t，其中，$t=1,...,6$。

月份 t 生产的产品数量 P_t，其中，$t=1,...,6$。

月份 t 结束时的库存量 I_t，其中，$t=1,...,6$。

月份 t 结束时的库存不足 / 延期交货的数量 S_t，其中，$t=1,...,6$。

月份 t 的转包数量 C_t，其中，$t=1,...,6$。

月份 t 的加班时间 O_t，其中，$t=1,...,6$。

图 3-1 中决策变量位于单元格 B5 到 I10，每个单元格对应一个决策变量。例如，单元格 D7 对应着时期 3 的员工数量。注意 J 列包含实际需求。这里之所以列出需求信息是因为生成综合计划时需要该信息。

	A	B	C	D	E	F	G	H	I	J
1	综合计划决策变量									
2	时期	H_t	L_t	W_t	O_t	I_t	S_t	C_t	P_t	
3		雇用数量	解雇数量	员工数量	加班时间	库存	库存不足	转包	总产量	需求
4	0	0	0	80	0	1000	0	0		
5	1	0	0	0	0	0	0	0	0	1600
6	2	0	0	0	0	0	0	0	0	3000
7	3	0	0	0	0	0	0	0	0	3200
8	4	0	0	0	0	0	0	0	0	3800
9	5	0	0	0	0	0	0	0	0	2200
10	6	0	0	0	0	0	0	0	0	2200

图 3-1　决策变量的电子数据表区域

（二）创建约束条件表格

构建一个约束条件（见前文约束条件相关内容）的表格，约束条件表格可以用如图 3-2 所示的方式编制。

	M	N	O	P
1	约束条件			
3	劳动力	产能	库存	加班时间
5	-80	0	-600	0
6	0	0	-3 000	0
7	0	0	-3 200	0
8	0	0	-3 800	0
9	0	0	-2 200	0
10	0	0	-2 200	0

单元格	单元格公式	复制到
M5	=D5-D4-B5+C5	M6:M10
N5	=40*D5+E5/4-I5	N6:N10
O5	=F4-G4+I5+H5-J5-F5+G5	O6:O10
P5	=-E5+10*D5	P6:P10

图 3-2　约束条件的电子数据表区域

图 3-2 中 M 列包含员工数量约束，N 列包含产能约束，O 列包含库存余额约束，P 列包含加班时间约束。这些约束条件应用于 6 个时期中的每一个。

每一个约束条件最终都可以按照单元格值 ≤ 0、单元格值 =0 或单元格值 ≥ 0 的形式添加至"规划求解参数"对话框中的"约束"窗口（见图 3-3）。

在本例中，约束条件如下：

M5：M10=0，N5：N10 ≥ 0，O5：O10=0，P5：P10 ≥ 0

（三）创建目标函数单元格

创建一个包含目标函数的单元格，用来评价各个解决方案。该单元格不必包含完整的计算公式，而是可以写成用含有间接成本计算公式的单元格表示的公式。对于天德公司，其成本计算公式的电子数据表格区域如图 3-4 所示。例如，单元格 B15 包含时期 1 的雇用和培训成本。单元格 B15 中的计算公式是单元格 B5 与包含每名员工雇用成本的单元格的乘积，而这些是从

表 3-3 中得到的。其他单元格采用类似的方法填充。单元格 C22 包含单元格 B15 到单元格 I20 的和，代表了总成本。

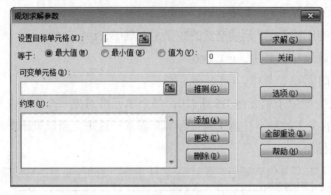

图 3-3 "规划求解参数"对话框

	A	B	C	D	E	F	G	H	I
12	综合计划成本								
13									
14	时期	雇用和培训成本	解雇成本	正常工作时间成本	加班成本	库存持有成本	库存不足成本	转包成本	原材料成本
15	1	0	0	0	0	0	0	0	0
16	2	0	0	0	0	0	0	0	0
17	3	0	0	0	0	0	0	0	0
18	4	0	0	0	0	0	0	0	0
19	5	0	0	0	0	0	0	0	0
20	6	0	0	0	0	0	0	0	0
22	总成本 =								

图 3-4 成本计算公式的电子数据表区域

（四）实施规划求解

依次单击 Excel 中的"数据—分析—规划求解"，打开"规划求解参数"对话框。在"规划求解参数"对话框中需要输入的参数有："设置目标单元格"、"等于"、"可变单元格"和"约束"（参见图 3-5）。将下列表示线性规划模型的信息输入对话框。

"设置目标单元格"为 C22；设置"等于"为最小值；设置"可变单元格"为 B5：I10。

单击"添加"按钮设置"约束"：

B5：C10= 整数（员工雇用和解雇的数量是整数）。

B5：I10 ≥ 0（所有决策变量非负）。

F10 ≥ 500（第 6 期结束后的库存至少是 500）。

G10=0（第 6 期结束后的库存不足或延期交货量为 0）。

M5：M10=0［满足上述约束条件 $W_t - W_{t-1} - H_t + L_t = 0$，（$t=1,\dots,6$）］。

N5：N10 ≥ 0［满足上述约束条件 $40W_t + O_t/4 - P_t \geq 0$，（$t=1,\dots,6$）］。

O5：O10=0［满足上述约束条件 $I_{t-1} + P_t + C_t - D_t - S_{t-1} - I_t + S_t = 0$，（$t=1,\dots,6$）］。

P5：P10 ≥ 0［满足上述约束条件 $10W_t - O_t \geq 0$，（$t=1,\dots,6$）］。

选择求解方法为单纯线性规划，"规划求解参数"对话框如图 3-5 所示（不同版本略有差异）。单击"求解"按钮，将返回最优解。如果规划求解并未返回最优解，则在保存返回的解之后再次求解。在某些情况下，因为 Excel 所附带的规划求解的版本存在一些缺陷，可能需要多次重复这个步骤。最终得到的最优解如表3-4所示。

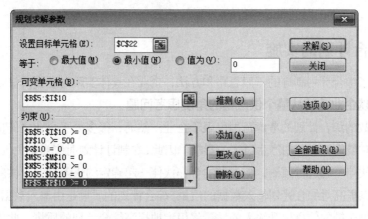

图3-5 "规划求解参数"对话框2

六、制订一个粗略的主生产计划

基于综合计划，规划者必须将得到的信息分解，制订一个粗略的主生产计划（Master Production Schedule，MPS），以便在每个产品系列的每个周期中确定生产的批量。现在，再回到天德公司的案例中，用一个简单的方法来分解综合计划。尽管该方法不一定是最优的，但是便于实施，而且有利于可行性检查。如果规划者想要寻求更好的解决方案，可以使用更复杂的方法。但是，这些方法可能实施起来更加困难，而且无法反映复杂的现实情况。

以表3-4中的综合计划为例。该计划要求员工数量为64，第1期的总产量为2560单位。由于在总产量级别上可能存在生产限制性因素，因此必须在分量级别上进行可行性检查。第一步是在6个系列中以2 560的产量作为划分界线。之所以可以这样做，是因为第1期中，系列A计划生产256单位，因为它占据了10%的销售比。第二步，为每个系列确定计划生产的批量。为了使该计划可行，可以用平均批量划分计划生产的产量，并将结果向下取整。对于系列A，计划的调试次数（批量）为256÷50=5.12，向下取整为5。因此，该周期生产系列A的平均批量将大于50（约为51）。以此类推，可以得出其他每个系列的计划的调试次数（批量），如表3-8所示。为了检查该计划安排的可行性，可以为每个产品系列的批量和单位计算调试时间和生产时间。从表3-8中可以看出，总的计划生产和调试时间是10 231.4小时（调试时间209小时+

表3-8 天德公司第1期综合计划分解

系列	测试时间/（小时·批[1]）	平均批量	生产时间/（小时·单位[1]）	产量/单位	调试次数	调试时间/小时	生产时间/小时
A	8	50	5.6	256	5	40	1 433.6
B	6	150	3	640	4	24	1 920
C	8	100	3.8	512	5	40	1 945.6
D	10	50	4.8	256	5	50	1 228.8
E	6	100	3.6	512	5	30	1 843.2
F	5	75	4.3	384	5	25	1 651.2

生产时间 10 022.4 小时）。鉴于计划人员数为 64，该周期可用的生产时间为 64×160=10 240（小时）。由此看来，计划的时间表是可行的。

七、综合计划的实施

上面介绍了综合计划制订的一般思路和方法，企业在具体实践时还要关注以下几个事项。

（一）超越企业范畴从整个供应链的角度思考问题

如今大多数的综合计划的考虑范围仅限于企业。然而，很多处于企业之外贯穿整个供应链的因素都可能对最优综合计划产生巨大的影响。因此，在制订计划时应当避免仅仅考虑本企业。与下游的合作伙伴一起进行预测，与上游的合作伙伴一起确定约束条件，与供应链中的其他所有实体合作可以提高对综合计划输入数据的质量。综合计划的质量是由输入数据的质量决定的。因此利用来自供应链的信息提升输入的质量将极大地提高综合计划的质量。此外，还应将综合计划反馈给将受到其影响的所有供应链合作伙伴。

（二）当出现新的数据时，重新考虑综合计划

如前所述，综合计划为未来 3～18 个月提供了蓝图。这并不意味着企业在每 3～18 个月都应当执行同一个综合计划。随着诸如需求预测等输入的变化，管理者应当利用最新的数据重新制订综合计划。采用最新的输入得到的综合计划可以避免基于旧数据得到的次优结果，生成更好的解决方案。

（三）当产能利用率提高时利用综合计划

很多企业并不制订综合计划，而是完全依赖来自分销商或仓储商的订单安排生产。这些订单是由实际需求或者是库存管理运算法则驱动的。如果企业能够有效地利用这种方法来满足需求，那么缺少综合计划就不会给企业造成严重影响。然而，当利用率非常高，产能成问题以后，依靠订单组织生产有可能导致产能问题。当利用率很高时，在接到订单时完成所有的产品生产就难以实现了。此时需要制订综合计划以更好地利用产能来满足预测的需求。因此，随着产能利用率的提高，实施综合计划的重要性也会增加。

 任务实施

电子合约制造商捷鑫利用位于上海松江的工厂生产两种产品：扫地机器人和 AI 控制板。表 3-9 中列出了通过顾客咨询得出的未来 12 个月两种产品的需求预测。

表 3-9　捷鑫的需求预测　　　　　　　　　单位：千台

月份	扫地机器人需求量	AI控制板需求量	月份	扫地机器人需求量	AI控制板需求量
1	1800	1600	7	1200	700
2	1600	1400	8	1400	800
3	2600	1500	9	2500	1400
4	2500	2000	10	2800	1700
5	800	1500	11	1000	800
6	1800	900	12	1000	900

捷鑫的生产主要包括装配工序，产能取决于生产线上的工人数量。工人们每个月工作 20 天，每天工作 8 个小时。一名工人每 20 分钟可以装配一台扫地机器人，每 10 分钟可以装配一台 AI 控制板。工人每小时的工资是 20 元，加班时有 50% 的奖金。工厂目前共有 6 300 名员工。加班时间限制在每个月每名员工不超过 20 个小时。捷鑫目前的库存水平是 100 000 台扫地机器人和 50 000 台 AI 控制板。每台扫地机器人的库存持有成本是每个月 2 元，每台 AI 控制板的库存持有成本是每个月 1 元。由于顾客在购买产品时是根据现行市场利率付款，因此产品的库存持有成本呈上升趋势。因此，如果捷鑫提前生产产品并作为库存持有，那么由于零部件的价格迅速下降，其收益将减少。

任务与思考

1. 假设不存在延期交货、转包，没有解雇也没有雇用新的工人，对于捷鑫来说，最优的生产计划是什么？该计划下的年成本是多少？该最优生产计划下的库存是多少？这看起来合理吗？

2. 管理层是否有必要将每名工人每个月的加班时间由 20 个小时延长到 36 个小时？这个变化会影响哪些决策变量？

3. 如果捷鑫现有的员工人数为 5 900 人，重新考虑前两个问题的答案。如果捷鑫现有的员工人数为 6 700 人，重新考虑前两个问题的答案。随着员工数量的逐渐减少，额外的加班时间的价值会发生什么变化？

任务二　供应链产能分配优化

产能分配策略主要讨论的是在产能一定的条件下，不同细分市场之间的产能分配问题。

产能分配策略是收入管理的重要内容，对于供应链中的每一个资产所有者来说都称得上是一种强大的工具，如果存在季节性需求或存在愿意为不同的提前期支付不同价格的细分市场，那么任何形式产能（生产、运输或仓储）的所有者都可以应用该策略。如果一个细分市场希望在最后关头使用产能并且愿意为此支付较高的价格，而另一个细分市场希望获得较低的价格并愿意提前一段时间下单，那么如何为不同价格的细分市场分配合适的产能以扩大收入就成为一个绕不开的问题。这里以高价细分市场与低价细分市场的产能分配问题为例进行说明。

学习导入

🎓 **知识学习**

一、产能分配问题的认知

在大多数差别定价的情形下，支付较低价格的细分市场的需求先于支付较高价格的细分市场的需求。供应商可以针对提前下订单的顾客制定较低的价格，为最后时刻才下订单的顾客制定较高的价格。为了充分地利用收入管理的好处，供应商必须限制低价购买者所需要的产能，即使他们的需求足以耗用所有的可用产能。这就提出了一个问题：应当为高价市场保留多少产能？

供应商在产能方面需要考虑的基本权衡是接受来自低价购买者的订单还是等待即将到来的高价购买者的订单。这种情形的两个风险是产能损耗和需求溢出。当为高价购买者预留了产能而高价市场的需求并未出现时，就发生了产能损耗。当由于已经将产能分配给了低价购买者从而不得不拒绝高价购买者时，就发生了需求溢出。供应商应当本着使产能损耗和需求溢出的预期成本最低的原则确定为高价购买者预留的产能。

二、产能分配的权衡公式

面对上述问题，可以建立一个权衡高价和低价细分市场的产能分配权衡公式。假设来自高价市场的需求服从正态分布，均值为 D_H，标准差为 σ_H，低价市场价格为 p_L，高价市场价格为 p_H，为高价市场预留的产能为 Q_H，概率用 P 表示，则预留更多产能的预期边际收入 $R_H(Q_H)$ 为：

$$R_H(Q_H) = P（来自高价市场的需求 > Q_H）\times p_H$$

在确定为高价市场预留的产能时，原则是使来自高价市场的预期边际收入等于目前来自低价市场的边际收入，即 $R_H(Q_H) = p_L$，也就是说，为高价市场预留的产能应当使下面的式子成立。

$$P（来自高价市场的需求 > Q_H）= \frac{p_L}{p_H}$$

所以，如果高价市场的需求服从正态分布，均值为 D_H，标准差为 σ_H，则可以用 Excel 计算得到高价市场预留的产能为（NORMINV 是正态分布函数的逆函数，其三个参数依次为累计概率值、正态分布的均值和标准差）：

$$Q_H = F^{-1}\left(1 - \frac{p_L}{p_H}, D_H, \sigma_H\right) = \text{NORMINV}\left(1 - \frac{p_L}{p_H}, D_H, \sigma_H\right)$$

如果存在两个以上的细分市场，则可以应用相同的原理来计算第一组嵌套预留产能，以三个细分市场为例，为最高价格市场预留的产能 Q_1 应当使最高价格市场的预期边际收入等于次高市场的价格，最高价格市场与次高价格市场预留的产能之和 Q_2，应当使最高价格市场与次高价格市场的预期边际收入等于低价市场的价格。可以利用这种交替求解法求出除最低价格市场以外的其他所有市场的嵌套预留产能。

要注意的一点是，差异定价增加了高价市场的产能可获得性。为这些顾客预留产能是因为他们愿意支付更高的价格。因此，有效地使用收入管理可以增加企业的利润。

【例 3-3】为多个细分市场分配产能

某企业专注于两个客户细分市场，高价细分市场为 A，低价细分市场为 B。A 的客户愿意为每件产品支付 140 元，但希望即时发货；B 的客户仅愿意为每件产品支付 80 元，但不介意提前 45 天订货。预期 3 个月后细分市场 A 的需求服从正态分布，均值为 6 000 件，标准差为 2 000 件。那么，该企业应为 A 预留多少产能？如果 A 的客户愿意支付 200 元，应当为 A 预留多少产能？

【解】

情况一：市场 A 的客户愿意为每件产品支付 140 元时，应为市场 A 预留的产能为

$$Q_A(p_A = 140) = \text{NORMINV}\left(1 - \frac{p_B}{p_A}, D_A, \sigma_A\right) = \text{NORMINV}\left(1 - \frac{80}{140}, 6\,000, 2\,000\right)$$

$$= 5\,640 \text{（件）}$$

情况二：市场 A 的客户愿意为每件产品支付 200 元时，应为市场 A 预留的产能为

$$Q_A(p_A = 200) = \text{NORMINV}\left(1 - \frac{p_B}{p_A}, D_A, \sigma_A\right) = \text{NORMINV}\left(1 - \frac{80}{200}, 6\,000, 2\,000\right)$$

$$= 6\,507 \text{（件）}$$

因此，当市场 A 的客户愿意为每件产品支付 140 元时，企业应为该市场预留的产能为 5 640 件；当市场 A 的客户愿意为每件产品支付 200 元时，企业应为该市场预留的产能为 6 507 件。

理想情况下，每处理一份顾客订单时，都应当修订所有顾客细分市场的需求预测并计算新的预留产能。而实际中，这是很难做到的。更为现实的做法是经过一段时间后，当预测的需求或需求精确度变化很大时，再修正预测和预留产能。

任务实施

阅读学习导入中的案例，完成提出的问题。

任务与思考

如果细分市场 A 的客户愿意支付的价格是每立方米 5 元，逸驰运输公司应当如何调整决策？

实训一　天贝科技供应链综合计划的制订与分析

实训背景

天贝科技是一家知名的扫地机器人制造商，目前正在制订下一年的生产计划，天贝科技与顾客（服务提供商）共同完成了月度需求预测，如表 3-10 所示。

表 3-10　扫地机器人的月需求量　　　　　　　　　　　　　　单位：台

月份	需求量	月份	需求量
1	1 000 00	7	1 600 00
2	1 100 00	8	900 00
3	1 000 00	9	1 100 00
4	1 200 00	10	800 00
5	1 500 00	11	1 400 00
6	1 600 00	12	1 700 00

1. 天贝科技的生产主要包括装配工序，产能取决于生产线上的工人数量。工人们每个月工作 20 天，每天工作 8 个小时。一名工人每 10 分钟可以装配一台扫地机器人。工人每小时的工资是 20 元，加班时有 50% 的奖金。工厂目前共有 125 名员工。每台扫地机器人的零部件成本是 200 元。由于零部件和产成品都会迅速降价，因此每台扫地机器人从当月持有至下个月的库存成本是 20 元。天贝科技目前没有裁员计划。加班时间限制为每个月每名员工不超过 20 个小时。假设天贝科技的期初库存为 5 000 台，并希望在期末时保有相同的库存。

（1）假设不存在延期交货、转包，也没有雇用新的工人，最优的生产计划是什么？该计划下的年成本是多少？

（2）管理层是否有必要将每名工人每个月的加班时间由 20 个小时延长到 30 个小时？

（3）如果天贝科技现有的员工人数为 120 人，重新考虑（1）和（2）中的答案。如果天贝科技现有的员工人数为 130 人，重新考虑（1）和（2）中的答案。随着员工数量的逐渐减少，额外的加班时间的价值会发生什么变化？

（4）假设天贝科技的目标是将生产计划确定为每个月的产量都不会在未来 12 个月的平均需求（124 667 台）的基础上超出 5 000 台，重新考虑（1）。也就是说，包括加班在内，每个月的产量不超过 129 667 台。上述条件下的生产计划的成本是多少？加班弹性的价值是多少？

2. 重新考虑天贝科技的情况。假设工厂有 125 名工人，且制定了不裁员政策。加班时间限制为每个月每名员工不超过 20 个小时。某个第三方提议根据需要以每台扫地机器人 260 元的成本为其生产扫地机器人（这其中包括每台扫地机器人 200 元的零部件成本）。

（1）如果不使用第三方，那么企业内部生产的每台扫地机器人的平均成本（包括库存持有成本和加班成本）是多少？

（2）天贝科技应当如何利用第三方？如果第三方提议的每台扫地机器人的成本为 250 元，那么答案会有什么变化？

（3）如果每台扫地机器人的成本是 280 元，那么天贝科技应当使用第三方吗？

（4）为什么即使第三方的单位成本高于企业内部生产的单位成本（包括库存持有成本和加班成本），天贝科技仍然会使用第三方？

3. 重新考虑天贝科技的情况。假设工厂有 1 250 名工人，且制定了不裁员政策。加班时间限制为每个月每名员工不超过 20 个小时。此外，假设没有转包计划。有一个由 5 个人组成的团队愿意到天贝科技充当季节性工人。聘用这些人的成本是每名工人 800 元，解雇成本是每名工人 1 200 元。

（1）最优生产、雇用和解雇计划是什么？

（2）如果季节性工人的人数从 5 人增加到 10 人，最优计划会发生什么变化？

（3）相对于聘用 125 名正式工人和 5 名季节性工人，天贝科技如果只有 110 名正式工人但是有 20 名季节性工人，收益是否会大幅增加？

（4）考虑天贝科技有 125 名正式工人和 5 名季节性工人的情况。天贝科技是废除针对正式工人的不裁员政策会获得更多的收益还是将季节性工人的人数从 5 人增加到 10 人会获得更多的收益？假设正式工人的雇用和解雇成本与季节性工人的雇用和解雇成本是一样的。

实训目的

掌握供应链综合计划的制订方法及各指标的分析方法。

实训组织

1. 结合实训背景给出的数据和任务，通过 Excel 完成供应链综合计划的编制。
2. 结合供应链综合计划，完成实训背景给出的各种场景下的分析。
3. 撰写实训报告并按时提交。

实训评价

1. 根据案例背景数据正确完成供应链综合计划的制订（50%）。
2. 能按照要求完成各指标的灵敏度分析（30%）。
3. 实训报告结构和内容清晰（20%）。

实训二　制造商和物流商的供应链产能分配优化

实训背景

1. 刹车片制造商福莱斯每天的产能是 10 000 单位。目前，福莱斯以每单位 50 元的价格出售产能。该价格下，所有的产能大约都会提前一周预订出去。如果福莱斯可以随时提供产能，那么有顾客愿意支付双倍的价格（每单位 100 元）。注意：提前 10 天左右时，高价细分市场的需求服从正态分布，均值为 250 单位，标准差为 100 单位。

2. 某运输企业目前的运输能力为 20 万立方米。一家大型制造商愿意以每天 0.50 元 / 立方米的价格购买所有的运输能力。据运输企业的经理观察，在零星订货市场上，运输能力的价格是每天 0.65 元 / 立方米，然而，在该价格下的需求是不确定的。运输企业的经理预测零星订货市场上的需求服从正态分布，均值为 6 万立方米，标准差为 2 万立方米。

实训目的

掌握供应链产能优化方法。

实训组织

结合案例资料，通过计算，说明福莱斯应当为这些在最后时刻购买的顾客预留多少产能？运输企业的经理应当为零星订货市场预留多少运输能力？撰写实训报告，并按时提交。

实训评价

1. 根据案例背景数据给出正确的供应链产能优化方案（60%）。
2. 计算过程清楚，结果无误（20%）。
3. 实训报告结构和内容清晰（20%）。

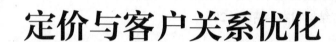

项目四　定价与客户关系优化

知识目标

1. 知道差别定价的目的、常见类型及思路；
2. 理解客户关系管理的概念和价值；
3. 知道常见的客户反馈指标及意义；
4. 知道常见的客户分析模型及思路；
5. 理解RFM客户数据模型各指标的含义；
6. 知道RFM客户数据模型的评价方法和策略。

技能目标

1. 能根据具体的细分市场需求状况给出差异化定价策略；
2. 能根据具体的场景制定基于时间的动态定价策略；
3. 能利用RFM客户数据模型对客户价值进行分析评价。

素质目标

1. 养成关注成本优化与服务客户的意识；
2. 具备积极探索与创新的精神

📖 **项目导学**

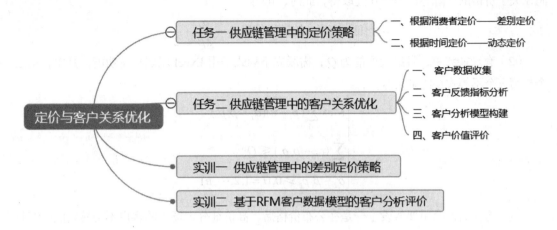

任务一 供应链管理中的定价策略
　一、根据消费者定价——差别定价
　二、根据时间定价——动态定价

任务二 供应链管理中的客户关系优化
　一、客户数据收集
　二、客户反馈指标分析
　三、客户分析模型构建
　四、客户价值评价

定价与客户关系优化

实训一 供应链管理中的差别定价策略

实训二 基于RFM客户数据模型的客户分析评价

任务一　供应链管理中的定价策略

在有限的供应链资产的约束下，企业需要利用定价来增加供应链盈余和利润。供应链的资产有两种存在形式，即产能和库存。产能的存在是为了满足生产、运输和仓储的需要，库存的存在是为了提高产品的可获得性。当存在多个客户类型的时候，企业应当针对不同的客户，以合理的价格销售合适的资产来获利。理论上，差别定价可以增加企业的利润，为了实现各个细分市场之间的差别化，企业需要识别不同细分市场所重视的产品或服务属性来

学习导入

建立壁垒。当存在多个细分市场时，企业需要对不同的细分市场制定不同的价格。企业可以按客户价值、客户群体规模和消费旺淡季来进行产品差异化定价。

🎓 **知识学习**

一、根据消费者定价——差别定价

（一）高价值客户与低价值客户的差异化定价策略

一般来说，高价值客户具有高需求，低价值客户的需求较低，当存在高价值客户与低价值客户两个细分市场的时候，企业应该为高价值客户预留产能，相应地，这些客户也可能愿意支付更高的价格。假设某企业管理者已经明确存在彼此独立的 n 个细分市场，每个细分市场的价格为 p_i，细分市场 i 在 p_i 下的需求为 D_i，假设细分市场 i 的需求曲线为：

$$D_i = \alpha_i - \beta_i p_i$$

α_i、β_i 是需求曲线的参数。追求的是利润最大化，单位生产成本为 c，产品定价应依照下列公式求最优解：

$$\text{Max} \sum_{i=1}^{n} (p_i - c)(\alpha_i - \beta_i p_i)$$

（1）无产能约束，则上述最大利润关于价格的二阶导数小于 0，存在最大利润，且最大利润在关于价格的一阶导数等于 0 处取得，此时，可得

$$\text{多个细分市场 } i \text{ 的最优价格 } p_i = \frac{\alpha_i}{2\beta_i} + \frac{c}{2}$$

（2）有产能约束，且最大产能为 Q，需联立下列式子用 Excel 规划求解功能，其中，第二个与第三个不等式是约束条件。

$$\begin{cases} \text{Max} \sum_{i=1}^{n}(p_i - c)(\alpha_i - \beta_i p_i) \\ \sum_{i=1}^{n}(\alpha_i - \beta_i p_i) \leqslant Q \\ \alpha_i - \beta_i p_i \geqslant 0, (i = 1, 2, \cdots, n) \end{cases}$$

这个方法有两个重要假设：一是在公布价格后，高价细分市场上的客户不会转到低价细分市场上；二是一旦确定了价格，客户需求即可预测。但在现实中，这两个假设很难满足。

以一个例子来说明。

【例 4-1】某企业现具有两个细分市场：一个是高价值客户细分市场，其需求曲线为 $D_{高} = 3\,000 - 15p_{高}$；另一个是低价值客户细分市场，其需求曲线为 $D_{低} = 3\,000 - 30p_{低}$。生产成本 c 为 10 元。如果企业的目标是利润最大化，应如何制定细分市场价格？如果为两个细分市场制定相同的价格，应为多少？差异化定价策略带来了多少利润增长？如果存在最大产能为 2 500 的产能限制，应如何制定两个细分市场的价格？

【解】

（1）为两个细分市场分别定价，有

$$p_{高} = \frac{\alpha_i}{2\beta_i} + \frac{c}{2} = \frac{3\,000}{2 \times 15} + \frac{10}{2} = 105 \,(\text{元})$$

$$p_{低} = \frac{\alpha_i}{2\beta_i} + \frac{c}{2} = \frac{3\,000}{2 \times 30} + \frac{10}{2} = 55 \,(\text{元})$$

$$D_{高} = 3\,000 - 15p_{高} = 3\,000 - 15 \times 105 = 1\,425$$

$$D_{低} = 3\,000 - 30p_{低} = 3\,000 - 30 \times 55 = 1\,350$$

$$\text{总利润} = 105 \times 1\,425 + 55 \times 1\,350 - 10 \times (1\,425 + 1\,350) = 196\,125 \,(\text{元})$$

（2）为两个细分市场制定相同的价格，则有

$$(p_{高低} - 10) \times (3\,000 - 15p_{高低}) + (p_{高低} - 10) \times (3\,000 - 30p_{高低})$$

$$= (p_{高低} - 10) \times (6\,000 - 45p_{高低})$$

此时的最优价格 $p_{高低} = \dfrac{6\,000}{2 \times 45} + \dfrac{10}{2} \approx 72 \,(\text{元})$

$$D_{高} = 3\,000 - 15p_{高} = 3\,000 - 15 \times 72 = 1\,920$$

$$D_{低} = 3\,000 - 30p_{低} = 3\,000 - 30 \times 72 = 840$$

$$\text{总利润} = (72 - 10) \times (6\,000 - 45 \times 72) = 171\,120 \,(\text{元})$$

（3）差异化定价策略带来的利润增长为

$$\text{利润增长} = 196\,125 - 171\,120 = 25\,005 \,(\text{元})$$

（4）存在 2 500 的产能限制，由于最优差异化定价策略使得需求超过了总产能，因此，应增添产能限制条件，利用 Excel 的规划求解功能求解。

$$约束条件：\begin{cases} 3\,000-15p_{高}+3\,000-30p_{低} \leqslant 2\,500 \\ 3\,000-15p_{高} \geqslant 0 \\ 3\,000-30p_{低} \geqslant 0 \end{cases}$$

优化结果如图 4-1 所示。

	A	B	C	D
1	总产能	2 500		
2	细分市场	价格/元	需求数量	利润/元
3	高价值客户	111	1 333	134 815
4	低价值客户	61	1 167	59 630
5	总计		2 500	194 444

图 4-1　有产能限制时高价值客户与低价值客户的差异化定价策略规划求解结果

可见，在设置了最大产能约束之后，高价值客户细分市场的价格应定为 111 元，低价值客户细分市场的价格应定为 61 元，能获得的最高总利润为 194 444 元。

限制产能情况下的总利润显然比没有限制产能时的总利润低。在现实生产中，必然存在产能限制，但企业可以通过利用创新生产技术等方式来提升供应链灵活性，使产能限制能覆盖利润最高时的产能。

（二）大规模客户与小规模客户的差异化定价策略

市场上的客户可大致分为两种：一种是以折扣价大批量购买产品的客户，另一种是以高价购买单个或小批量产品的客户。一般来说，企业会优先满足所有的大批量需求，而仅当有剩余能力时才会为小批量客户提供服务。因此，企业需要权衡提供给大规模客户市场与小规模客户市场的资产比例，确定在两种市场上的商品价格以及为小规模客户市场预留的资产数量。为小规模客户市场预留的资产数量应该使其预期边际收入等于大规模客户市场的价格。如果小规模客户市场是高价细分市场，大规模客户市场是低价细分市场，则可参照前面介绍的方法进行求解。

（三）易腐易逝产品的差异化定价策略

对于果蔬、时装和手机等会随时间的流逝而贬值的商品而言，企业需要随着时间动态地改变其价格以实现预期收入的最大化。冬装到了 3 月就没有什么价值了。在 11 月购买了 300 件羽绒服的零售商在定价策略方面有很多选择。一种策略是在最开始先定一个高价。这种定价策略可能导致在销售季节之初仅售出少量的羽绒服，将更多的羽绒服留待销售季节的中期销售，而届时这些羽绒服对顾客的价值将逐渐下降。另一种策略是在最初就定一个较低的价格，从而在销售季节之初售出较多的羽绒服，这样日后打折促销的羽绒服会比较少。这一策略决定着零售商的利润。有效地对这类商品进行差异化定价，资产所有者应具有估计该资产在长期内的价值，较为准确地预测价格对客户需求的影响的能力。通常，企业可以下单时间先后作为差异化定价的依据。

假设，某企业在销售季节之初拥有数量为 Q 的单一产品，若将销售季节划分为 n 个阶段，并能够预测每个阶段的需求曲线，阶段 i 给定的价格为 p_i，阶段 i 的需求为 D_i，需求曲线为

$$D_i = \alpha_i - \beta_i p_i$$

这里，将需求曲线简化为一条线性曲线，但实际情况中需求曲线不一定呈线性。在这种情况下，企业的动态定价问题可以联立以下公式，利用 Excel 的规划求解功能求解，其中，第二个与第三个不等式为约束条件。

$$\begin{cases} \text{Max} \sum_{i=1}^{n} p_i(\alpha_i - \beta_i p_i) \\ \sum_{i=1}^{n} (\alpha_i - \beta_i p_i) \leqslant Q \\ \alpha_i - \beta_i p_i \geqslant 0, (i = 1, 2, \cdots, n) \end{cases}$$

【例 4-2】某企业售卖的优惠卡的销售季会持续一个月，优惠卡的数量为 1 500 张，前三周为预订，第四周为即时订单。该企业预期优惠卡在每个星期的需求分别为 $D_1 = 800 - p_1$，$D_2 = 800 - 0.8p_2$，$D_3 = 800 - 1.3p_3$，$D_4 = 800 - 1.8p_4$。该企业应该如何在这个销售季中调整优惠卡的价格？如果制定固定价格，则这个固定价格应是多少？差异化定价策略增加了多少收入？

【解】

最大化利润 $= \text{Max}[p_1(800 - p_1) + p_2(800 - 0.8p_2) + p_3(800 - 1.3p_3) + p_4(800 - 1.8p_4)]$

（1）制定差异化价格，约束条件为

$$\begin{cases} 800 - p_1 + 800 - 0.8p_2 + 800 - 1.3p_3 + 800 - 1.8p_4 \leqslant 1\,500 \\ 800 - p_1 \geqslant 0 \\ 800 - 0.8p_2 \geqslant 0 \\ 800 - 1.3p_3 \geqslant 0 \\ 800 - 1.8p_4 \geqslant 0 \end{cases}$$

利用 Excel 的规划求解功能，结果如图 4-2 所示。

	A	B	C	D
1	总量	1 500		
2	细分市场	价格/元	需求数量	收入/元
3	第一周	420	380	159 584
4	第二周	520	384	199 667
5	第三周	328	373	122 535
6	第四周	243	363	88 139
7	总计		1 500	569 925

图 4-2 基于下单提前期的差异化定价策略

（2）制定固定价格，约束条件为

$$\begin{cases} 800 - p_1 + 800 - 0.8p_2 + 800 - 1.3p_3 + 800 - 1.8p_4 \leqslant 1\,500 \\ 800 - p_1 \geqslant 0 \\ 800 - 0.8p_2 \geqslant 0 \\ 800 - 1.3p_3 \geqslant 0 \\ 800 - 1.8p_4 \geqslant 0 \\ p_1 = p_2 = p_3 = p_4 \end{cases}$$

利用 Excel 的规划求解功能，结果如图 4-3 所示。

	A	B	C	D
1	总量	1 500		
2	细分市场	价格/元	需求数量	收入/元
3	第一周	347	453	157 185
4	第二周	347	522	181 258
5	第三周	347	349	121 075
6	第四周	347	176	60 891
7	总计		1 500	520 408

图 4-3　基于下单提前期的固定定价策略

（3）收入差额

收入差额 = 差异化定价策略收入 − 固定定价策略收入 = 569 925−520 408=49 517（元）。可见，如果客户对价格的敏感性在整个销售季会不断发生变化，那么基于下单提前期的差异化定价策略就可以成为一种有效提高销售收入的工具，但使用该策略时必须认真考虑有可能预测到的价格出现下降时客户的行为。

（四）基于消费需求旺淡的差异化定价策略

非高峰期打折促销是一种有效地调节需求的策略，可以将需求从高峰期转移到非高峰期。如果高峰被减缓所带来的成本下降和非高峰期的收入增加能够补偿非高峰期所给予的折扣，那么这种定价策略就是有效的。以国际某知名电商平台为例，由于 12 月是季节性高峰，该平台对拣货、包装和运输能力的需求急剧增加，而此时引入外部短期能力十分昂贵，会减少该平台的利润，因此，该平台一般会在 11 月为订单提供免费配送服务，将一些客户的需求从 12 月转移至 11 月，缓解 12 月的需求高峰，获取更高的利润。

二、根据时间定价——动态定价

动态定价策略，或者价格随着时间变动但不因消费者类型不同而进行区分的策略已经使用了很多年，但一般这种策略只用于清理多余库存。例如，时装零售商往往在销售旺季即将结束时通过大减价来减少积压库存。这种降价在一定时间内对所有的消费者是一视同仁的。

然而，这对于不是出于清理多余库存而采取定期打折销售的企业来说也常常是有意义的。例如，Jockey 牌内衣即使许多年不改变款式，每 6 个月也会打折销售一次。为什么制造商要这样做呢？和前文介绍的降价情况一样，Jockey 通过这种形式对高保留价格和低保留价格的消费者进行区别。当高保留价格的消费者需要新内衣的时候，他们就会到商场里购买，而低保留价格的消费者则会等待打折。当然，动态定价可能使供应链更难以管理。因此，关键的挑战是决定在什么时候进行定期的打折销售来使收入最大化。当消费者认为可供购买的产品价值很高，且只要满足预算约束，他们就会购买时，相对频繁的打折销售就有助于利润的最大化。这种策略往往适用于高端产品商店，因为它们的顾客可能对商品的价值有更高的评价。然而像沃尔玛这样的普通超市，由于其顾客更倾向于低价格，所以应采用天天低价策略。总之，基于数据和模型假设的研究表明，定期打折销售可能使利润增长率从 2% 升至 10%。

下面对这种动态定价的类型进行归纳分析，包括需求不确定下的双价格政策（Initial-Markdown Pricing，IM）和基于扩大潜能的动态定价策略。

（一）需求不确定性下的双价格政策

1. 消费者顺序购买的动态定价

在不能确定到底有多少潜在顾客愿意购买其产品的情形下，许多企业采取"高开低走"的定价策略：一开始将价格定得很高，随着时间的推移逐渐降低价格。例如，美国著名的品牌服装折扣店飞琳地下广场采取的自动降价政策为：一件西服在店里销售7天后尚未售出则降价25%；销售14天后降价50%；销售21天后降价75%；28天后还未售出则捐给慈善机构。此种定价策略有两个好处：既有助于发现基本需求状况，又避免将产品按过低的价格卖给估价较高的顾客。

顾客认知价值的不确定性会降低企业的利润。这可以通过图4-4所示的顾客对产品的三种可能估计情形下的最优定价来说明，图4-4（a）表示企业能确定顾客的价值估价为50元，则最优定价为50元；图4-4（b）表示企业知道顾客对产品的估价在40～60元，那么最优定价为40元；图4-4（c）表示企业知道顾客对产品的估价在0～100元，此时的最优定价50元，交易达成的概率为50%，预期收入为25元。

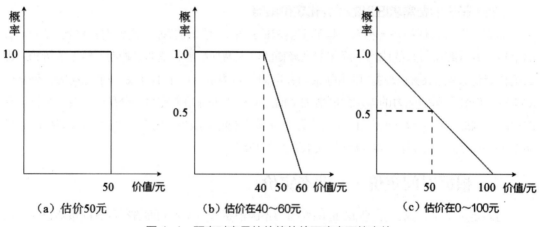

（a）估价50元　　　　　（b）估价在40～60元　　　　　（c）估价在0～100元

图4-4　顾客对产品的价值估价不确定下的定价

在三种情形下，尽管顾客对价值估计的平均值都是50元，但不确定性（表现为估价的方差）越高，企业的利润越低。

如果企业可以多次报价，就能在一定程度上消除顾客估价不确定性对其利润的负面影响。下面以一个简化例子来说明。假设一家服装店进了10种颜色的夏季时装，但在夏季来临之前，服装店并不知道今年流行哪种颜色，假设每种颜色的时装成为流行时装的先验概率均为10%。根据历史销售经验，最流行颜色的时装的最高售价为330元；次流行颜色的时装的最高售价为300元……最不流行颜色的时装的最高售价为60元。各种颜色时装的最高价格的概率分布如图4-5所示。

显然，时装的需求函数为 $P=360-30C$，即 $C=\dfrac{360-P}{30}$，其中 C 为市场对时装颜色的需求量，P 为时装的价格。记在价格 P 下任意一种颜色的时装未售出的概率（即价格的累积分布）为

$F(P)$，则有

$$F(P) = \frac{10-C}{10} = \frac{10-\left(\dfrac{360-P}{30}\right)}{10} = \frac{P-60}{300}$$

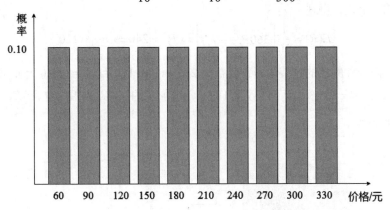

图 4-5 各种颜色时装的最高价格的概率分布

（1）如果服装店制定一个单一的价格 P，则期望收益为

$$E(R) = 10P[1-F(P)] = 10P\frac{360-P}{300} = \frac{360P-P^2}{30}$$

因此，最优价格为 $P=180$ 元；任意一种颜色的时装的平均销售收益为 $180 \times 0.6=108$（元）；所有 10 种颜色时装的总收益为 1 080 元。最优的单一价格如图 4-6 所示。

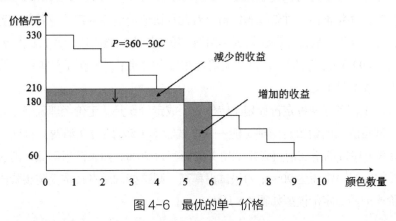

图 4-6 最优的单一价格

（2）如果服装店制定双价格政策，并将其记为 (P_I, P_M)，其中，P_I 为初始价格（Initial Price），P_M 为削价（Markdown Price）。任意一种颜色的时装有三种可能：可能是最流行的颜色，在初始价格下就可售出，其概率为 $1-F(P_I)$；可能是次流行的颜色，在初始价格下未售出但在其后的削价中售出，其概率为 $[1-F(P_M)]-[1-F(P_I)] = F(P_I)-F(P_M)$；可能是最不流行的颜色，在初始价格和削价阶段均未售出，其概率为 $F(P_M)$。

显然，在 IM 价格体系下，服装店的期望收益为

$$E(R) = 10\{P_I[1-F(P_I)] + P_M[F(P_I)-F(P_M)]\}$$
$$= 10\left[P_I\frac{360-P_I}{300} + P_M\frac{P_I-P_M}{300}\right]$$
$$= \frac{1}{30}[360P_I - P_I^2 + P_IP_M - P_M^2]$$

给定初始价格 P_I，上式关于 P_M 的一阶条件为

$$P_I - 2P_M = 0 \Rightarrow P_M = \frac{P_I}{2}$$

将结果代入上式，得到

$$E(R) = \frac{1}{30}\left[360P_I - \frac{3}{4}P_I^2\right] \Rightarrow P_I^* = 240 \Rightarrow P_M^* = 120$$

因此，任何一种颜色的时装的销售收益为 240×0.40+120×0.40=144（元），服装店的总收益为 1 440 元，比单一价格政策下的收益 1 080 元增加了约 33%，如图 4-7 所示。

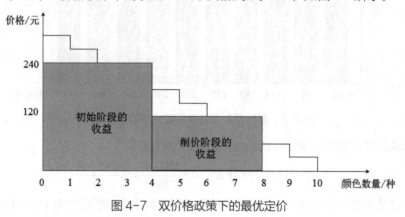

图 4-7　双价格政策下的最优定价

2. 重复购买情形下的动态定价

假设娃哈哈公司将推出一种新概念饮料，对此种快速消费品的定价应着眼于重复购买，因而应制订动态价格计划。假设此种饮料延续两期，第 1 期为试验阶段，第 2 期为重复购买阶段；潜在消费者为 1 000 000 人，但是，每个消费者在每个时期最多购买 1 个单位的饮料；假设此饮料的边际生产成本是 1 元。

娃哈哈公司正在考虑两种定价计划；定价 3 元或定价 5 元。定价经理确信：如果为这种饮料定价 3 元，试验阶段的销售有两种可能——低试验率（5% 的潜在消费者将试用）的概率为 30%，高试验率（10% 的潜在消费者将试用）的概率为 70%。如果试用率低，则这些试用者在重复购买阶段的购买率将高达 90%；如果试用率高，则这些试用者在重复购买阶段的购买率将为 60%。两阶段的动态定价模型如图 4-8 所示。

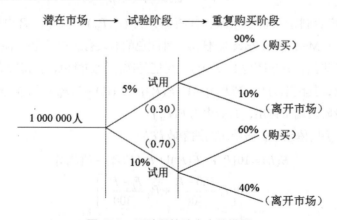

图 4-8　两阶段的动态定价模型

若定价 3 元，则试验阶段的期望销量为 1 000 000×（0.05×0.30 + 0.10×0.70）=85 000；重复购买阶段的期望销量为 15 000×0.90+70 000×0.60=55 500。所以，定价 3 元的情形下各阶段的期望毛利分别为（3-1）×85 000=170 000（元）和（3-1）×55 500=111 000（元）。

根据这个分析思路，娃哈哈公司的定价经理可以计算定价 5 元时每个阶段的利润及总利润。假设贴现率为 10%，则定价 3 元和 5 元时的总利润如表 4-1 所示。因此，娃哈哈公司将为其新概念饮料定价 5 元。

表 4-1　动态定价利润　　　　　　　　　　　　　　　　　　单位：元

价格	试用阶段利润	重复购买阶段利润	两阶段的总利润
3	170 000	111 000	270 909
5	140 000	150 000	276 364

进一步讲，如果娃哈哈公司的新概念饮料的边际成本是不确定的，比如在 0.80 元至 1.20 元波动。如果娃哈哈公司知道边际成本的期望值（比如等于 1 元），那么，上述分析方法仍然适用，娃哈哈公司应为其新概念饮料定价 5 元。但是，如果娃哈哈公司不知道边际成本的平均值，则可以采用敏感性分析进行定价决策：记边际成本为 $c \in [0.8, 1.2]$，则定价 5 元和 3 元时的单位毛利分别为（5-c）和（3-c）；容易求解使得定价 5 元和定价 3 元无差异的边际成本，实际上，由

$$(3-c)\left(85\,000 + \frac{55\,500}{1+10\%}\right) = (5-c)\left(35\,000 + \frac{37\,500}{1+10\%}\right)$$

解得 c=0.92 元。因此，当边际成本 $c \leqslant 0.92$ 元时，娃哈哈公司将为其新概念饮料定价 3 元；而当边际成本 c>0.92 元时，娃哈哈公司将为其新概念饮料定价 5 元。

需要注意的是，上述分析中对不同的定价赋予相同的贴现率。但是，实际上企业的不同价格规划将产生战略差异。更具体地讲，定价 3 元和定价 5 元实际上是针对不同价格敏感性的市场的，因此，企业针对不同的价格规划应赋予不同的贴现率。鉴于高价格将产生较大的系统方差，假设定价 3 元的贴现率为 15%，而定价 5 元的贴现率为 20%，表 4-2 给出了定价 3 元和 5 元时的贴现利润。显然，如果娃哈哈公司是风险厌恶型的，将为其新概念饮料定价 3 元。

表 4-2　风险厌恶下的利润贴现值

价格（元）	利润贴现值
3	266 522（贴现率15%）
5	265 000（贴现率20%）

（二）基于扩大潜能的动态定价策略

许多销售耐用品的商家（如家电零售店）在以"正常价格"持续销售产品一段时间后，会以一个略低的"促销价格"销售一段时间，然后再恢复到"正常价格"，接着又进行价格促销……如此循环反复，其价格走势呈周期性波动，如图 4-9 所示。

Dolan & Simon（2003）基于"扩大潜能"的视角对这种价格波动现象予以解释。假设某电器商店销售某品牌微波炉多期：该品牌微波炉有两类潜在顾客，其中 I 型顾客对微波炉的估价为 600 元，Ⅱ型顾客的估价为 400 元；在每个销售期，每种类型的顾客中都有 100 人因微波

炉已用旧而成为潜在顾客——如果当期价格低于其估价，该顾客就购买新的微波炉，否则继续使用旧的微波炉。假设微波炉的单位成本为 320 元。Dolan & Simon（2003）详细模拟了电器商店对微波炉的定价决策。

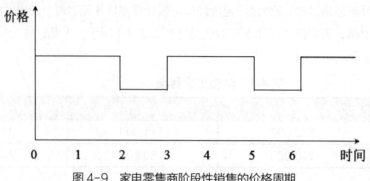

图 4-9　家电零售商阶段性销售的价格周期

（1）在第 1 期，如果电器商店对微波炉定价 600 元，只有 100 个 I 型顾客购买，毛利为（600–320）×100=28 000（元）；如果定价 400 元，所有顾客都会购买，毛利为（400–320）×200=16 000（元）。因此，第 1 期的最优定价为 600 元。

（2）第 2 期的顾客有 300 人，其中 100 人为 I 型顾客，200 人为 II 型顾客（其中 100 人是第 1 期没有购买新的微波炉的 II 型顾客）。显然，第 2 期的最优定价仍然是 600 元。

（3）第 3 期的顾客有 400 人，其中 100 人为 I 型顾客，300 人为 II 型顾客。如果电器商店对微波炉定价 600 元，只有 100 个 I 型顾客购买，毛利为（600–320）×100=28 000（元）；如果定价 400 元，所有顾客都会购买，毛利为（400–320）×400=32 000（元）。因此，第 3 期的最优定价为 400 元。

（4）显然，第 4 期的最优定价是 600 元；第 5 期的最优定价是 600 元；第 6 期的最优定价是 400 元……

因此，电器商店的动态定价模式为：以 600 元的正常价格连续销售 2 期，然后以 400 元的促销价格销售 1 期，接着又以正常价格销售 2 期，之后又以促销价格销售 1 期，循环反复。

另一种智能定价的趋势是，将动态策略应用在制造环境中，即通过定价这一工具更好地平衡需求和供给。这种策略不关注对不同价格敏感度的消费者的区分，而是关注变动供应链环境中各个时期总需求的调整。例如，当整个系统能力很高，或有大量可用的运能时，提高需求水平是有利可图的；而在库存较少或能力水平较低时，就有必要调整定价来降低需求水平。类似地，对于有季节性需求特点的产品，在需求较低的时期，通过有效的供应链运作降低价格是有意义的。

当然，这就要求供应链前端制定价格决策的管理人员对供应链后端完全了解，包括供应商库存的情况，以及他们自己的生产计划。

在考虑动态定价策略时，面临的首要挑战是，认清此策略比（最好的）固定价格策略获得更多利润的条件。

现有生产能力：假定其他情况都相同，那么相对于平均需求的产品生产能力越小，动态定价的获利就越大。

需求变动性：以变异系数来衡量的需求不确定性上升时，动态定价的获利也上升。

需求模式的季节性：当季节需求量上升时，动态定价的获利也随之增加。

计划期的长度：计划期越长，动态定价的获利就越少。

研究表明，根据实际数据和模型假设的不同，采用动态定价带来的利润增长可达 2% ~ 6%。这样的利润增长率对于自身利润率低的行业，如零售业和计算机行业而言，是相当显著的。

 任务实施

　　1. 某服饰零售商在冬季来临之前以 100 元的单位成本购入了 400 件羽绒服。冬季会连续 3 个月，零售商预期这 3 个月中每个月的需求分别是 $D_1 = 300 - p_1$，$D_2 = 300 - 1.3p_2$，$D_3 = 300 - 1.8p_3$。

　　2. 某运动服饰品牌商准备新推出一款春夏轻跑鞋，按照惯例设定 8 种颜色，但不知哪种颜色会流行，假设每种颜色流行的概率相等。根据历史销售经验，最流行的颜色的运动鞋最高售价为 680 元；次流行颜色的运动鞋最高售价为 630 元……最不流行的颜色的运动鞋最高售价为 330 元。

任务与思考

　　1. 零售商在这 3 个月中应当如何对羽绒服的价格进行调整以使收入最大化？如果零售商在这 3 个月收取一个固定的价格，那么这个价格应当是多少？动态定价可以增加多少收入？400 件的订货量合适吗？尝试估计一个最优订货量。

　　2. 假设运动服饰品牌商计划实施双价格政策，请为该款运动鞋制定初始价和折后价。

任务二　供应链管理中的客户关系优化

　　客户关系管理（CRM）的概念首先由美国的咨询公司 Gartner Group 在 1993 年前后提出，现在已经发展成独立的产业分支。客户关系管理是指企业与客户之间的交互活动管理，它能够帮企业了解客户，找到现有的和潜在的高利润客户，发现客户价值，提升收入，是供应链管理的内容之一。下面从客户数据收集、客户反馈指标、客户分析模型和客户价值评价方法四个方面分析客户关系管理的一般策略。

学习导入

 **知识学习**

一、客户数据收集

　　客户数据中潜藏着许多重要的信息。这些数据通常都以大数据的形式呈现，通常来源于 CRM 系统或电商平台，数量庞大且无序。企业需要对这些客户数据进行收集、筛选、整合，对目标市场进行细分，关注相应的客户反馈指标，如访客数量、客单价格、成交转化率、重复购买率等，利用客户分析模型分析客户数据，从中获取客户偏好，评价客户价值，最后制定客户营销策略，提升收入。

CRM 有三个层级：一是客户个人信息档案，二是客户消费行为档案，三是客户行为轨迹档案。目前，企业几乎都建立了客户个人信息档案，少数建立了客户消费行为档案，极少数建立了客户行为轨迹档案。在建立了 CRM 之后，客户管理就会变得便捷化、系统化和流程化。除此之外，在广泛收集客户信息之后，企业还需要根据这些信息将客户划分为不同的细分市场，为之后的营销策略提供依据。细分市场是指企业根据不同的细分标准将一个完整的市场划分为若干个子市场的市场分类行为，每一个细分市场里的客户群拥有一个或者多个共同特征，从而存在着共同的产品需求及偏好。一个好的细分市场能够体现出与其他市场的异质性、市场内部的同质性以及市场干预的有效性。当细分市场可以提供额外的市场利润大于增加企业复杂性的成本时，企业才应该进行市场细分。细分市场的方法并不唯一，可依据人口、年龄、职业或地域等标准进行划分。以大型平板显示器生产商 FPD 公司为例，图 4-10 展示了不同细分市场客户的产品购买观点、品牌观点和价格敏感程度等信息。

产生强烈购买意愿的理由	深度更细微 a&b	重量更轻 a&b	屏幕更大 a&b	影像质量更好 c	色彩更明亮 c	影像更炫的技术
PC 定位	工作室	小型商业 c	中型或大型商业 a&b			
决策者	工作室负责人	老板 c	部门领导	管理信息系统 a&b	最终用户	
用途	第一台 PC	替换 15 寸显示器	替换 17 寸或 19 寸显示器 a&b	替换 21 寸显示器 c	替换平板电脑 a	
主要 PC 用途	制表 b	网络搜索 b	文本处理	图形处理	设计及制图 c	数据库 a&b
文档类型	当前及备忘录 a	报告及倡议 a&b	销售材料 c	手册 c	图画 c	电子表格 b
购买观点	用作 PC a&b&c	从不升级	升级以满足预算	每三年升级一次		
品牌观点	不在意品牌	拥护某一 PC 品牌	了解及信任的品牌 a&b&c			
购买渠道	零售 c	邮购	增值经销商 c	计算机经销商 a&b&c	直销	网络
风险倾向	尝鲜	实用 a&b&c	落后			
价格敏感	比 CRT 显示器低	追求性价比	以小博大 a&b&c	低配低价		
关键益处	小巧	容易安装及转移	较低错误率 a	生产力效益及更少的翻动 b	更好的线条及色彩 c	

图 4-10　FPD 公司细分市场

（a 为数据收集者，b 为数据检索者，c 为 CAD 及创意人员）

在进行了市场细分之后，企业还需要对其进行分析，来回答相应的战略问题，如影响购买兴趣的因素、产生购买行为的主要驱动力和市场潜力问题。

二、客户反馈指标分析

不同行业以及不同经营模式下的 CRM 关注的客户反馈指标是不同的，如汽车、家电、快消品零售以及线上线下经营模式关注的客户反馈指标是不一样的，这和行业特点和企业 CRM 目标有关。例如丰田旗下高端品牌雷克萨斯把客户的汽车和服务再购行为作为衡量经销商成功的唯一指标。下面以新零售企业为例，分析常见的客户反馈指标。

关于新零售企业的客户指标有一种说法是新零售 = 流量 × 转化率 × 客单价 × 复购率。可见新零售就是让流量、转化率、客单价和复购率等客户反馈指标表现得更高效。新零售下的访客数量是一个流量的概念，它体现了平台对客户的吸引力。引进流量，提升线上线下平台的整体访客数量是新零售企业管理的重要工作之一。但是，整体访客数量并不能代表真实的客户数量，商家需要从中提取一些更具价值的数据作为指标。

（一）活跃访客比例

活跃访客比例是一个用来衡量访客价值的指标，活跃访客比例较高，说明访客价值相对较高；活跃访客比例较低，说明访客价值相对较低。不同的电商网站平台计算活跃访客比例的方法不尽相同，主要分为两种：一是以访问页面数量作为衡量标准的计算方法，二是以页面停留时间作为衡量标准的计算方法。

$$方法一：活跃访客比例 = \frac{平均访问页面数量大于某值的访客数量}{访客数量}$$

$$方法二：活跃访客比例 = \frac{平均停留时间大于某值的访客数量}{访客数量}$$

由于不同新零售平台的运营情况是不同的，所以平均访问页面数量和平均停留时间的临界值的界定不能一概而论，企业需要根据实际情况进行经验总结，设置出较为合理的值。新零售平台不仅需要提升访客数量，还需要提升活跃访客比例，再将活跃访客转化为真实的客户，获得收入。

（二）成交转化率

成交转化率也是新零售企业需要特别关注的一项指标，其衡量了引入流量，即访客的质量，在流量水平一定的情况下，成交转化率的提升能够提升销售收入。

$$成交转化率 = \frac{产生购买行为的客户数量}{所有到达店铺的访客数量}$$

转化率的数值不是绝对的。由于平台、商品类目以及广告促销情况的不同，成交转化率也存在差别，越成功的新零售平台，成交转化率越高。影响成交转化率的因素有很多，如产品本身的质量和功能、产品价格、产品文案、累计用户评价、促销方式和力度以及网页美观程度和易用性等。而想要提升成交转化率，新零售企业则需要针对这些影响因素做出一些改进措施。

（三）客单价

客单价就是每个客户平均每次的购买金额。客单价是新零售企业，尤其是生鲜、食品等行业开展新零售所要重点关注的客户反馈指标，这和该行业的配送成本高而利润率相对较低有关。

$$客单价 = \frac{商品的销售总金额}{客户数量}$$

笔单价也可以用来衡量客单价，笔单价就是每个订单的平均金额。

$$客单价（笔单价）= \frac{商品的销售总金额}{订单数量}$$

"入宅配"已成为新零售行业的标配，在这个背景下，客单价对经营成本影响很大，进而对企业利润率造成重要影响，提高客单价成为新零售企业降本增效的关键指标。

（四）回访率

回访率是衡量客户黏性的重要指标，通常解释为重复访问率，一般以参与指数，即每个访问者的平均会话次数来体现回访率。

$$参与指数 = \frac{日、周、月总访客数量}{日、周、月独立访客数量}$$

其中，独立访客数量的统计以平台注册用户或 IP 基准作为标准，即不重复计算同一 IP 地址的客户。如果参与指数趋于 1，则说明回访率较低，访客以新访客为主，客户黏性较弱；如果参与指数远大于 1，则说明回访率较高，该平台具有一定数量的回头客，客户黏性较强。

（五）重复购买率

重复购买率的概念不难理解，指的是客户对某产品或服务的重复购买次数比例。它的计算方法有两种，一是以独立访客为统计单位，计算有重复购买行为的客户占独立访客的比重；二是以重复购买行为为关注点，计算有重复购买行为的独立访客占总购买次数的比重。

假设有 30 位客户购买了某一产品，其中 10 人发生了第二次购买，10 人中的 5 人发生了第三次购买，计算他们的重复购买率。

$$方法一：重复购买率 =10 \div 30 \times 100\% \approx 33\%$$

$$方法二：重复购买率 =（10+5）\div 30 \times 100\%=50\%$$

通常情况下，用第二种方法计算的重复购买率比第一种方法高，也有可能超过 100%。所以重复购买率的计算通常采用第一种计算方法。

三、客户分析模型构建

当一个企业成功地将一个潜在客户转化为真实客户之后，提高客户的黏性，挖掘出更高的客户价值便成了下一个目标。根据"帕雷托法则"，企业应在有限的资源条件下，为最具价值客户提供最优质的服务，提高他们的忠诚度，最终达到提升收入的目的。客户数据庞大冗杂，包括客户特征、成交转化率、重复购买率和购买评价等内容。不同平台和销售渠道的客户的基本属性可能存在较大的差别，有的对价格敏感，有的对服务敏感。因此，企业需要根据实际情况，在客户数据中找出有价值的数据，并在此基础之上发现其内在规律，这需要借助不同的数据模型，如 RFM 客户数据模型、客户综合价值模型、客户生命周期模型等。

（一）RFM客户数据模型

RFM 客户数据模型是衡量客户价值和客户创利能力的重要工具和手段，是最近一次消费（Recency）、消费频率（Frequency）和消费金额（Monetary）的首字母组合。根据相关研究，客户数据中的这三个要素构成了数据分析最好的指标。

最近一次消费 R 指的是上一次购买的时间，一般说来，上一次消费时间越近的客户应该是价值越大的客户，其对提供即时的商品或是服务也更有可能会有反应，企业较容易赢得他们的忠诚度。消费频率 F 指的是客户在限定的期间内所购买的次数，消费频率较高的客户是在大量重复地购买该商品。可以说，最常购买商品的客户也是满意度最高的客户。如果客户的购买行为是因为相信品牌和商铺而产生的，那么，最常购买的客户忠诚度也最高。根据这个指标，可以把客户分成五类，相当于是一个"忠诚度阶梯"，企业需要做的是让客户一直顺着阶梯往上爬，把销售想象成将两次购买的客户往上推成三次购买的客户，把一次购买的客户变成两次购买的客户。消费金额 M 指的是客户在一定时间段内每次购买的平均金额，是所有数据库报告的支柱，能够验证"帕雷托法则"：企业 80% 的收入来自 20% 的客户。消费金额是客户价值最直接的体现，消费金额越大的客户越应该得到企业的关注。

RFM 客户数据模型较为动态地显示了一个客户的轮廓，这为个性化的沟通和服务提供了依据；同时，如果与该客户打交道的时间足够长，企业也能够较为精确地判断该客户的长期甚至是终身价值，通过改善三项指标的状况，为更多的营销决策提供支持。

RFM 客户数据模型非常适用于生产多种商品的企业，而且这些商品单价相对不高，如化妆品、小家电等；它也适合在一个企业内只生产或销售少数耐用商品时，但是该商品中有一部分属于消耗品，如复印机、打印机的商品。需要注意的是，在实际的考量中，常常会有限关注最近一次消费 R，但又不能给予过多权重，否则 RFM 客户数据模型将会退化为客户生命周期模型。

（二）客户综合价值模型

基于 CRM 系统内的信息，企业可以利用客户综合价值模型来筛选出最需要，或者是最想要保留的客户。客户综合价值模型衡量了客户当前贡献度、客户未来贡献度、客户信用度、客户忠诚度和客户成长潜力五个方面的内容（如图 4-11 所示）。每个方面的内容都需要从历史数据中获得，主要包括：客户最近一次在该企业或竞争对手处购买产品距现在的时间间隔，购买频率，每次交易的平均客单价和客单价中间值，客户单次购买的最高支付金额，客户单次购买覆盖的商品种类，客户平均下单数量与最终成交比例，客户平均访问次数与下单比例，客户发

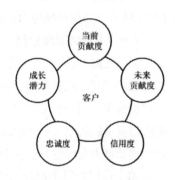

图 4-11　客户综合价值模型

布产品评价或反馈的比例，客户使用客服的频率与每次沟通的平均会话数。客户综合价值模型要求企业基于这些历史数据，构建一个线性数据模型，设置五个因素的权重，找出需要特别关注的客户。权重的设置需要根据实际情况，经过测试和验证，不断地调整。例如，一个比较关注短期效益的企业，需要把客户当前贡献度方面的数据（即客户在该企业的总购买金额、最近一次消费距现在的时间间隔和单次购买的最高支付金额）的权重上调。

（三）客户生命周期模型

与产品生命周期类似，客户生命周期描述的是主体运动状态的总体特征。客户生命周期是指从一个客户开始对企业进行了解或企业欲对某一客户进行开发开始，直到客户与企业的业务关系完全终止且与之相关的事宜完全处理完毕的这段时间。客户的生命周期是企业产品生命周期的演变，但对商业企业来讲，客户的生命周期比企业某个产品的生命周期要重要得多。有些客户分析基于生命周期阶段，而有些是针对周期中的客户状态的。客户生命周期主要包括四个阶段，企业在不同的生命周期阶段需要考虑不同的问题。

阶段一：潜在客户阶段。此时，客户处于潜伏期，当客户第一次询价或对企业的某一产品产生兴趣的时候，这个阶段就开始了。在这个阶段，企业需要考虑如何发现并获取潜在客户。

阶段二：有意向者阶段。处在这个阶段的客户经历了从潜在客户到首次购买客户的转化，并且有可能发生再购行为，成为活跃的客户。在这个阶段，企业应该考虑如何把客户培养成高价值的客户，如开发具有针对性的产品组合等。

阶段三：活跃客户阶段。当客户开始再次购买时，就进入了活跃期，成为活跃客户。在这个阶段，企业需要考虑的问题是如何使客户购买或使用企业的新产品以及培养客户的忠诚度，如采取交叉销售、针对性营销和对高价值客户提供差异化服务等措施。

阶段四：流失客户阶段。活跃了一段时间或是在完成了多次购买之后，如果该客户在一段时间内未回访，那么该客户就处于流失期，称之为流失客户。未回访时间的长短界定了短期流失客户与长期流失客户，由于产品的差异，时间的长短需视实际情况而定。长期流失客户又被称为历史客户，即客户已经成为历史。

四、客户价值评价

基于不同的客户分析模型，有不同的客户价值评价方法，但基本思路是相似的，即根据客户的反馈指标或客户属性对其进行分类，并进一步分析评估各类客户价值的大小。下面以经典的 RFM 客户数据可模型为基础，介绍客户价值的评价方法。

（一）RFM简单分类

基于 CRM 系统内的信息，提取用户三个指标：最近一次消费 R 表示用户最近一次消费距离现在的时间，消费时间越近的客户价值越大，一年前消费过的用户肯定没有一周前消费过的用户价值大；消费频率 F 是指用户在统计周期内购买商品的次数，经常购买的用户也就是熟客的价值肯定比偶尔来一次的客户价值大；消费金额 M 是指用户在统计周期内消费的总金额，体现了消费者为企业创利的多少，自然是消费越多的用户价值越大。

将上述用户三个指标与全体用户均值比较，大于均值的为高水平，记为"+"或1，小于均值的为低水平，记为"−"或0，其中 R 值越小表示最近消费时间越近，R 指标价值越高。这样就会分出 8 类价值高低不同的用户，如表 4-3 所示。

表 4-3　RFM 客户分类

R	F	M	客户类别
+	+	+	高价值客户或超级用户
+	+	−	一般价值客户
+	−	+	重要发展客户
+	−	−	一般发展客户
−	+	+	重要保持客户
−	+	−	一般保持客户
−	−	+	重要挽留客户
−	−	−	一般挽留客户或流失客户

根据实际业务需要，也可以将客户分为更简洁的4类，具体如下。

（1）R、F、M都很高——超级用户或高价值客户。最近消费时间近，消费频率和消费金额都很高，应该重点关注这类客户的消费行为。

（2）R很低，F、M很高——重要保持客户。最近消费时间较远，但消费频率和金额都很高，需要主动保持联系。

（3）R、M很高，但F不高——重要发展客户。最近消费时间很近，消费金额高，但消费频率不高，这类客户有潜力，需要重点发展。

（4）R、F很低，M很高——重要挽留客户。这类客户最近消费时间较远，消费频率不高，但消费金额高，应该采取挽留措施。

（二）K均值聚类算法

基于CRM系统内的信息，RFM客户数据模型分析也可以通过K均值聚类算法来完成。K均值聚类算法是很典型的基于距离的聚类算法，采用距离作为相似性的评价指标，即认为两个对象的距离越近，其相似度就越大，算法过程为：①首先确定一个k值（计划分类的数量），即通过将数据集经过聚类得到k个集合；②从数据集中随机选择k个数据点作为质心，可以把这k个质心想象成k个数据集的"核"；③对数据集中每一个点，计算其与每一个质心的距离（如欧式距离），离哪个质心近，就划分到那个质心所属的集合；④把所有数据归好集合后，一共有k个集合，假设k个集合为$(C_1, C_2, ..., C_k)$，然后重新计算每个集合的质心，$\mu_i = \frac{1}{|C_i|} \sum_{x \in C_i} x$，其中$\mu_i$是簇$C_i$的均值向量，用来表示新形成的集合的质心；⑤如果新计算出来的质心和原来的质心之间的距离小于某一个设置的阈值（表示重新计算的质心的位置变化不大，趋于稳定，或者说收敛），那么可以认为聚类已经达到期望的结果，算法终止；⑥如果新质心和原质心位置变化很大，需要迭代3～5步。在做聚类分析之前，数据集通常要做标准化处理，以消除量纲不同对结果的影响。由于F、M对客户价值存在正相关的影响，因此其标准化调整通过$x' = \frac{x - x^s}{x^l - x^s}$进行；R对客户价值存在负相关影响，因此其标准化调整通过$x' = \frac{x^l - x}{x^l - x^s}$进行，也可以采用其他的数据标准化算法。

SPSS和Excel都可以实现可视化的聚类分析，可以快速获得聚类结果。最终聚类结果以表4-4的形式呈现，需要从中找出两类老客户：第一类是处在沉默期，在一段时间内没有发生购买行为的高价值客户；第二类是处在活跃期，近期消费最频繁、消费金额最高的客户。针对第一类老客户，需要向其发送邮件，推送与其历史购买相关的商品，并赠送优惠券；针对第二类老客户，企业需要向其发送电子广告以及优惠力度较小的优惠券，以此来维系客户。假设，表4-4是对某企业客户数据进行K均值聚类算法的结果，可以看出聚类算法将客户大致分为三类。其中，第一类客户和第三类客户在一定时间内的消费频率相对较高，最近一次消费距统计时点较近；在资源有限的情况下，应该暂时忽略第二类客户，重点维护第一、三类客户。

（三）雷达图法

除上述方法之外，还可以利用图4-12所示的雷达图来对客户进行分析。假设，图4-12展示了某企业客户在最近消费时间、商品购买种类、购买频率、单次平均交易额和单次最高交易额指标上的对比结果。最近消费时间、购买频率和商品购买种类指标反映了客户的忠诚度，单次平均交易额和单次最高交易额体现了客户的消费能力。因此，不难看出，用户 1 和用户 3 具有一定的忠诚度，而用户 2 则具有一定的消费能力，对于这两种不同的客户群，应实施不同的营销策略。类似地，雷达图也可以用来分析客户的消费偏好，企业可利用分析结果和协同过滤算法找到关联商品，留住客户。

表 4-4　RFM 客户聚类结果

类别	最近一次消费R/天	消费频率F/次	消费金额M/元
1	30.63	2.37	60.30
2	120.25	2.16	120.91
3	40.77	2.98	80.87

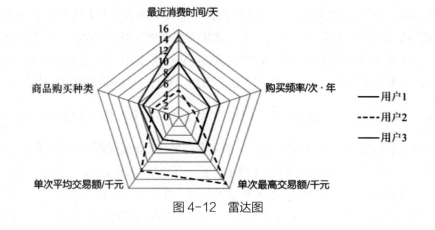

图 4-12　雷达图

 任务实施

经过后台数据导出、处理等环节，某运输公司的客户 RFM 数据如表 4-5 所示。F 代表每年的购买次数（单位为次），M 代表平均购买金额（单位为元），R 代表最近一次购买的时间（单位为天）。

表 4-5　某运输公司的客户 RFM 数据

客户编号	F/次	M/元	R/天	客户编号	F/次	M/元	R/天	客户编号	F/次	M/元	R/天	客户编号	F/次	M/元	R/天
C001	2	200	6	C006	3	150	2	C011	2	300	6	C016	2	1 100	3
C002	2	200	2	C007	2	200	7	C012	2	200	4	C017	2	400	3
C003	2	800	4	C008	2	400	5	C013	2	200	5	C018	2	300	2
C004	2	400	3	C009	3	300	4	C014	2	400	5	C019	1	100	11
C005	2	200	5	C010	2	200	7	C015	2	200	4	C020	3	300	5

续表

客户编号	F|次	M|元	R|天	客户编号	F|次	M|元	R|天	客户编号	F|次	M|元	R|天	客户编号	F|次	M|元	R|天
C021	2	300	2	C043	2	200	2	C065	1	600	11	C087	2	200	3
C022	1	200	11	C044	2	200	2	C066	1	200	11	C088	2	200	5
C023	2	400	4	C045	2	200	11	C067	2	200	7	C089	2	200	2
C024	2	400	2	C046	2	100	5	C068	2	200	2	C090	2	200	2
C025	1	100	11	C047	1	100	11	C069	2	200	4	C091	2	100	4
C026	2	200	2	C048	1	100	11	C070	1	200	2	C092	1	200	11
C027	1	100	11	C049	1	100	11	C071	2	600	2	C093	2	400	2
C028	1	100	11	C050	2	200	2	C072	2	200	5	C094	2	200	2
C029	2	400	4	C051	1	100	11	C073	2	200	2	C095	3	600	2
C030	2	400	2	C052	1	200	11	C074	1	100	11	C096	2	200	5
C031	1	200	6	C053	2	300	8	C075	1	200	11	C097	2	400	6
C032	1	200	5	C054	2	400	4	C076	1	200	11	C098	2	400	2
C033	2	400	2	C055	1	200	11	C077	1	100	11	C099	2	200	2
C034	1	200	11	C056	1	200	11	C078	2	200	11	C100	2	600	2
C035	2	150	6	C057	2	400	5	C079	2	400	2	C101	1	1000	11
C036	2	400	4	C058	1	200	11	C080	2	200	4	C102	2	400	2
C037	2	100	2	C059	1	200	11	C081	2	200	2	C103	2	200	5
C038	2	400	4	C060	2	200	8	C082	2	200	5	C104	1	100	11
C039	2	400	2	C061	1	100	11	C083	2	200	8	C105	2	100	4
C040	2	400	2	C062	1	200	11	C084	2	300	2	C106	1	400	11
C041	2	200	2	C063	1	200	11	C085	2	400	2	C107	2	400	2
C042	2	200	3	C064	2	200	5	C086	1	100	11				

任务与思考

针对上述 RFM 数据，如何实现客户的 RFM 简单分类（8 类）和 K 均值聚类分析（3 类）。

实训一 供应链管理中的差别定价策略

实训背景

自行车制造商 FlyBike 确认了两个顾客细分市场：一个细分市场偏好定制自行车，愿意支付较高的价格；另一个细分市场则更愿意购买标准自行车，但是对价格比较敏感。假设生产定制自行车与标准自行车的成本都是 200 元。定制自行车市场的需求曲线 $D_1 = 20\,000 - 10p_1$，而价格敏感的标准自行车市场的需求曲线为 $D_2 = 40\,000 - 30p_2$。

1. 如果不存在产能限制，FlyBike 应当如何为这两个细分市场定价？如果可用产能总计为 20 000 辆自行车，FlyBike 应当如何为这两个细分市场定价？两种情况下的总利润各是多少？

2. 假设对于制造商来说，定制自行车的成本是 300 元，标准自行车的成本是 2 00 元，其他数据不变。如果不存在产能限制，FlyBike 应当如何为这两个细分市场定价？如果可用产能总计为 20 000 辆自行车，FlyBike 应当如何为这两个细分市场定价？两种情况下的总利润各是多少？

实训目的

掌握基于细分市场的差别定价方法。

实训组织

1. 根据实训背景的要求，利用 Excel 完成相关任务的计算。

2. 整理结果，撰写实训报告。

3. 按时上交实训成果。

实训评价

1. 结果准确（60%）。

2. 步骤清晰，格式规范（40%）。

实训二　基于RFM客户数据模型的客户分析评价

实训背景

通过网络查询的方式获取电商平台或店铺的订单数据，采用 RFM 客户数据模型实现客户的 RFM 简单分类（8类）和 K 均值聚类分析（3类），并对分类结果给出相应的管理策略。

实训目的

掌握 RFM 客户数据模型下的客户分析评价具体操作方法。

实训组织

1. 利用 Excel、SPSS 或 MATLAB 等统计软件完成上述案例中的任务。

2. 整理结果并撰写实训报告。

3. 按时提交实训报告。

实训评价

1. 结果准确（60%）。

2. 步骤清晰，格式规范（40%）。

供应链采购决策优化

知识目标

1. 理解供应商分类管理的目的；
2. 知道ABC分类管理的基本思路及步骤；
3. 知道卡拉杰克矩阵模型的基本思路；
4. 理解卡拉杰克矩阵模型下供应商关系分类管理策略；
5. 知道影响供应成本的因素；
6. 理解安全库存、周转库存及平均周转库存的概念；
7. 理解最优服务水平的概念；
8. 知道最优服务水平的影响因素。

技能目标

1. 能使用ABC分类法和卡拉杰克矩阵模型对供应商实施分类管理；
2. 能正确使用综合成本法选择供应商；
3. 能正确计算一次性订货下的最优采购量。

素质目标

1. 具有协作精神和团队意识；
2. 体会我国供应链领域的创新进取精神并树立理论自信。

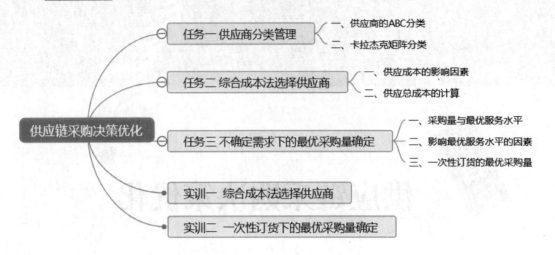
任务一　供应商分类管理

供应商管理是指对供应商的了解、选择、开发、使用和控制等综合性管理工作的总称。其中供应商的选择与分类管理是关键内容。

学习导入

知识学习

供应商分类管理的主要目的是在分类的基础上对不同的供应商或供应物资"区别对待"，从而实现以较少的资源投入实现高效的管理。按照不同的分类思路，供应商可以分为不同的类型，其中 ABC 分类和卡拉杰克矩阵模型是两个常见的分类方法，下面分别围绕这两个分类方法，阐述其思路和具体做法。

一、供应商的ABC分类

供应商供应的物品品种繁多，数量巨大。有的物品品种数量不多但市值很大，有的物品品种数量巨大但市值却不大；企业的各方面资源有限，不能对所有的供应物品都同样重视。因此，企业要将有限的资源用在需要重点管理的供应商上，按供应物品重要程度的不同，进行不同的分类管理和控制。

（一）供应商ABC分类管理的基本思路

将供应商供应的物品按品种和占用资金的多少分为特别重要的 A 类、一般重要的 B 类、不重要的 C 类三个等级，然后针对不同的等级分别进行管理和控制，找到关键的少数和次要的多数。

（二）供应商ABC分类管理的步骤

ABC 分类法的分类步骤如下。

（1）收集数据：分析各供应商供应的商品，收集相关的品种和单价数据。

（2）处理数据：对收集来的数据资料进行整理，计算出每一类的数目总量及金额和总的供应数量及总金额。

（3）制作 ABC 分析表，确定分类。将各类物品数据按照采购金额进行降序排列，统计各品类数量占全部品类数量的百分比及累计百分比（也可以假设每个品类的数量为 1）；统计各品类供应金额占总供应金额的百分比及累计百分比。将累计采购金额占比低于 70% 的物料定为 A 类；将累计采购金额占比为 20% 左右的物料定为 B 类；将其余的物料定为 C 类。以某企业供应商 ABC 分类为例，其分类结果如表 5-1 所示。

表 5-1　某企业的供应商 ABC 分类结果

货物品名	品类数量/个	品类数量占比	累计品类数量占比	采购金额/万元	采购金额占比	累计采购金额占比	分类
E	10	1.8%	1.8%	260	36.1%	36.1%	A
C	10	1.8%	3.6%	150	20.8%	56.9%	A
G	10	1.8%	5.4%	100	13.9%	70.8%	A
A	8	1.4%	6.8%	50	6.9%	77.8%	B
J	28	5.0%	11.9%	36	5.0%	82.8%	B
I	25	4.5%	16.4%	28	3.9%	86.7%	B
D	26	4.7%	21.1%	24	3.3%	90.0%	C
F	48	8.6%	29.7%	25	3.5%	93.5%	C
B	170	30.6%	60.4%	25	3.5%	96.9%	C
H	220	39.6%	100.0%	22	3.1%	100.0%	C

（4）以累计品类数量占比为横坐标，以累计采购金额占比为纵坐标画 ABC 分析图，如图 5-1 所示。

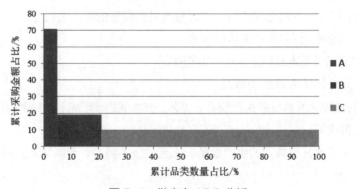

图 5-1　供应商 ABC 分析

（三）基于ABC分类结果对供应商进行关系管理

在对供应商进行 ABC 分类的基础上，对 A 类供应商应投入更多的资源进行管理，以提升供应绩效。对 B 类和 C 类供应商，可以根据实际情况实施一般管理。下面结合知名企业得力集团的供应商管理实践，从出货检验方式、供应商辅导方案、供应商沟通访问频率、对供应商所供货品的熟知程度、供应商考核要求、供应商资格取消流程这六个维度归纳对三类供应商的管理策略。

1. 出货检验方式

A 类供应商：统一生产标准及检验标准，根据需求对 A 类供应商的检验体系进行评估并提出改善建议，要求供应商进行改善。要求供应商做过程检验控制和出货检验控制，在发货时提供出货检验报告（要求根据本企业的入库检验报告设计供应商的出货检验报告以统一检验标准），并不定期检查供应商的过程检验记录。

B 类供应商：提供企业的检验标准及方式，供应商以此为依据设定他们的检验标准及方式，并按此提供出货检验报告；企业每月抽查供应商一天的记录。

C 类供应商：按国家或行业标准执行，供应商无须额外提供检验报告。

2. 供应商辅导方案

A 类供应商：该类供应商需进行重点培养。具体步骤如下：针对供应商出现的问题，安排专业人员对其进行走访、调研；根据调查情况，提出走访报告及改善建议，要求供应商提出改善方案；根据需要安排企业人员去供应商处辅导，或供应商派员来企业接受培训；定期走访供应商，跟踪供应商的改善情况，对新发现的问题，重新要求改善；协助供应商建立生产管理体系以保证交货期，建立质量管理体系以保证质量。

B 类供应商：原则上不安排该类供应商来企业接受培训或去供应商处进行辅导，只是分析异常报告。要求该类供应商以书面方式改善目前不良情况，或双方联合提出改善方案，日后对其所改善的状况要求提供记录，进行验证。若因长期品质管理不良或该供应商具有改善意愿，主动请求企业支援辅导，要求享受 A 类供应商的培训，则可通过申请由生产管理部门经理同意后进行培训。

C 类供应商：不安排培训、辅导工作，等具体出现问题时，针对问题进行改善。

3. 供应商沟通访问频率

A 类供应商：每周至少沟通或访问一次，对当周所发生的事情进行分析。

B 类供应商：每月至少沟通或访问一次，对当月所发生的事情进行分析。

C 类供应商：每到下订单进行采购时沟通。

上述沟通访问记录需审核后放入供应商档案。

4. 对供应商所供货品的熟知程度

A 类供应商：熟悉其所具备的生产设备、工艺、技术能力、产能、原料采购周期、瓶颈工序、产品结构、价格构成等。

B 类供应商：了解其所具备的生产设备、工艺、技术能力、产能、原料采购周期、瓶颈工序等。

C 类供应商：要求物控部在采购前通过供应商及技术部门等初步了解其所生产产品的性能及生产工艺。

上述的熟悉指熟悉所有资料，无须查找、咨询；了解指可很快通过查找、咨询等方式了解所需资料。

5. 供应商考核要求

（1）交期考核。供应商在接到采购单后要求在 1 个工作日内确定签回。若需更改交货期，

A类供应商需在交货期2天前经企业物控同意后更改，B、C类供应商需在交货期4天前经企业物控部门同意后更改。未按所确认的交货期交货则为逾期。供应商交货逾期考核评分标准为（当月交货次数÷总交货次数）×权数×100%。其中，A类供应商交货期考核权数为25%；B类供应商交货期考核权数为30%；C类供应商交货期考核权数为40%。

（2）质量考核。供应商按企业所提供的检验标准先行自我检验后交货于企业仓库，凡经企业进料检验员检测判定退货、让步接收、回用、厂内厂外筛选使用的均视为不合格，此时A、B类供应商需针对不合格项目提供日后改善措施。供应商质量考核评分标准为（当月合格交货次数÷总交货次数）×权数×100%。A类供应商质量考核权数为55%；B类供应商质量考核权数为50%；C类供应商质量考核权数为40%。

（3）综合考核。采购人员依供应商订单变更、供货能力、配合服务以及当月对生产造成的影响程度来进行评分，由采购人员填写在供应商月评分表上。A类供应商综合考核权数为20%；B类供应商综合考核权数为20%；C类供应商综合考核权数为20%。

6. 供应商资格取消流程

供应商资格取消提报时，A类供应商需技术部、质量管理部、生产管理部审核后经副总批准后方可取消合作资格；B类供应商经副总批准后可取消合作资格；C类供应商经生产管理部经理批准后即可取消合作资格。

二、卡拉杰克矩阵分类

和ABC分类一样，卡拉杰克矩阵模型是在对供应的物料进行分类的基础上实现对供应商分类的，但分类的思路和标准不一样。

（一）卡拉杰克矩阵模型的基本思路

使用卡拉杰克矩阵可以让某类商品和供应商群体以更简洁清晰的形式呈现出来。主要从两个维度来看，一个是支出水平（即采购项目对企业的重要性），另一个是供应市场的复杂性（市场上有多少有能力的供应商可用，以及采购商品的风险有多大）。采购者使用收集到的数据来确定特定类别的商品或服务在矩阵中的位置。对矩阵中不同区域的商品，使用的采购和供应商管理策略以及执行这些策略的具体操作也不同。图5-2所示是针对卡拉杰克在1983年提出的矩阵的更详细的描述。

（二）采购项目的分类

卡拉杰克矩阵将采购项目分为四类:非关键性项目（重要性低、供应风险低）、杠杆项目（重要性高、供应风险低）、战略项目（重要性高、供应风险高）、瓶颈项目（重要性低、供应风险高）。首先分析每一类项目应该采取的供应商关系策略。后面会针对每一项目类型介绍具体的采购战略、策略和行动，以便更好地管理每个类型的项目。

（三）供应商关系策略

1. 非关键性项目的供应商关系

对于非关键性项目或重要性一般的项目的采购，关键在于要在许多供应商中找到可能的最低采购价格。这类项目的转换成本很低，企业可以方便地更换供应商。企业通常可以从多家供应商中进行选择，可独立完成交易，而且合同是短期的。

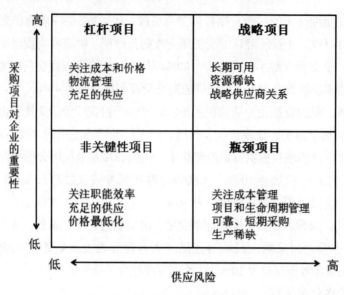

图 5-2　卡拉杰克矩阵模型

有些供应商品在企业中经常使用，但对企业的主营业务并不是至关重要的。办公用品就属于这一类，它们对企业的业务运营并不重要。如果这类东西用完了，企业可以在附近的超市随时购买。对于这类商品的主要关注点就是，价格是不是最低。换一家供应商供应这类商品是很容易的，市场上有很多供应商可供选择。

2. 杠杆项目的供应商关系

许多供应商可以为企业提供杠杆类的产品和服务，这类产品和服务大多是商品类型的项目。这类项目的支出较高，其对企业的重要性也较高，可以低成本供应这些项目的供应商就成了企业的首选。

在企业中有很多项目都可以被划分为杠杆项目。一种比较常见的杠杆项目就是包装。有很多供应商都可以提供包装，因此如果必要的话，可以在不同的供应商间进行转换，或者将能力差的供应商从供应商群体中剔除。这类项目对企业很重要，因为它们的数量和开支水平都很高。这类供应商与非关键性项目的供应商的关系类型不同，这类供应商主要利用自己的专长来获得更多业务。物流供应商、包装供应商和其他这类供应商通常通过信任和绩效来获得竞争优势。企业和这些供应商合作，可以降低与制造这些材料相关的成本，进而降低价格。

3. 战略项目的供应商关系

战略项目又称为关键性项目，采购的复杂程度和风险更高，主要是由于这类项目数量有限（即资源稀缺）或者供应这类项目的供应商较少。对于那些需要为客户保证连续性供应的项目来说，更是如此。企业与这些供应商签订的是长期的合同，并且在新产品开发的早期可能就会开始与供应商接触。这类项目的采购中，企业与供应商的关系是战略性的。

对某家全木家具企业来说，具有战略意义的商品是木材。如果没有木材，企业就不能生产产品。在这种情况下，企业与木材供应商是战略性的合作关系，企业与其之间的关系是长期的。木材是一种自然资源，会受到环境的影响。在资源短缺时期，供应商需要帮助企业继续完成生产。企业经常与供应商沟通库存水平、采购、质量标准等情况。供应商也会提出创新和节省成本的想法。

4. 瓶颈项目的供应商关系

瓶颈项目通常是独特的，或因企业不同而不同。这类项目的采购通常需要小众供应商，如用于采矿的大型设备。这类项目的供应市场复杂性高，所以管理往往困难、费时。这类项目的供应商关系通常更具交易性，企业与供应商签订定期合同，需要花费精力维护与供应商的关系。企业尽力做一个"好客户"，凭借良好的信誉来获得供应商的信任和支持。

对企业来说管理这类项目是非常耗时的。它们通常是单项工程，例如，为制造商采购设备。从最初的想法到最终的实现需要很长时间，每种设备的供应商很少，物流工作也很有挑战性。IT系统可以属于这类项目，它的投资成本很高，而且实现起来非常耗时。

（四）供应商分类和采购战略

在卡拉杰克矩阵模型的基础上可以对供应商进行分类，具体如图5-3所示，扩展矩阵将供应商分为四种类型：战略型、交易型、优先型和公平独立型。这种矩阵的分割或分类使采购团队能够更好地理解采购项目对业务的重要性，从而使用适当的战略管理采购和供应商关系。

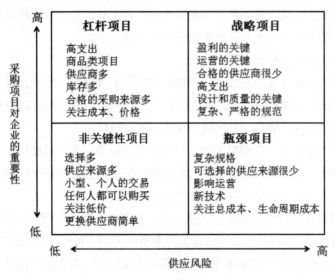

图5-3 卡拉杰克矩阵的扩展

针对矩阵每个区域内的供应商，都有一个战略，请记住，区域内的分类是因企业而异的，其对应的战略并不是放之四海皆准。例如，包装可能对大多数制造商来说是一个杠杆项目，然而，对于顺丰快递来说，需要合适的包装类型、合适的颜色、合适的包装重量和其他规格要求，可能包装就成了一个战略项目。

1. 非关键性项目：公平独立型供应商

这一类别的商品和服务通常很容易得到，而且对企业的重要性往往较低。正如前面提到的，对于大多数企业来说，办公用品都属于这一类项目。对于联想或OPPO这样的公司来说，电源线可能属于这一类项目。

对于这类商品，市场上可供选择的供应商很多，更换供应商的成本相对较低，导致较低的采购价格成为采购决策的驱动因素。采购者通常通过采购价格与市场价格的比较或采购价格差异来评估供应商。

这类商品的最佳采购策略，就是减少采购过程花费的时间，通过自动化或供应商提供的技术来简化流程。此外，支出的整合也有助于实施低价战略。如美国一些知名企业史泰博（Staples）、百思买（Best Buy）、马克斯办公用品公司（Office Max）等公司提供的在线目录，让买家可以使用公司的采购卡（P-Card，就像信用卡一样），享受免费、快速地送货上门服务。

这类项目很少需要谈判，往往是根据短期合同进行管理。任何人都可以采购这类商品（单独采买这类商品时经常会出现问题），而且这类商品一般用于日常业务。这类商品的主要采购策略是简化采购过程、减少采购工作量。

举例说明：非关键性项目

许多公司都会面临"公司中的每个人都可能是买家"这样的情况，员工采购一些东西用于商业用途，然后通过零用现金要求报销。有许多成本管理方式与此过程相关，包括建立账户、核对零用现金、确保采购是合理的业务采购。

在引入采购卡之后，它消除了许多单独采买产生的问题。采购变得更加集中，对账变得更加容易。采购卡还消除了个性化的采购，如为特定的人采购特定类型的笔，通过将支出进行整合，可以降低整体成本。这类商品的采购应采用精简的流程，并选择较低的价格。许多企业要求，对于任何不使用采购卡的个人采购要进行预先审批。

2．杠杆项目：优先型供应商

因为这类商品的数量（支出）很多，所以对供应商的管理是否得当，对于企业来说是很重要的（并且有很大的节省成本的机会）。如前所述，大多数企业需求的包装都属于这一类项目。对于联想或华为公司来说，键盘、鼠标或屏幕属于杠杆项目。

这些项目对企业很重要，主要是因为其花费的支出较高，所以质量和成本管理是关键的考虑因素。这类商品的主要采购战略就是最大限度地降低成本。这需要平衡数量和支出，或者将业务集中在更少的供应商上，从而创造更具竞争力的环境。

采购者可以采取许多行动来实施适当的策略，包括竞争性投标和反向拍卖。（最终业务将属于符合要求的最低价投标人。）由于市场上许多供应商都会提供这些杠杆项目，激烈的竞争使得价格降低。这类项目的需求数量增加，使得企业成为供应商的首选客户。杠杆项目中企业与供应商的关系要比非关键性项目中的关系更具协作性，企业和供应商能够共同努力寻找节省成本和改进流程的方法。

举例说明：杠杆项目

一家位于我国东部的公司正在讨论如何选择提供呼叫中心服务的供应商。六个不同的业务部门都参与了这次讨论。每个业务部门都有一个人来负责选择和管理呼叫中心供应商。这些人并不是在采购部门工作，而是在业务部门工作。

当他们开始讨论采购支出时（这是很重要的），他们意识到一些业务部门在使用相同的供应商，但是有些部门支付给供应商的价格要高一些。当供应商被问及这一问题时，他们的回答是，一些业务单元更容易处理，所以价格更低。公司意识到这里边有问题，于是打电话给供应管理部门求助。

供应管理部门决定开始使用战略采购流程，并发布了一份需求建议书，想知道谁想要这项业务。该公司最终选择了一家可以支持所有六个业务部门的供应商。这笔钱被直接花在了一家在各个地区都有呼叫中心的供应商身上。这家公司最终形成了杠杆率更高、价格更低、更优质的供应商群体。

3. 战略项目：战略型供应商

针对这类项目，企业主要是要开发供应商的能力，并在不断改进和开发新产品的过程中逐步让合作的供应商参与进来。对每家企业来说，战略项目的分类是不同的。如果没有这些产品，企业就无法生产所需的产品。家具公司的木材就属于这类，这在前面提到过。对于联想或华为公司来说，可能微处理器就属于这类项目。

为了有效地管理这类项目，企业需要有很强的分析技能和关系管理技能。负责这类项目的供应商对企业来说是非常重要的，企业必须将风险最小化，特别是在突发事件方面。

以协作的方式管理供应商关系有助于企业降低成本，改进产品和服务，并增加创新。这些关系是通过签订长期合同来进行管理的。这类供应商经常参与新产品的开发和设计，甚至可以参与新产品开发的早期阶段。此外，企业希望这些供应商提供创新的想法并持续进行改进。

举例说明：战略项目

前面讨论的家具公司制作了实心松木家具，需要一个稳定的木材供应商来供应用于制造产品的木材。木材是一种天然稀缺的材料，可以持续从森林中获取木材的木材供应商很少。企业必须对木材供应商进行适当的协作管理。家具公司没有特定质量和等级的木材，就无法生产家具。因此，该家具公司与木材供应商形成了战略关系，从而确保拥有一个持续的供应来源。该家具公司还与木材供应商合作，制订应急计划，以应对监管变化或供应问题。这些木材供应商也会参与设计，并提出一些改进建议，以提高产品稳定性、减少浪费和成本。

该家具公司另一个战略项目是家具表面的装饰（或颜色）。家具的颜色必须一致，而且要与整个产品线匹配。同时，该家具公司试图尽量减少温室气体排放。某些供应商提出了一种方法可以保持产品颜色的稳定，但使用的装饰材料是水基材料。使用水基材料进行装饰需要新的设备和技术，不过这能使有机染料的浪费（或损失）明显减少，该家具公司与装饰供应商合作完成产品的生产，其大部分的装饰材料都从与其有战略关系的唯一供应商那里采购。

4. 瓶颈项目：交易型供应商

如前所述，瓶颈项目管理困难且耗时。通常瓶颈项目可能是根据企业的业务进行采购的，也可能是一次性采购多种，也可能是与整个产品线几乎没有任何关系的特殊项目。而供应商关系也通常是短期或一次性契约的事务性关系。供应管理人员需要设法把产品从这个区域转移到一个更容易管理的区域。

举例说明：瓶颈项目

一家公司需要完成许多不同类型的环境项目，以确保符合规定，并帮助实现其发布在公司网站上的可持续发展目标。每个项目都是不同的，需要不同类型的知识。公司中不同职能的不同人员分别管理每个项目。采购甚至没有参与最初的项目管理。

这些环境项目的一家供应商意识到，其专业知识没有得到有效利用，这家供应商与采购公司的代表进行了谈话。该公司意识到当新项目开始进行时，不是要去寻找另一家供应商，而是联系现有的供应商，看看该供应商是否有兴趣和能力。最终，大多数的环境项目都给了这家供应商，这家公司与供应商的关系转变为更具合作性和战略性的关系。

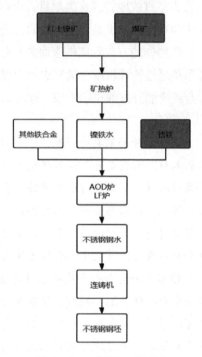

图 5-4　不锈钢工艺流程

任务实施

象屿集团不锈钢冶炼海外投资项目原料供应策略

厦门象屿集团有限公司（以下简称"象屿集团"）成立于 1995 年 11 月 28 日，公司秉持"计利天下，相与有成"的使命，践行产业化投资与专业化经营，业务领域涵盖大宗商品供应链、城市开发运营、综合金融服务、创新孵化等，致力于成为具有全球竞争力、以供应链为核心的综合性投资控股集团。象屿集团在 2021 年《财富》世界 500 强榜单上排名第 189 位，并且已经连续四年荣登榜单，实现了从第 375 位到第 338 位，再到第 298 位，最后到第 189 位的连续跃进。

1. 案例背景

伴随着国家"一带一路"倡议的提出与实施，象屿集团拟凭借自身的优势以及经验积极响应"一带一路"倡议，抢抓先机，与"一带一路"沿线国家深入开展业务合作。

不锈钢生产过程中需要添加镍（Ni）元素，镍目前主要从三种渠道获得：镍铁、电解镍（纯镍）、废不锈钢，其中镍铁是最经济的不锈钢生产原料。因此镍铁的生产保障与冶炼成本对于不锈钢企业而言至关重要，而镍铁供给的关键在于以合适的价格获取红土镍矿（不锈钢具体冶炼流程如图 5-4 所示）。印度尼西亚、菲律宾是红土镍矿主产地，其中印度尼西亚红土镍矿平均品质最高。

为充分利用印度尼西亚矿产资源，推动国际产能合作，满足国内外市场需求。象屿集团积极响应国家"一带一路"倡议，与国内已合作多年的不锈钢龙头企业 D 公司共同投资印度尼西亚不锈钢冶炼一体化项目。该项目主要建设集矿产资源开发、生产冶炼、精深加工和港口物流为一体的对外经贸合作园区，建设内容主要包括年产 250 万吨的不锈钢一体化冶炼厂、总装机 1 440MW 火力发电厂、年吞吐能力 4 000 万吨的多功能码头及配套疏港公路、公共辅助设施、生活配套设施。

为更好地保障原料供应，确保项目的顺利高效运营和实现预期收益，领导组织了一次项目会议，专门讨论该项目的原料供应问题。

2. 项目会议

"既然我们是冲着原料去的，还是应该着重考虑一下原料供应问题，做好合理的原材料等物资的采购计划才能保障工厂运行。"负责商品研究的小李说道："印度尼西亚工厂生产的不锈钢主要核心原料为镍矿、铬铁、电厂用煤及铁厂用煤，我们合资公司年需要镍矿用量为 1 500 万 ~ 2 000 万吨，铬铁合金为 80 万 ~ 100 万吨，煤炭用量为 1 600 万 ~

1 900 万吨。目前的规划是镍矿和煤主要在印度尼西亚进行内贸采购；而铬铁合金采用全球采购模式。"关于核心原料的全球供应情况，小李收集了一些资料。具体如下。

原材料是不锈钢的核心竞争要素，2010—2018 年全球不锈钢产能席位上升最快的三大企业均有用合金或矿山资源。其中扩张最快的企业，镍资源自给率为 60% ~ 80%。

（1）镍矿。

全球已探明镍矿储量 9 400 万金属吨，储采比约 36 年。红土镍矿主要分布在印度尼西亚、澳大利亚、菲律宾等赤道附近国家。镍资源储量分布相对集中，印度尼西亚、澳大利亚和巴西镍储量合计占比达 60%。全球红土镍矿主产国为印度尼西亚（30%）和菲律宾（13%）。2020 年红土镍矿 186 万金属吨，受印度尼西亚禁矿等政策影响，镍矿产量增速放缓。

印度尼西亚镍矿资源储量丰富，其中苏拉威西岛（本项目所在地）集中了印度尼西亚 70% 以上的镍矿资源。苏拉威西岛及周边的可开采的镍矿储量是 16 亿吨。但随着在印度尼西亚投资的钢铁企业的增加，印度尼西亚当地镍矿的竞争越来越激烈，并且新能源产业对于镍矿的需求增大，优质低价的镍矿采购难度加大，红土镍矿的采购成本日益增长，后期印度尼西亚的镍矿资源可能会出现紧张局面。

（2）煤炭。

煤炭供给端受疫情冲击，印度尼西亚 2021 年目标产量同比有所下降，终结了自 2015 年以来的煤炭产量持续上涨的局面。据 BPS-Statistics Indonesia 报道，印度尼西亚政府为 2021 年煤炭产量制定的目标为 5.5 亿吨，同比下降 1.4%。

（3）铬铁。

目前市场上铬铁供应充足，未来项目投产后，可通过签订长期协议等方式，向国际供应商购买。

任务与思考

试用卡拉杰克矩阵模型对象屿集团不锈钢冶炼海外投资项目原料供应情况进行分类分析。

任务二　综合成本法选择供应商

选择供应商的方法有很多，场景和需求不同，采用的方法也不同，总体上可以分为定性、定量以及定性定量相结合的方法，本任务介绍一种基于综合成本的定量方法。

学习导入

知识学习

一、供应成本的影响因素

制定外包决策或者选择供应商时，很多企业经常犯的一个低级错误是只考虑报价，而忽略其他影响总成本的因素。例如，供应商有着不同的补货提前期。选择一家补货提前期较短的供应商并为此支付较高的价格值得吗？又或者考虑在准时交货方面表现截然不同的几家供应商。值得为交货时间更可靠的供应商支付更高的产品价格吗？

在上述的例子中，供应商所收取的价格只不过是影响供应链盈余的众多因素中的一个。在对供应商进行打分和评估时，应当基于供应商对总成本的影响大小对其进行选择。除了购买价格以外，总成本还受供应商条款、运货成本、库存成本、仓储成本、质量成本、声誉、支持成本以及诸如汇率、税赋和供应商能力等其他成本的影响。具体可以参照表 5-2，该表对影响总成本的因素进行了归纳整理。

表 5-2　影响总成本和供应商绩效的因素

绩效类别	类别成分	是否可量化
供应商报价	劳动力、材料、管理费、地方税赋、税务执行费用	是
供应商条款	净付款条款、交货频率、最低批量、数量折扣	是
发货成本	从起运地到目的地的运输总成本、包装成本	是
库存成本	供应商库存（包括原材料、在产品和产成品）、在途库存以及供应链中的产成品库存	是
仓储成本	为了应付补充库存而发生的仓储和原材料处理成本	是
质量成本	检验成本、返工成本、产品退货成本	是
声誉	质量问题对声誉的影响	否
其他成本	汇率走势、税赋、关税	是
支持成本	管理开销以及行政支持	很难
供应商能力	补货提前期、按时交货方面的表现、柔性、信息协调能力、设计协调能力、供应商可见性	某种程度上可以

在选择供应资源时必须根据上述每一种因素进行评价，因为这些因素都会影响供应链总成本。必须考虑到可能存在的趋势，特别是当有些资源位于海外时。趋势包括汇率以及原材料与劳动力成本、运输成本、关税及当地通货膨胀率。如今更是如此，因为这些因素都在快速发生变化。

二、供应总成本的计算

在上述各成本因素中，库存成本的计算略微复杂，下面简单介绍一下不确定需求下的库存成本计算。

在下面的讨论中，将会用到以下几个概念。

Q：订货批量，连续补货系统下，周转库存约等于 $Q/2$。

CSL：周期服务水平，指所有顾客需求都得到满足的补货周期所占的比例，可以用来度量客户服务水平，后续章节也写作客户服务水平。补货周期（Replenishment Cycle）是连续两次补货交付的时间间隔。CSL 相当于一个补货周期内不出现缺货的概率。CSL 应当在特定的补货周期次数内进行度量。如果某办公用品公司的补货批量是 600 部智能手机，连续两个补货批量到货的时间间隔为一个补货周期。如果该办公用品公司的经理制定的库存策略是 10 个补货周期内有 6 个补货周期不会出现缺货，则该公司的 CSL 就是 60%。

D : 每期（日、周、月等）平均需求量。

σ_D : 每期需求（预测误差）的标准差。

L : 补货提前期，指发出订单到收到货物的时间间隔。补货提前期有的时候也是不确定的，和需求一样，当补货提前期不确定时也可以用正态分布 $N(L, s_L^2)$ 来描述，其中，L 表示平均补货提前期，s_L 表示补货提前期 L 的标准差。

D_L : 补货提前期内的需求均值，补货提前期内的需求由补货提前期内的每期需求累加而成。

σ_L : 补货提前期内的需求标准差。

ROP : 连续补货系统下的订货点，不间断地盘点库存，当库存降低到再订货点（ROP）时，发出 Q 个单位的订单，经过补货提前期 L 后到货，周而复始。

ss : 安全库存。

一般地，假设上述每期的需求都是独立的，补货提前期内的平均（期望）需求 $D_L = DL$，标准差 $\sigma_L = \sqrt{L}\sigma_D$。当补货提前期不确定时，$\sigma_L = \sqrt{L\sigma_D^2 + D^2 s_L^2}$。

根据连续补货系统的思路，ROP = D_L +ss，在给定周期服务水平 CSL 的前提下，应满足补货提前期内的需求不高于订货点 ROP 的概率等于 CSL，即

$$P（补货提前期内的需求 \leq D_L + ss）= CSL$$

由于补货提前期内的需求是一随机变量，服从 $N(D_L, \sigma_L^2)$ 分布，所以上式可以用正态分布的累计分布函数表示为

$$F(D_L + ss, D_L, \sigma_L) = CSL$$

根据正态分布反函数的定义，有

$$F^{-1}(CSL, D_L, \sigma_L) = NORMINV(CSL, D_L, \sigma_L) = D_L + ss$$

其中，NORMINV 为对应的 Excel 函数。

$$ss = F^{-1}(CSL, D_L, \sigma_L) - D_L = NORMINV(CSL, D_L, \sigma_L) - D_L$$

接下来可以推导出安全库存更简洁的表达形式，和上述思路一样，在给定周期服务水平 CSL 的前提下，应满足下面的表达式

$$P（补货提前期内的需求 \leq D_L + ss）= P\left(\frac{补货提前期内的需求 - D_L}{\sigma_L} \leq \frac{ss}{\sigma_L}\right) = CSL$$

设随机变量 $t = \dfrac{补货提前期内的需求 - D_L}{\sigma_L}$，则 t 服从标准正态分布，上式可用累计分布函数表示为 $F\left(\dfrac{ss}{\sigma_L}, 0, 1\right) = F_S\left(\dfrac{ss}{\sigma_L}\right) = CSL$，其中 F_S 为标准正态分布函数。由此可以得到安全库存更简洁的计算公式

$$ss = F^{-1}(CSL, 0, 1) \times \sigma_L = F_S^{-1}(CSL) \times \sigma_L = NORMSINV(CSL) \times \sigma_L$$

这样，就可以得到周转库存量和一定周期服务水平下的安全库存量。库存持有量就是平均周转库存量与安全库存量之和。

例 5-1 将对两家具有不同价格及其他绩效特征的供应商进行简单的比较。这个例子只考虑了部分可量化的因素。

【例 5-1】基于总成本进行供应商比较

坚惠是一家生产移动门窗的制造商，多年来一直以 1.00 元的单价每周从当地的一家供应商那里购买 1 000 个微型轴承。坚惠的采购经理发现另一家供应商愿意以 0.97 元 / 个的价格出售轴承。在决策前，采购经理对两家供应商的绩效进行了评估。当地供应商的平均交货期为 2 周，并且愿意以每批 2 000 个的数量发货。从以往该供应商在准时送货方面的表现来看，采购经理估计交货期的标准差是 1 周。新的供应商的平均交货期为 6 周，标准差为 4 周。新的供应商要求的每批最低发货量为 8 000 个轴承。采购经理应当选择哪家供应商（在决策时，忽略订货成本，而将考虑焦点放在原材料成本和库存持有成本上）？坚惠的库存持有成本为 25%。目前坚惠采用的是存货管理的持续检视政策，其希望实现的周期服务水平是 95%。每周的需求均值为 1 000 个，标准差为 300 个。

【分析】

供应商在供货期和供货期波动方面的绩效影响着坚惠必须持有的安全库存，而最低批量要求则影响着坚惠持有的周期库存。因此，采购经理应当评估与每一家供应商合作的总成本。首先考虑继续与当地供应商合作的成本：

每年的原材料成本 =1 000 × 52 × 1=52 000（元）

平均周转库存 =2 000 ÷ 2=1 000（个）

每年的库存周转成本 =1 000 × 1 × 0.25=250（元）

发货期内需求的标准差 = $\sqrt{2 \times 300^2 + 1\,000^2 \times 1^2} \approx 1\,086.28$（个）

与现有供应商合作所需的安全库存 =NORMSINV（0.95）× 1 086.28=1 787（个）

持有安全库存的年成本 =1 787 × 1 × 0.25=447（元）

与现有供应商合作的年成本 =52 000+250+447=52 697（元）

接下来考虑与新的供应商合作的成本：

每年的原材料成本 =1 000 × 52 × 0.97=50 440（元）

平均周转库存 =8 000 ÷ 2=4 000（个）

每年的库存周转成本 =4 000 × 0.97 × 0.25=970（元）

发货期内需求的标准差 = $\sqrt{6 \times 300^2 + 1\,000^2 \times 4^2} \approx 4066.94$（个）

与新的供应商合作所需的安全库存 =NORMSINV（0.95）× 4 066.94=6 690（个）

持有安全库存的年成本 =6 690 × 0.97 × 0.25=1 622（元）

与新的供应商合作的年成本 =50 440+970+1 622=53 032（元）

可以看出，新的供应商虽然每年的原材料成本较低，但是年总成本却较高。考虑所有的绩效指标之后，采购经理应当继续与现有的供应商合作。

 任务实施

基于上述学习导入中的案例数据，假设你已经选择 RC 作为供应商。VE 非常希望得到你的业务，因此提出了三个互斥的选择方案：将补货提前期缩短为 1 周；将最低订货量降低为 800；将提前期的标准差减少 1 周。

思考

（1）选择方案中每个选项的预期年成本分别是多少？

（2）如果上述三个选项可以同时采用，那么预期年成本是多少？

（3）你会为了上述某一个选项而改变对 RC 的选择吗？

任务三　不确定需求下的最优采购量确定

本任务将探讨如何确定为顾客提供产品的最优可获得性水平（服务水平），在此基础上还将分析确定产品最优可获得性水平时所涉及的最优采购量的计算方法。

学习导入

知识学习

一、采购量与最优服务水平

产品的可获得性水平又被称为客户服务水平，是用来度量供应链的响应能力的一个主要指标。供应链可以通过高水平的产品可获得性来提高响应能力并吸引客户，从而增加供应链的收入。然而，高水平的产品可获得性需要保有大量的库存，这会导致供应链成本的上升。因此，供应链必须在产品的可获得性水平与库存成本之间取得平衡。产品的最优可获得性水平是使得供应链盈利能力最大化的产品供给水平。

产品的最优可获得性水平是高还是低取决于企业认为什么样的可获得性水平可以最大化企业的利润。例如，京东始终致力于提供高水平的产品可获得性，并凭借自己在响应水平方面的良好信誉，成为非常成功的电商企业。然而，京东的定价高于唯品会，后者的产品可获得性水平较低。发电厂必须确保不出现燃料供应短缺的情况，因为停产的代价非常高，会导致一连数日的生产损失。因此发电厂试图维持数月的燃料供应，以避免出现燃料短缺的可能。相反，很多超市仅保有几天的产品供应量，缺货的情况也是时有发生。

电子商务的发展，使得客户在一家网店缺货时很容易转向另一家网店购物。这种竞争性的环境使得网上零售商面临巨大压力，迫使其提高产品的可获得性水平。与此同时，激烈的价格竞争也使得网店产品的价格压得很低。持有过多库存的网上零售商很难盈利。因此，对于网店来说，成功经营的关键是提供产品的最优可获得性水平。

在上述例子中，企业提供的产品可获得性水平各不相同。每一名供应链管理者都可以利用影响产品的最优可获得性水平的因素来找出最优水平，进而确定最优的采购量。

二、影响最优服务水平的因素

为了更好地理解影响产品的最优可获得性水平的因素，以销售童装的电商企业博优为例。博优销售的产品之一是羽绒服。羽绒服的销售季节是 11 月至次年 2 月。博优的采购员现行的做法是，在销售季节到来之前，从制造商那里购入整个销售季节所需的羽绒服。提供高水平的产品可获得性需要采购大量的羽绒服。虽然高水平的产品可获得性有可能满足所有的需求，但是在销售季节结束时也可能造成大量的羽绒服积压，使博优蒙受经济损失。相反，低水平的产品可获得性可以避免羽绒服因无法售出而造成积压，但是博优很有可能因为羽绒服已经售完而无法满足顾客的购买需求。在这种情况下，博优由于失去了顾客而蒙受潜在的利润损失。博优的采购员决定产品可获得性水平时，必须在（所订购的羽绒服超过了需求量时）因未售出的羽绒服过多而蒙受的亏损与（所订购的羽绒服低于需求量时）顾客流失而造成的利润损失之间进行权衡。

库存积压成本（Cost of Overstocking）用 C_o 表示，是指企业在销售季节结束时每件未售出产品带来的经济损失。库存不足成本（Cost of Understocking）用 C_u 表示，是指企业由于库存不足而丧失的每一个销售机会所造成的利润损失。库存不足成本除当前的利润损失外，还应当包括未来由于失去回头客而造成的损失。总而言之，影响产品的最优可获得性水平的两个关键因素是：库存积压成本和库存不足成本。

以博优的采购决策为背景可以很好地厘清这两者之间的关系。首先需要注意的是，只有在需求不确定的情况下，决定产品的最优可获得性水平才是有意义的。传统上，很多企业只测算市场需求的一致估计，而忽视了对需求不确定性的度量。在这种情况下，企业不是根据产品的可获得性水平制定采购决策，而是简单地根据共识预测来订货。在过去 10 年间，企业逐渐意识到不确定性的存在，开始研究包含不确定性度量的预测方法。与根据共识预测进行订货相比，将不确定性纳入预测之中，并根据产品的最优可获性水平制定决策可以增加企业的利润。

博优有一个采购委员会，其职责是决定每种产品的订货量。根据过去几年的市场需求情况，采购员估计了某款红色女童羽绒服的需求分布，如表 5-3 所示。这不同于其传统的做法——采用需求量的历史数据的平均值作为共识预测。为了便于讨论，假设所有的需求都以百件为单位。制造商也要求博优以 100 的倍数为批量进行采购。在表 5-3 中，p_i 代表需求量等于 D_i 的概率，P_i 代表需求量小于或等于 D_i 的概率。由表 5-3 可以计算出羽绒服的预期需求量。

$$预期需求量 = \sum D_i p_i = 1\,026（件）$$

表 5-3　博优羽绒服的需求分布

需求量D_i/百件	概率P_i	需求量等于或小于D_i的累计概率（P_i）	需求量大于D_i的概率（$1-P_i$）
4	0.01	0.01	0.99
5	0.02	0.03	0.97
6	0.04	0.07	0.93
7	0.08	0.15	0.85
8	0.09	0.24	0.76
9	0.11	0.35	0.65
10	0.16	0.51	0.49
11	0.20	0.71	0.29
12	0.11	0.82	0.18

需求量D_i/百件	概率P_i	需求量等于或小于D_i的累计概率（P_i）	需求量大于D_i的概率（$1-P_i$）
13	0.10	0.92	0.08
14	0.04	0.96	0.04
15	0.02	0.98	0.02
16	0.01	0.99	0.01
17	0.01	1.00	0.00

在传统的订货策略下，采购员会订购 1 000 件羽绒服。然而，需求是不确定的，而如表 5-3 所示，羽绒服的需求量小于等于 1 000 件的概率为 51%。因此，订购 1 000 件羽绒服的政策会使得博优的周期服务水平为 51%。采购委员会必须确定使博优羽绒服的销售利润最大化的订货量和周期服务水平。

每件未售出的羽绒服所带来的经济损失，以及每件售出的羽绒服所带来的利润都会影响博优的采购决策。博优每件羽绒服的成本 $c=45$ 元，其零售价 $p=100$ 元。在销售季节结束后，未售出的羽绒服将以每件 50 元的价格送到折扣店销售。持有羽绒服库存及将其运送到折扣店的成本为每件 10 元。因此，销售季节结束后，每件未售出的羽绒服对于博优的残值是 $s=40$ 元。对于每件售出的羽绒服，博优获利 $p-c=55$（元）；对于每件送到折扣店销售的羽绒服，博优损失 $c-s=5$（元）。订购 1 000 件羽绒服的预期利润为

$$预期利润 = \sum_{D_i=4}^{10}[D_i(p-c)-(1\,000-D_i)(c-s)]p_i + \sum_{D_i=11}^{17}1\,000(p-c)p_i$$

$$= (400\times55-600\times5)\times0.01 + (500\times55-500\times5)\times0.02+(600\times55-400\times5)\times$$

$$0.04 + (700\times55-300\times5)\times0.08+(800\times55-200\times5)\times0.09 + (900\times$$

$$55-100\times5)\times0.11 + (1\,000\times55-0\times5)\times0.16 + 1\,000\times55\times0.20 +$$

$$1\,000\times55\times0.11 + 1\,000\times55\times0.10+1\,000\times55\times0.04 + 1\,000\times$$

$$55\times0.02 + 1\,000\times55\times0.01 + 1\,000\times55\times0.01 = 49\,900（元）$$

为了决定是否要订购 1 100 件羽绒服，采购委员会必须确定多购买 100 件羽绒服的影响。在订购 1 100 件羽绒服的情况下，如果需求量大于等于 1 100 件，那么多购买的 100 件羽绒服将全部售出（获利 5 500 元）。否则，多购买的 100 件羽绒服将被送往折扣店，从而造成 500元的亏损。由表 5-3 可知，需求量大于等于 1 100 件的概率为 49%，而需求量小于等于 1 000件的概率为 51%。因此，可以推导出如下结果。

多购买的 100 件羽绒服的预期利润 $= 5\,500\times P$（需求量 >1100 件）$- 500\times P$（需求量 <1100 件）

$$= 5\,500\times0.49 - 500\times0.51 = 2\,440（元）$$

因此，订购 1 100 件羽绒服的预期利润总额为 52 340 元，比订购 1 000 件羽绒服时的预期利润高出了近 5%。采用同样的方法，可以求解订货量每增加 100 件的边际贡献，如表 5-4 所示。可以看到，预期边际贡献在订货量小于等于 1 300 件时始终为正值，而在大于 1 300 件时为负值。因此，羽绒服的最优订货量为 1 300 件，如表 5-4 所示。

表 5-4　每增加 100 件羽绒服带来的边际贡献

每多购100件	预期边际收益/元	预期边际成本/元	预期边际贡献/元
第11个	5 500×0.49=2 695	500×0.51=255	2 695-255=2 440
第12个	5 500×0.29=1 595	500×0.71=355	1595-355=1 240
第13个	5 500×0.18=990	500×0.82=410	990-410=580
第14个	5 500×0.08=440	500×0.92=460	440-460=-20
第15个	5 500×0.04=220	500×0.96=480	220-480=-260
第16个	5 500×0.02=110	500×0.98=490	110-490=-380
第17个	5 500×0.01=55	500×0.99=495	55-495=-440

由表 5-4 可得，订购 1 300 件羽绒服的预期利润 = 49 900 + 2 440 + 1 240 + 580

$$= 54\ 160（元）$$

与按照 1 000 件的期望值订货的政策相比，可获利润增加了 8% 以上。

图 5-5 反映了预期利润总额与订货量之间变化关系轮廓曲线。最优订货量使得预期利润最大化。博优的最优订货量是 1 300 件羽绒服，它所对应的周期服务水平为 92%。可以看到，周期服务水平为 92% 时，博优的完成率要高出很多。如果需求量小于等于 1 300 件，博优的完成率将达到 100%，这是因为所有的需求都得到了满足。

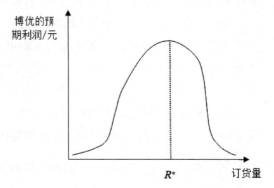

图 5-5　博优预期利润总额与订货量的关系

如果需求量大于 1 300 件（假设为 D），那么将有部分需求（$D-1\,300$）得不到满足。在这种情况下，完成率为 $1\,300/D$。总而言之，博优的订货量为 1 300 件时，完成率为

$$fr = 1 \times P（需求量 <1\,300 件）+ \sum_{D_i > 1\,300} (1\,300 \div D_i)p_i$$

$$= 1 \times 0.92 + (1\,300/1\,400) \times 0.04 + (1\,300 \div 1\,500) \times 0.02$$

$$+ (1\,300 \div 1\,600) \times 0.01 + (1\,300 \div 1\,700) \times 0.01 = 0.99$$

因此，如果博优的策略是订购 1 300 件羽绒服，那么库存的羽绒服平均可以满足 99% 的顾客需求。

在博优的案例中，库存积压成本 $C_o = c - s = 5$（元），库存不足成本 $C_u = p - c = 55$（元）。当上述成本发生改变时，产品的最优可获得性水平也会发生变化。当确定了最优周期服务水平后，结合产品的需求状况，可以确定产品的最优采购量。

三、一次性订货的最优采购量

类似羽绒服这样的季节性产品，在销售季节结束后所有未售出的产品都必须处理掉。这里的假设是，上一个销售季节中剩下的产品在当前的销售季节无法满足需求。假设单位产品的零售价格为 p，成本为 c，残值为 s。假设已知如下条件。

C_o：单位产品的库存积压成本，$C_o = c - s$。

C_u：单位产品的库存不足成本，$C_u = p - c$。

CSL^*：最优周期服务水平。

Q^*：相应的最优订货量。

CSL^*是销售季节中需求量小于等于Q^*的概率。在CSL^*下，额外采购一单位产品的边际贡献为零。如果订货量由Q^*增加到$Q^* + 1$，只有当需求量大于Q^*时，额外的一单位产品才能售出。这种情况发生的概率为$1 - CSL^*$，带来的贡献为$(p - c)$。因此，可得到

$$\text{多订购一单位产品的预期收益} = (1 - CSL^*)(p - c)$$

如果需求量小于等于Q^*，则额外订购的一单位产品将无法售出。这种情况发生的概率为CSL^*，带来的成本为$(c - s)$。因此，可得到

$$\text{多订购一单位产品的预期成本} = CSL^*(c - s)$$

因此，订货量从Q^*增加到$Q^* + 1$的预期边际贡献，即Q^*点的边际贡献可表示为

$$(1 - CSL^*)(p - c) - CSL^*(c - s)$$

由于最优周期服务水平下预期边际贡献一定等于零，可知

$$CSL^* = P(\text{需求量} \leqslant Q^*) = \frac{p - c}{p - s} = \frac{C_u}{C_o + C_u} = \frac{1}{1 + C_o / C_u}$$

CSL^*又被称为临界分位点。由此产生的最优订货量可以使企业的利润实现最大化。如果销售季节的需求服从正态分布，均值为μ，标准差为σ，则最优订货量为

$$Q^* = F^{-1}(CSL^*, \mu, \sigma) = \text{NORMINV}(CSL^*, \mu, \sigma)$$

【例5-2】计算季节性产品的最优服务水平和最优采购量

Sportmart是一家体育用品店，销售渠道分线上和线下，商店经理正在考虑要为冬季销售季节购买多少双跑步鞋。根据以往的需求数据和当年的气象预报，管理层预测需求服从正态分布，均值$\mu = 350$，标准差$\sigma = 100$。每双跑步鞋的成本$c = 100$元，零售价$p = 250$元。销售季节结束时，所有未售出的跑步鞋都将以85元的价格处理掉。假设在销售季节每双跑步鞋的库存持有成本为5元。商店经理要想最大化预期利润，应订购多少双跑步鞋？

分析如下。

在本例中，可以得到下列结果。

残值 $= s = 85$元 $- 5$元 $= 80$元

库存不足成本 $= C_u = p - c = 250$元 $- 100$元 $= 150$元

库存积压成本 $= C_o = c - s = 100$元 $- 80$元 $= 20$元

利用上述公式，可以推导出最优周期服务水平为

$$CSL^* = P(\text{需求量} \leqslant Q^*) = \frac{C_u}{C_o + C_u} = \frac{150}{20 + 150} \approx 0.88$$

得出最优订货量为

$$Q^* = \text{NORMINV}(CSL^*, \mu, \sigma) = \text{NORMINV}(0.88, 350, 100) = 468 \text{（双）}$$

因此，尽管预期销量为350双，但Sportmart的最优选择是订购468双跑步鞋。在这种情况下，因为库存不足成本远远高于库存积压成本，管理层应当订购超过预期销量的数量以应对

需求的不确定性。

 任务实施

绿盛是一家草坪养护设备制造商。该公司引进了一种新产品。每单位产品的制造成本是 150 元，推广价格是 200 元。在该价格下，预期需求服从正态分布，均值 $u=100$，标准差 $\sigma=40$。销售季节结束后未售出的产品将大幅贬值，以每单位 50 元的拍卖价处理掉。在整个销售季节，持有产品的成本是 20 元。绿盛应生产多少单位的新产品？平均而言，绿盛由于库存不足预期会造成多少顾客的流失？绿盛的总经理决定对新产品开展广泛的市场调研。市场调研结束后，总经理估计需求服从正态分布，均值 $u=100$，标准差 $\sigma=15$。

任务与思考

经过市场调研，绿盛应对生产计划进行怎样的调整？预测精度的提高会对绿盛因库存不足造成的需求流失有何影响？

实训一　综合成本法选择供应商

实训背景

某智能电动伸缩门生产商需要从供应链上的其他企业购进一种零件，年需求量为 10 000 件，每周零件需求服从正态分布，其标准差为 80 件，服务水平必须满足 95% 以上，库存持有成本为 25%，有三个供应商可以提供该种零件，其绩效指标如表 5-5 所示。

表 5-5　供应商绩效指标

供应商	价格/（元·件¹）	合格品率	补货提前期/周	补货提前期标准差/周	采购批量/件
A	9.5	88%	8	2	2 500
B	10.0	97%	11	1	5 000
C	10.5	99%	3	1	200

其中，不合格产品的处理成本为每件 6 元；货物采用整车运输，每件产品 1 千克，运费计算方式如表 5-6 所示。该企业距供应商 A、B、C 的距离分别为 200 千米、150 千米、260 千米。请通过比较综合成本对供应商进行排序，进而选出最合适的供应商。

表 5-6　运费表

运距/千米	4吨以下/［吨/（千米·元）］	4吨以上/［吨/（千米·元）］
≤100	1.5	1.3
≤200	1.2	1
≤300	1	0.8

实训目的

掌握综合成本法选择供应商的具体操作方法。

实训组织

1. 通过 Excel 完成三个候选供应商综合成本的计算。

2. 选出最优供应商。

3. 按时上交实训成果。

实训评价

1. 结果准确（60%）。

2. 步骤清晰，格式规范（40%）。

实训二　一次性订货下的最优采购量确定

实训背景

WEIMEI 公司正在计划采购秋季销售的产品。WEIMEI 公司会在销售季节刚开始时进行一次性订货。公司销售的一款夹克的需求据预测服从正态分布，均值为 5 000，标准差为 2 000，每件夹克的采购价为 100 元，而在销售季节结束后未售出的夹克将以每件 75 元的价格由折扣店代销。在该价格下，预期积压的所有夹克都会被售出。每件在销售季节结束时未售出的夹克还要花费 WEIMEI 公司 15 元的库存持有成本和运送到折扣店的运输成本。采购委员会的成员们对于库存不足的影响以及应订购的夹克数量存在分歧。其中一个成员认为应当订购 6 000 件夹克，而另一个成员则希望订购 8 000 件夹克。

（1）计划销售价格分别为多少时，两个成员希望的订货量是合理的？

（2）如果计划的销售价格是 200 元 / 件，比较订购 6 000 件夹克和 8 000 件夹克，哪个更为明智？

（3）WEIMEI 公司采用最新的预测方法，提升了预测精准度，标准差变为 1 000，均值依然是 5 000，计划销售价为 200 元 / 件，最优周期服务水平和最优订货量分别是多少？

（4）WEIMEI 公司考虑到缺货会导致未来的销量损失，经估算，每缺一件，未来会损失 10 元的收益，其他数据与第（3）题一致的情况下，最优周期服务水平和最优订货量会发生什么样的变化？

实训目的

掌握一次性订货下的最优采购量确定的具体操作方法。

实训组织

1. 利用 Excel 完成上述案例中的任务。

2. 按时提交实训报告。

实训评价

1. 结果准确（60%）。

2. 步骤清晰，格式规范（40%）。

项目六 供应链库存优化

知识目标

1. 理解库存的概念及分类；
2. 知道周转库存和平均库存的区别及计算方法；
3. 知道库存成本的构成；
4. 知道库存持有成本的计算方法；
5. 理解需求特征的测度指标；
6. 知道需求规模和需求稳定性测度指标的计算方法；
7. 知道需求分析的步骤；
8. 理解需求的几种常见类型；
9. 理解四种典型库存策略的运作模式；
10. 知道不同的需求类型所适用的库存策略；
11. 理解安全库存的概念；
12. 知道不同的补货策略对安全库存的影响；
13. 知道不同库存策略下安全库存的计算方法；
14. 知道单级安全库存优化与多级安全库存优化的区别；
15. 理解集中策略与分散策略的差异；
16. 理解多级库存下用推拉策略优化安全库存的思路。

技能目标

1. 能完成不同补货策略下的库存成本的分析与优化；
2. 能从运作成本的角度做出库存的集中与分散决策。

素质目标

1. 认同合作共赢的发展理念；
2. 崇尚精益求精的职业素养。

项目导学

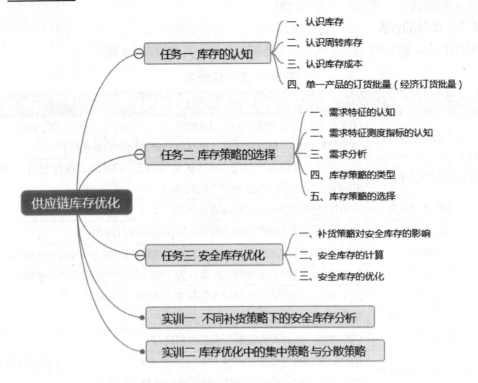

任务一　库存的认知

　　库存优化涉及库存成本和服务水平的平衡，库存优化决策的第一步是要了解库存的基本类型、库存成本的构成及常见的计算方法。

学习导入

知识学习

一、认识库存

（一）库存的概念

　　库存是指企业为保证生产经营顺利进行而持有的存货。从供应链角度看，库存始于原材料与零部件的采购，止于生产出成品，贯穿整个生产过程。库存能够为企业的生产、销售与售后提供支持，如果没有合适的原材料库存，企业生产供应很可能短缺，从而导致整个生产线的停产和失去最佳的销售机会。同时，过多的库存给企业带来很大的资金压力和货物贬值的风险，从而增加企业的总成本，降低企业的利润率。因此，库存管理与控制是企业供应链管理中的一项重要工作。

　　企业在供应链中的位置不同，库存的内容也有所不同。制造商为了保障生产和销售的顺利进行，常常需要维持一定量的原材料、半成品、产成品，产品线相对较窄，库存量相对较大，库存维持时间也非常长。批发商从制造商那里进货，其产品线较广，库存量也较大，持续时间较长。零售商面临的产品线也比较广，但因为其储存场地的费用很高，所以一般情况下，零售商的库存量相对较少，持续时间相对较短。

（二）库存的分类

库存按照不同的分类标准，可以分为不同的类型，具体如表6-1所示。

表6-1　库存的分类

分类标准	库存类型	定义
按库存物品存在的状态	原材料库存	用于制造产品并构成产品实体的物品，以及供应生产消耗但不构成产品实体的辅助材料、修理用备件、燃料以及外购半成品等的库存
	在制品库存	已经经过一定的生产过程，但尚未全部完工，在销售以前还要进一步加工的中间产品和正在加工中的产品的库存
	产成品库存	准备运送给消费者的完整或最终产品的库存
	维修库存	用于维修和养护所需要的经常消耗的物品或部件库存
按经营角度	周期库存	企业在正常经营环境下，为满足日常的需要而建立的一种经常性的库存
	在途库存	处于运输过程中的货物安全库存，为了防止不确定因素而准备的库存
	安全库存	为了满足补货提前期不确定性和需求不确定性而设置的库存
	季节性库存	某季节开始前准备的库存
	呆滞库存	已经储存一段时间而没有需求的商品库存
按用户对库存的需求特性	独立需求库存	用户对某种库存物品的需求与其他种类的库存无关，表现出对这种库存的独立需求，如：用户对最终产品和维修备件等的需求
	相关需求库存	与其他库存需求有内在关系的需求。如：一旦对产成品的需求确定，与之相关的零部件和原材料的需求也随之确定了
按库存周期类型	单周期库存	此类情况仅仅发生在短时间内，或需求较少，也叫一次性订货量。单周期库存在工业企业中一般有下面两种情况：偶尔发生的某种物品的需求，如圣诞贺卡；经常发生的某种生命周期短的物品不定量的需求，如易腐物品或其他生命周期短并已过时的商品，如期刊、日报等
	多周期库存	在足够长的时间内，对某种存货重复、连续的需求，致使其库存必须不断地补充

二、认识周转库存

（一）周转库存的概念

周转库存，又称周期库存，是指整个生产或销售过程中，在进货时间间隔内（供应商两次送货之间），为保证生产连续性和满足市场需求而持有的平均库存。

（二）周转库存的计算

周转库存与每两次到货之间的实际库存消耗量（即期初库存－期末库存）密切相关，与库存消耗的速率无关。计算公式如下

$$周转库存 = \frac{期初库存 - 期末库存}{2}$$

当期末库存为0时，计算公式如下

$$周转库存 = \frac{期初库存 - 期末库存}{2} = \frac{订货批量}{2}$$

在实际中，为了得到企业周转库存的一般水平，需要从年需求量、年订货次数的角度，计算出全年平均水平。计算公式如下

$$周转库存 = \frac{年需求量}{2 \times 年订货次数}$$

（三）周转库存与平均库存的区别

周转库存是为满足供应商两次送货间隔内的市场需求而持有的平均库存。其计算方式通常如上所述。平均库存是指所有原材料、在制品、产成品以及所有持有的呆滞物料的平均库存。计算公式常见视角有两种：一种是财务管理的视角；另一种是库存管理的视角。

财务管理视角下，平均库存是用来了解不同时期库存水平的波动情况及其对资金的占用程度等财务信息。数据通常来源于库存盘点数据，计算公式如下

$$平均库存 = \frac{期初库存 + 期末库存}{2}$$

库存管理视角下，平均库存由动态变化的周转库存和相对静态的安全库存构成，计算公式如下

$$平均库存 = \frac{订货批量}{2} + 安全库存$$

【例6-1】以某零售店为例，该零售店各个补货周期内的实际库存消耗随时间的变化如图6-1所示，试计算各补货周期内的周转库存。

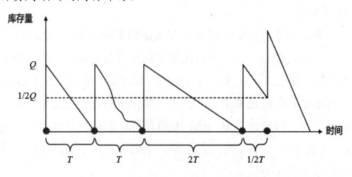

图6-1　零售店周期补货下库存动态变化

【解】

各补货周期内的周转库存如表6-2所示。

表6-2　各补货周期内的周转库存

周期	第一个周期	第二个周期	第三个周期	第四个周期
周转库存	$\frac{Q-0}{2} = \frac{Q}{2}$	$\frac{Q-0}{2} = \frac{Q}{2}$	$\frac{Q-0}{2} = \frac{Q}{2}$	$\frac{Q - \frac{1}{2}Q}{2} = \frac{Q}{4}$
平均库存	$\frac{Q+0}{2} = \frac{Q}{2}$	$\frac{Q+0}{2} = \frac{Q}{2}$	$\frac{Q+0}{2} = \frac{Q}{2}$	$\frac{Q + \frac{1}{2}Q}{2} = \frac{3Q}{4}$

三、认识库存成本

库存成本指在整个库存过程中所发生的全部费用。一般来说，库存成本由库存持有成本、订货成本、缺货成本和在途库存持有成本四个部分组成，具体内容说明如表 6-3 所示。

表 6-3　库存成本的构成

库存成本的构成	说明
库存持有成本	库存持有成本是指与所储存的库存数量相关的成本，通常包括资金占用成本、库存服务成本、空间占用成本及库存风险成本。持有库存可以保证生产和销售的稳定、调整供需矛盾和季节性差异、保证客户服务水平等
订货成本	订货成本是指企业向外部的供应商发出采购订单的成本或者企业内部的生产准备成本，即企业为实现一次订货而进行各种活动的成本，订货成本包括订购成本、进货验收成本、进库成本等
缺货成本	不同的公司对其库存的状态有不同的要求，缺货成本一般指由于库存供应中断而造成的损失
在途库存持有成本	如果企业以目的地交货价销售商品，就意味着企业要负责将商品运达客户，当客户收到订购的商品时，商品的所有权才转移。在出库（厂）之后和所有权转移之前这段时间所产生的库存资金占用成本、服务成本、风险成本等就是在途库存持有成本

（一）库存持有成本

库存持有成本（ICC）是指与所储存的库存数量相关的成本，它由许多不同的部分组成，通常是物流成本中较大的一部分。但许多公司和企业并没有对物流中库存持有成本做精确的计算，而通常采用估计的方法来推算或者采用行业的平均数据。事实上，即使是同一类型的企业，企业之间库存持有成本的差别也是非常大的，企业要分析自己的物流系统存在的问题，提高物流系统的绩效，必须将库存持有成本单独进行精确核算，才能更准确地把握物流系统各环节的成本状况，在物流系统决策中对各部分进行平衡，实现系统成本的最优化。

库存持有成本由以下几部分组成。

（1）资金占用成本：是指从进货付款到出货回款的这段时间，资金是以货物且库存的方式被占用，库存商品占用了可以用于其他投资的资金，这种资金不管是企业内部筹集还是从外部筹集，对于企业而言，都因为保持库存而丧失了其他投资的机会，因此也被称作资金的机会成本。

该项成本按如下方式核算，假设单位货物的价值即订货单价为 c 元，可以是单位货物的生产费用或从供应商处的进货单价，如果资金的单位时间的回报率为 I，则资金占用成本系数为 Ic，其量纲为"元/（单位货物·单位时间）"，即单位货物存储单位时间所造成的费用。

【例 6-2】某电视机从供应商处进货单价 $c=1\,237$ 元/台，假设资金的年度回报率 $I=30\%$，试计算资金占用成本系数。如果平均年度持货量为 200 台，则年度资金占用成本是多少？

【解】

资金占用成本系数：$Ic = 1\,237 \times 30\% = 371.1$ [元/（台·年）]

年度资金占用成本：$371.1 \times 200 = 74\,220$（元/年）

（2）库存服务成本：主要与商品的出入库有关的活动所发生的成本，如搬运、装卸、分拣、堆垛、拆垛、打包等活动所发生的费用。

（3）空间占用成本：为了维护仓库管理而发生的各种费用，包括仓库租金、资源消耗（水电费等）、设施折旧、保险费和税金等。一般情况下，税金随库存水平的不同而不同，一般税收机关会根据一段时间内的平均库存水平来收取税费。库存水平对保险费率没有什么影响，因为通常购买保险针对的是特定时间段的特定的产品价值，保险费率取决于产品、存储设备、仓储设施建造使用的材料、已使用的年限，以及所安装的防火设备的类型等。如使用安全监控和自动喷淋消防系统能帮助企业降低保险费用。

（4）库存风险成本：指货物在库期间内，可能面临的风险的成本，一般包括货物的损耗、变质、贬值、过期、老化、失窃等。

（二）订货成本

订货成本是指从发出订单到收到存货整个过程中所付出的成本，是企业向外部供应商实现一次订货而进行的各种活动的费用，包括差旅费、办公费、信息费、订单处理费等。订货成本可分为固定成本和变动成本。

固定成本是与订货数量无关，只要有订货，就会发生的成本，如采购人员工资等；变动成本是与订货数量有关，发出采购订单去向外部供应商购买物料而发生的成本，主要有办公费、差旅费、邮资、电话电报费、运输费、检验费、入库搬运费等支出。

订货规模与库存成本的关系，如图6-2所示，随着订货规模增加，订货成本在不断下降。

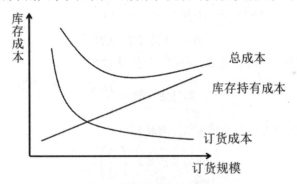

图6-2 订货规模与库存成本的关系

（三）缺货成本

缺货成本是指由于库存供应中断而造成的损失。通常情况下缺货成本包括停工损失成本（内部）、延迟发货损失成本、丧失销售的损失成本、紧急调货成本、失去客户成本等。

为了确定需要保持多少库存，有必要确定如果发生缺货而造成的损失。分析发生缺货可能产生的后果，包括延期交货、失去客户、失去销量、造成停工损失等。计算与可能结果有关的成本，即利润损失。计算一次缺货的损失，如果增加库存的成本少于一次缺货的损失，那么就应增加库存以避免缺货。

（四）在途库存持有成本

在途库存持有成本指企业已经订购，但还未到达，在运输途中的商品所发生的成本。

在途库存持有成本与库存持有成本有一定的相同之处，同时也存在着区别。在途库存持有成本也包括在途库存资金成本、在途库存服务成本和在途库存风险成本。其中在途库存资金成本与库存持有成本的资金成本是相同的，但在途库存服务成本中不包括税收。对于在途库存来说，由于运输的时间相对较短，因此在途库存的风险成本也比库存持有成本中的风险成本要少。

四、单一产品的订货批量（经济订货批量）

为权衡订货成本和库存成本，最小化满足需求的总成本，可以采用经济订货批量的方法进行决策。假设有如下输入：

D= 产品的年需求量；

S= 每次订货的固定成本；

C= 单位成本；

h= 年库存持有成本占产品成本的比率。

利用下列基本假设来构建模型。

（1）单位时间内的需求稳定为 D 单位。

（2）不允许出现短缺，即必须通过库存来供应所有需求。

（3）补货提前期是固定的（假设初始值为 0）。

采购经理在制定订货批量决策时要确保最小化总成本。在确定订货批量时，必须考虑下列三个成本：年原材料成本；年订货成本；年库存持有成本。

由于采购价格与订货批量无关，因此有

$$年原材料成本 = CD$$

订货的次数必须满足年需求量 D。给定订货批量 Q，有

$$年订货次数 = \frac{D}{Q}$$

由于每次订货时都会发生订货成本 S，因此有

$$年订货成本 = \left(\frac{D}{Q}\right)S$$

给定订货批量 Q，可得平均库存为 $Q/2$。因此，年库存持有成本为持有 $Q/2$ 单位库存一年的成本，即

$$年库存持有成本 = \left(\frac{Q}{2}\right)hC$$

年总成本 TC 是上述三种成本的总和，为

$$年总成本\ \text{TC} = CD + \left(\frac{D}{Q}\right)S + \left(\frac{Q}{2}\right)hC$$

上式存在最小值，取最小值时的订货批量就是最优订货批量，被称为经济订货批量（Economic Order Quantity，EOQ）。经济订货批量用 Q^* 表示，公式为

$$经济订货批量 Q^* = \sqrt{\frac{2DS}{hC}}$$

最优订货频率 n^* 为

$$n^* = \frac{D}{Q^*} = \sqrt{\frac{DhC}{2S}}$$

【例6-3】经济订货批量

苏宁易购每个月对小米投影仪的需求量为1 000台。每次订货的固定订购、运输和收货成本为4 000元。苏宁易购购买每台投影仪的价格是500元，零售商的库存持有成本是20%，计算采购经理每次补货时应当订购多少台投影仪。

【解】

本例中，采购经理有下列数据。

年需求量 D=1 000×12=12 000（台）

每批订货成本 S=4 000元

每台投影仪的单位成本 C=500元

年库存持有成本占产品成本的比率 h=0.2

利用经济订货批量公式，可推导最优订货批量如下

$$最优订货批量 = Q^* = \sqrt{\frac{2 \times 12\,000 \times 4\,000}{0.2 \times 500}} \approx 980（台）$$

为了最小化苏宁易购的总成本，采购经理每次补货的订货批量为980台投影仪。周转库存是对应的平均库存：

$$周转库存 = \frac{Q^*}{2} = \frac{980}{2} = 490（台）$$

当订货批量 Q^*=980时，采购经理得出

$$年订货次数 = \frac{D}{Q^*} = \frac{12\,000}{980} \approx 12.24（次）$$

$$年订货成本和库存持有成本 = \left(\frac{D}{Q^*}\right)S + \left(\frac{Q^*}{2}\right)hC = 97\,980（元）$$

$$平均流动时间 = \frac{Q^*}{2D} = \frac{490}{12\,000} \approx 0.041（年）\approx 0.49（月）$$

因此，以980台的批量订货时，每台投影仪在售出之前在苏宁易购平均存放0.49个月。

从该例中可以得到几个重要的启示。当订货批量为1 100台（而不是980台）时，年成本将从97 980元增加到98 636元。虽然与最优订货批量 Q^* 相比，这一订货批量超出了10%，但是总成本仅增加了0.67%。这一结果在现实中可以得到印证。例如，苏宁易购可能发现手机壳的经济订货批量是6.5箱，而制造商可能并不愿意运送半箱货物，因此要对此收取额外的费用。上述讨论说明苏宁易购可能更适合将订货批量改为6箱或7箱，因为这种改变几乎不影响与库存相关的成本，却可以节省制造商提供半箱货物运输服务要收取的额外费用。

任务实施

某品牌电瓶车在浙江金华有一个装配厂，其电池供应商位于 200 千米以外。电池的运输是依靠卡车完成的，每次运输的成本为 1 000 元。电瓶车装配厂每天装配并销售 300 辆电瓶车。每个电池的成本是 500 元，每年的库存持有成本是库存价值的 20%。

任务与思考

该企业应当在每辆卡车上装载多少个电池？该企业电池的周转库存是多少？

任务二　库存策略的选择

选择合适的库存策略是库存优化的一项重要决策，而库存策略的选择需要建立在产品需求分析的基础上，根据产品需求的特征选择合适的库存策略可以降低库存总成本。

学习导入

知识学习

一、需求特征的认知

（一）需求的含义

在经济学中，需求表示在某一特定的时期内在各种可能的价格下，消费者愿意并且能够购买的商品数量，是购买意愿和购买能力二者的统一。在供应链中，需求包括两个方面：一是针对具体用户或具体项目的个性需求；二是针对用户群体共性的市场需求，是依据历史数据，结合市场环境及自然环境等影响因素，系统分析后得到的总需求量。

（二）需求特征的测度

库存采购策略选择的前提是评估需求特征，再为不同的需求选择合适的采购策略。需求特征的测度指标如图 6-3 所示，从需求规模、需求稳定性以及需求分布集中度三个方面来计算相应的需求测度指标，从而衡量需求特征。

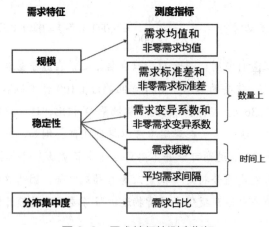

图 6-3　需求特征的测度指标

二、需求特征测度指标的认知

(一)需求规模

需求规模是指某一产品在一定时间维度和一定市场范围内的需求量，是企业判断其规模经济的大小对降低库存成本效果的重要参数，通常用以下两个指标表示。

1. 需求均值 μ

需求均值表示单位时间内的平均需求量，计算公式如下

$$\mu = \frac{\sum x_i}{n}$$

其中，x_i 为第 i 期的需求量，n 为期数。

2. 非零需求均值 μ_{NZ}

非零需求均值表示非零单位时间内的平均需求量，计算公式如下

$$\mu_{NZ} = \frac{\sum_{x_i \neq 0}^{n} x_i}{n}$$

其中，x_i 为第 i 期的需求量，n 为期数。

【例6-4】某产品过去6天的订单情况如表6-4所示，求样本的需求均值与非零需求均值。

表6-4 某产品过去6天的订单情况

天数	1	2	3	4	5	6
订购量/件	5	0	6	0	0	4

【解】

$$\mu = \frac{\sum x_i}{n} = \frac{5+0+6+0+0+4}{6} = 2.5$$

$$\mu_{NZ} = \frac{\sum_{x_{i \neq 0}}^{n} x_i}{n} = \frac{5+6+4}{3} = 5$$

所以样本的需求均值为2.5，非零需求均值为5。

(二)需求稳定性

需求稳定性可以从数量的稳定性和时间的稳定性两个方面来衡量。

1. 数量的稳定性

数量的稳定性通常用以下两个指标表示。

(1)需求标准差 σ 和非零需求标准差 σ_{NZ}。

这两个指标反映的是需求偏离需求均值的绝对值，受平均值影响。计算公式如下

$$\sigma = \sqrt{\frac{\sum(x_i - \mu)^2}{n}} \quad \sigma_{NZ} = \sqrt{\frac{\sum_{x_i \neq 0}^{n}(x_i - \mu_{NZ})^2}{n}}$$

(2)需求变异系数 CV 和非零需求变异系数 CV_{NZ}。

这两个指标反映了相对需求均值的变动程度。由于其消除了需求量大小的影响，能客观评

价不同数据的需求波动程度，也称为需求稳定系数。计算公式如下

$$CV = \frac{\sigma}{\mu} \qquad CV_{NZ} = \frac{\sigma_{NZ}}{\mu_{NZ}}$$

【例6-5】A、B两种产品的需求分布情况如图6-4所示，试比较两种产品的需求稳定性。

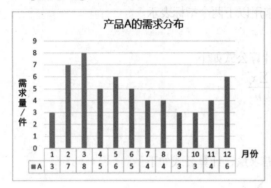
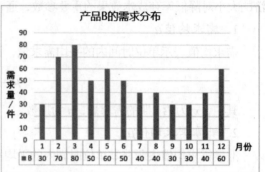

图6-4　A、B两种产品的需求分布

【解】

需求均值：

$$\mu_A = \frac{\sum x_i}{n} = \frac{3+7+8+5+6+5+4+4+3+3+4+6}{12} \approx 4.83$$

$$\mu_B = \frac{\sum x_i}{n} = \frac{30+70+80+50+60+50+40+40+30+30+40+60}{12} \approx 48.33$$

需求标准差：

$$\sigma_A = \sqrt{\frac{\sum(x_i - \mu_A)^2}{n}} = \sqrt{\frac{\sum(x_i - 4.83)^2}{12}} = 1.57$$

$$\sigma_B = \sqrt{\frac{\sum(x_i - \mu_B)^2}{n}} = \sqrt{\frac{\sum(x_i - 48.33)^2}{12}} = 15.72$$

需求变异系数：

$$CV_A = \frac{\sigma}{\mu} = \frac{1.57}{4.83} \approx 0.33$$

$$CV_B = \frac{\sigma}{\mu} = \frac{15.72}{48.33} \approx 0.33$$

由此可见，两种产品变异系数相等，波动情况相同，但标准差相差很大。

【例6-6】C、D两种产品的需求情况如表6-5、图6-5所示，试比较两种产品的需求稳定性。

表6-5　C、D两种产品的需求量　　　　　　　　单位：件

周数	1	2	3	4	5	6	7	8	9	10	11	12	13
产品C	54	21	65	34	113	49	72	28	94	63	130	37	59
产品D	62	70	65	74	55	68	62	68	59	61	57	60	58

【解】

根据表6-5中的数据以及计算公式，经计算得出：

需求均值：$\mu_C = \mu_D = 63$；

需求变异系数：$CV_C = 0.4987 > CV_D = 0.0858$。

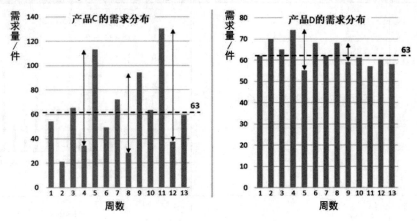

图6-5　C、D两种产品的需求分布

由图6-5可见，需求变异系数越大，需求起伏越大、波动性越大，需求就越不稳定。根据需求变异系数的范围，将需求稳定性划分为5种类别，如表6-6所示。

表6-6　需求稳定性分类

CV	需求稳定情况	示意图
[0,0.2]	波动非常小，需求稳定	
[0.2,0.4]	波动比较小，需求基本稳定	

续表

CV	需求稳定情况	示意图
[0.4,0.6]	中等程度波动，需求不太稳定	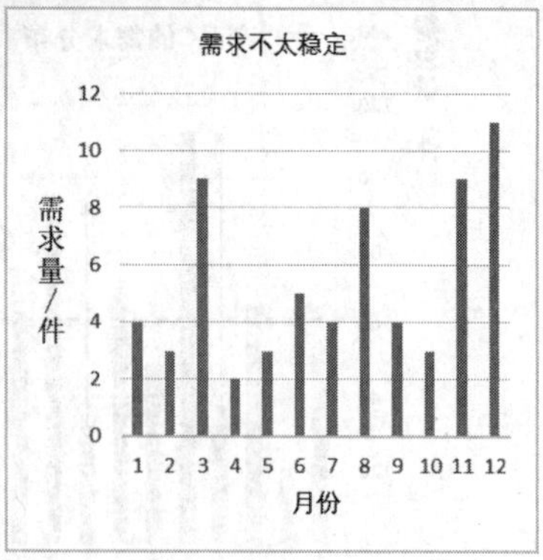
[0.6,0.8]	波动较大，需求不稳定	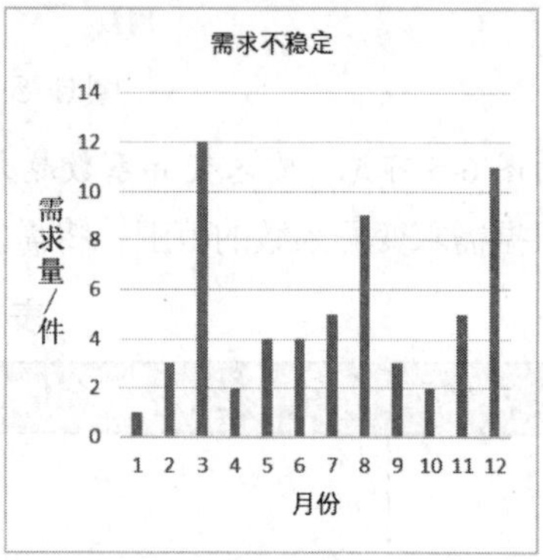
[0.8,1]	波动剧烈，随机性需求	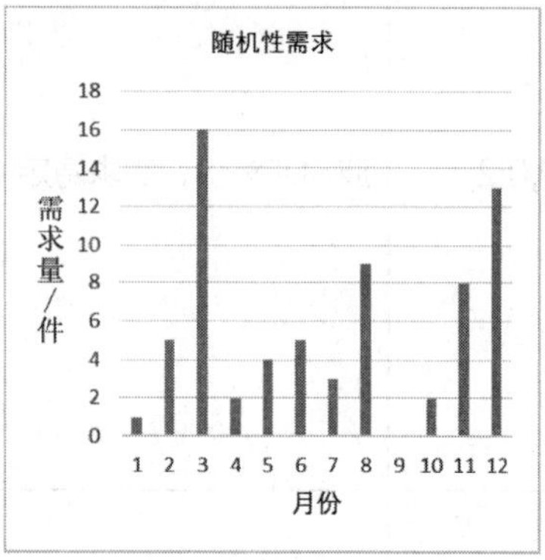

2. 时间的稳定性

时间的稳定性通常用需求频数和平均需求间隔来表示。

（1）需求频数 v：描述某产品在一定时间跨度内被订货的总次数。

（2）平均需求间隔 p：表示在一定时间跨度内每相邻两次订货的时间平均间隔长度。

【例6-7】E、F两种产品26周的需求分布情况，如图6-6所示，试计算两种产品的需求频数和平均需求间隔。

【解】

经计算得出E、F产品的需求频数和平均需求间隔，如表6-7所示。

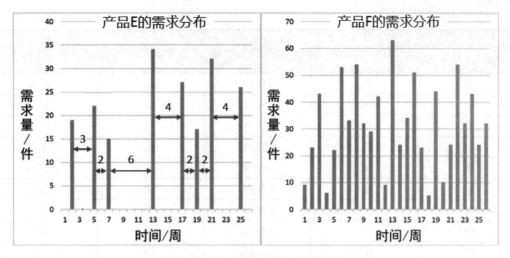

图6-6 E、F产品的需求分布情况

表6-7 E、F产品的需求频数和平均需求间隔

项目	产品E	产品F
需求频数 v	8	26
平均需求间隔 p/天	$\dfrac{3+2+6+4+2+2+4}{7}\approx3.29$	1

因此，需求频数越大，需求相对稳定，需求预测的准确度就越高，库存风险就越低。

（三）需求分布集中度

一般通过需求占比分布情况反映需求的集中或分散程度。需求占比是指一定时间维度（也可是地域等）内某产品的客户对该产品的需求占该产品总需求的比率。

【例6-8】G、H两种产品的需求情况如表6-8所示，试分析两种产品的需求分布集中度。

表6-8 G、H两种产品的需求量 单位：件

客户编号	1	2	3	4	5	6	7	8	9	10	11	12	13	14	15	16	17	18	19	20
产品G	85	62	71	59	75	89	64	74	61	89	67	74	83	69	58	117	83	58	79	83
产品H	19	44	32	24	28	14	29	39	31	54	32	28	78	34	23	860	44	23	16	48

【解】

经计算得出G、H两种产品的需求百分比（保留两位小数），具体如表6-9所示。

表6-9 G、H产品的需求百分比

客户编号	产品G		产品H	
	需求量/件	需求百分比	需求量/件	需求百分比
1	85	5.67%	19	1.27%
2	62	4.13%	44	2.93%
3	71	4.73%	32	2.13%
4	59	3.93%	24	1.60%

客户编号	产品G		产品H	
	需求量/件	需求百分比	需求量/件	需求百分比
5	75	5.00%	28	1.87%
6	89	5.93%	14	0.93%
7	64	4.27%	29	1.93%
8	74	4.93%	39	2.60%
9	61	4.07%	31	2.07%
10	89	5.93%	54	3.60%
11	67	4.47%	32	2.13%
12	74	4.93%	28	1.87%
13	83	5.53%	78	5.20%
14	69	4.60%	34	2.27%
15	58	3.87%	23	1.53%
16	117	7.80%	860	57.33%
17	83	5.53%	44	2.93%
18	58	3.87%	23	1.53%
19	79	5.27%	16	1.07%
20	83	5.53%	48	3.20%

从表 6.9 可知，G 产品需求占比最小值为 3.87%，需求占比最大值为 7.8%；H 产品需求占比最小值为 0.93%，需求占比最大值 57.33%，具体如表 6-10 所示。

表 6-10　G、H 产品的需求占比情况

相关指标	产品G	产品H
需求总量/件	1 500	1 500
客户量	20	20
需求占比最小值	3.87%	0.93%
需求占比最大值	7.8%	57.33%

由此可见，G 产品的需求比较分散，需求变动容易互相抵消，如图 6-7 所示。H 产品的需求比较集中，客户的需求变化将带来极大的影响，如图 6-8 所示。

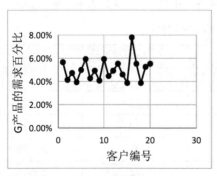

图 6-7　G 产品的需求百分比

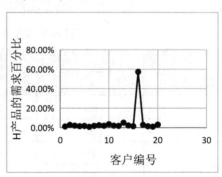

图 6-8　H 产品的需求百分比

三、需求分析

需求分析包括三大流程：数据清洗、计算需求特征指标和判断需求类型，如图6-9所示。

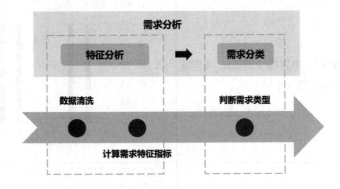

图6-9 需求分析的流程

（一）数据清洗

在对需求进行分类前，需要对数据进行清洗来保证企业订单数据的准确可行性。历史订单可能存在一些极端数据，可以根据订单数、需求变异系数、非零需求均值 μ_{NZ}、最大需求量等指标将这些订单筛选出来，具体包括极端缓慢型、极端可变型、需求极少型和孤立点，如表6-11所示。这些订单属于特殊订单，会影响需求分析的准确性，所以在数据清洗时需要剔除。

（二）计算需求特征指标

计算需求的各项特征测度指标，如需求均值、变异系数、需求频数等，为需求分类提供依据。

表6-11 需剔除的订单类型

需求类型	特点	示意图	解决方案
极端缓慢型	订单数≤频数阈值FT（FT＝3）	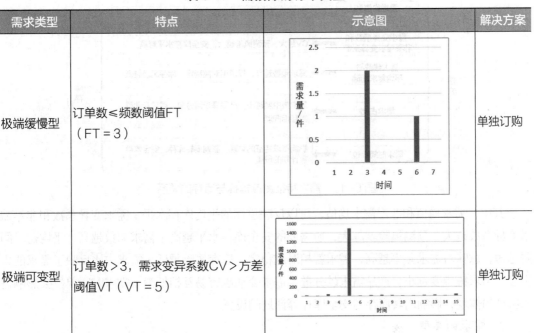	单独订购
极端可变型	订单数＞3，需求变异系数CV＞方差阈值VT（VT＝5）		单独订购

续表

需求类型	特点	示意图	解决方案
需求极少型	订单数>3，非零需求均值μ_{NZ}≤需求阈值DS（DS = 1）	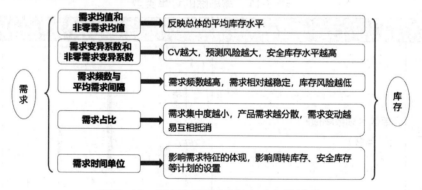	单独订购
孤立点	订单数>3，最大需求量D_{max}≥孤立阈值OT×需求均值μ（OT = 10）		预建库存

注：各类阈值为经验取值，实践中可自行调整。

（三）判断需求类型

1. 需求特征测度指标与库存的关系

根据需求特征测度指标的数值对需求进行分类，针对不同类型的需求，制定指导性的库存策略。需求特征测度指标与库存的关系如图 6-10 所示。

图 6-10　需求特征测度指标与库存的关系

其中，需求均值和非零需求均值，可以反映总体的平均库存水平；需求变异系数和非零需求变异系数越大，预测风险就越大，所需要的安全库存水平越高；需求频数越高，平均需求间隔越短，意味着需求频率越高，需求就相对越稳定，库存风险越低；需求占比反映了需求的集中度，需求集中度越小，产品需求越分散，需求变动越容易互相抵消；需求时间单位会影响需求特征的体现，影响周转库存、安全库存等计划的设置。

2. 需求的类型

需求一般可以分为连续型需求和间歇型需求。

（1）连续型需求。

当平均需求间隔 p < 间隔阈值 IT（IT 常取为 1.32）时，可以认为是连续型需求。

根据 CV_{NZ}（离散阈值 DT=0.49）分类，连续型需求可以分为平滑型需求和不规则型需求。当 CV_{NZ}^2 < DT 时，为平滑型需求；当 $CV_{NZ}^2 \geq$ DT 时，为不规则型需求。

平滑型需求的间隔少、数值波动小，如图 6-11 所示；不规则型需求的间隔少、数值波动大，如图 6-12 所示。

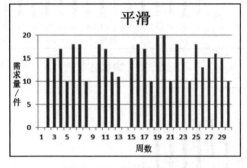

图 6-11 平滑型需求 1

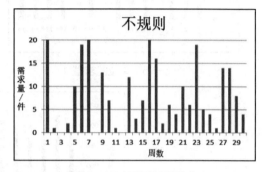

图 6-12 不规则型需求 1

（2）间歇型需求。

当平均需求间隔 $p \geq$ 间隔阈值 IT（IT 常取为 1.32）时，可以认为是间歇型需求。

根据 σ_{NZ} 分类（方差阈值 VT=10），间歇型需求可以分为平稳型需求和波动型需求。

根据 CV_{NZ} 分类（离散阈值 DT=0.49），上述两种需求类型可以进一步分为缓慢型需求和起伏型需求。

缓慢型需求的间隔多、数值波动小，如图 6-13 所示；起伏型需求的间隔多、数值波动大，如图 6-14 所示。因此，结合方差分析，间歇性需求可具体分为缓慢 - 平稳型需求、起伏 - 平稳型需求、缓慢 - 波动型需求和起伏 - 波动型需求。

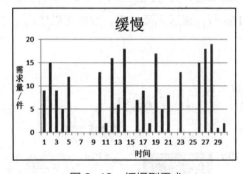

图 6-13 缓慢型需求

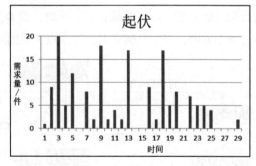

图 6-14 起伏型需求

在间歇型需求中，缓慢 - 平稳型需求，即 σ_{NZ} <VT 且 CV_{NZ}^2 < DT 的需求，可以进一步分为单位需求型、块状需求型和规律型。

单求型是指下游每个订单都只采购一个单位的产品（D_i =1），如图 6-15 所示。

块状需求型的非零需求标准差 σ_{NZ} < 块状阈值 CT（CT 常取为 0.1），虽然每个订单采购数量不完全相同，但是差异非常小，如图 6-16 所示。

规律型的非零需求标准差 $\sigma_{NZ} \geq$ 块状阈值 CT（CT 常取为 0.1），订单采购量存在一定波动，但也比较规律，如图 6-17 所示。

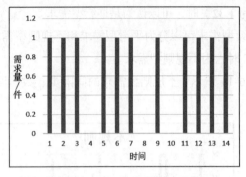

图 6-15　单位需求型 1

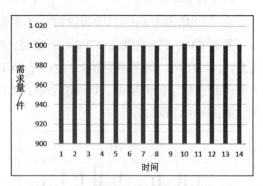

图 6-16　块状需求型 1

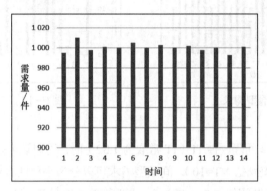

图 6-17　规律型

　　综上所述，在进行需求分类前，需要先进行数据清洗，在数据清洗过程中需要将特殊数据剔除。特殊数据的清洗流程如图 6-18 所示。首先是判定订单数，当订单数 ≤ 3 时，为极端缓慢型，需要剔除；当订单数 > 3，且 $\mu_{NZ} < 1$ 时，为需求极少型，需要剔除；当订单数 > 3，且 $\mu_{NZ} \geq 1$，$CV \geq 5$ 时，为极端可变型，需要剔除；当订单数 > 3，且 $\mu_{NZ} \geq 1$，$CV < 5$ 时，需要进行孤立点分析。在进行孤立点分析时，当 $D_{max} < 10\mu$ 时，表示无孤立点，数据可以使用；当 $D_{max} \geq 10\mu$ 时，表示有孤立点，孤立点需要剔除。

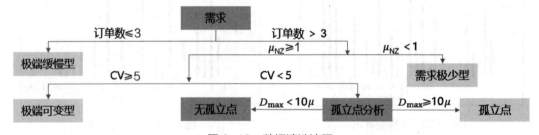

图 6-18　数据清洗流程

　　数据清洗完成后，需要根据需求特征指标数据再进行需求分类，具体分类流程如图 6-19 所示。

　　当 $p < 1.32$ 时，表示是连续型需求；当 $p \geq 1.32$ 时，表示是间歇型需求。

　　在连续型需求中，当 $CV_{NZ}^2 < 0.49$ 时，说明是平滑型需求；当 $CV_{NZ}^2 \geq 0.49$ 时，说明是不规则型需求。

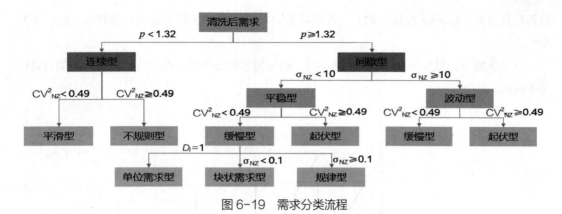

图 6-19 需求分类流程

在间歇型需求中，当 $\sigma_{NZ} < 10$ 时，说明是平稳型需求；当 $\sigma_{NZ} \geqslant 10$ 时，说明是波动型需求。在平稳型需求和波动型需求中，根据 CV_{NZ}^2 的计算结果，又可以分为缓慢型需求和起伏型需求。当 $CV_{NZ}^2 < 0.49$ 时，为缓慢型需求；当 $CV_{NZ}^2 \geqslant 0.49$ 时，为起伏型需求。

对于缓慢 - 平稳型需求，当 $D_i = 1$ 时，为单位需求型；当 $\sigma_{NZ} < 0.1$ 时，为块状需求型；当 $\sigma_{NZ} \geqslant 0.1$ 时，为规律型。

根据不同的需求类型，可以将产品进一步划分为快流品和慢流品，如图 6-20 所示，方便进行精细化的库存管理。具有平滑型需求的产品，需求间隔少、数值波动小，需求相对比较稳定，属于快流品；具有不规则型需求的产品，虽然需求间隔少，但是数值波动大，需求不稳定，属于慢流品；具有缓慢型需求和起伏型需求的产品，需求间隔多，频率低，属于慢流品。

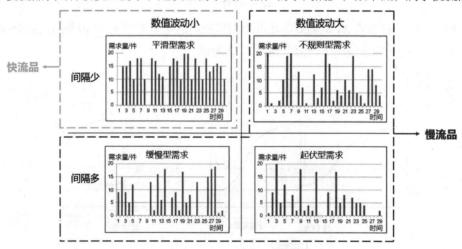

图 6-20 快流品和慢流品

四、库存策略的类型

常见的库存控制策略包括定量库存控制策略、定期库存控制策略、最大最小库存控制策略和 Base Stock 策略。

（一）定量库存控制策略

1. 定量库存控制策略的含义

定量库存控制策略（ R，Q ），又称连续盘点策略，这种策略随时检查库存量，当库存下降

至再订货点 R（Reorder Point）时，就发出批量为 Q 的订货，是很常见的补货策略，如图 6-21 所示。

这种策略下，每次补货订单的数量不变，由于需求的波动性，两次订货的时间间隔有可能是不同的。

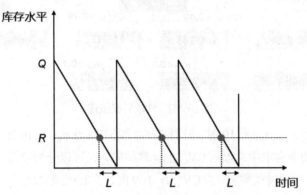

图 6-21 （R，Q）策略库存消耗曲线 1

2.（R，Q）策略下的周转库存控制

假设产品的日需求量服从均值为 μ、标准差为 σ 的正态分布，且各个时期需求分布不相关，则在补货提前期 L 内，需求量服从均值为 p、标准差为 Ω 的正态分布，则

$$p = L\mu$$
$$\Omega = \sqrt{L}\sigma$$

（R，Q）策略下，订货点 R，既需要满足补货提前期内的期望需求 p，又需要满足安全库存，以防止补货提前期内的需求偏离平均值，如图 6-22 所示。

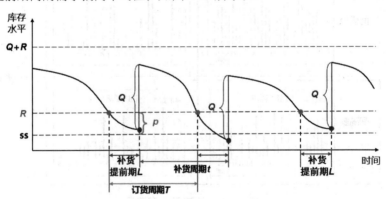

图 6-22 （R，Q）策略订货示意

因此，订货批量 Q 和订货点 R，分别为

$$Q^* = \sqrt{\frac{2DS}{hC}}$$

$$R = ss + p = k\sigma\sqrt{l} + l\mu$$

其中，ss 为安全库存，k 为客户服务水平因子。

客户服务水平因子 k 与客户服务水平的对应关系如表 6-12 所示。客户服务水平可以是下游客户要求，也可以是企业自行选择合适的服务水平。

表6-12 服务水平因子与客户服务水平的对应关系

客户服务水平	90%	91%	92%	93%	94%	95%	96%	97%	98%	99%	99.9%
k	1.29	1.34	1.41	1.48	1.56	1.65	1.75	1.88	2.05	2.33	3.08

（二）定期库存控制策略

1. 定期库存控制策略的含义

定期库存控制策略（T，S），又称周期盘点策略，这种方法是系统每经过一个固定时间间隔 T 就发出一次订单，订货量 Q 要满足将该物料的库存数补充到设定的库存水平 S。

在图 6-23 中，K 表示盘点时的库存水平，在第一个时间间隔 T 进行盘点时，库存水平为 K_1，订货量为 S-K_1；在第二个时间间隔 $2T$ 进行盘点时，库存水平为 K_2，订货量为 S-K_2。

这种策略下，两次订货的时间间隔永远是固定的 T，但每次订货的批量有可能由于需求的变化而出现波动。

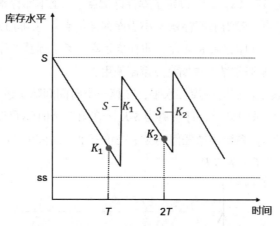

图6-23 （T，S）策略库存消耗曲线1

2.（T，S）策略下的周转库存控制

假设产品的日需求量服从均值为 μ、标准差为 σ 的正态分布，且各个时期需求分布不相关，则在补货提前期 L 内，需求量服从均值为 p、标准差为 Ω 的正态分布，则

$$p = L\mu$$
$$\Omega = \sqrt{L}\sigma$$

（T，S）策略下，最大库存量 S 既要满足（$T+L$）内的平均需求，又要满足安全库存，以防止（$T+L$）内的需求偏离平均值，如图6-24所示。则订货周期 T 和最大库存量 S，分别为

$$T = \frac{360}{n^*} = 360\sqrt{\frac{2S}{DhC}}$$

$$S = ss + (T+L)\mu = k\sigma\sqrt{T+L} + (T+L)\mu$$

（T，S）策略存在一定的局限性，以第二个盘点周期为例，在需求较小的情况下，库存消耗比较慢，而该策略要求在周期盘点时下达补货订单，导致相较于其他周期，该周期平均库存水平较高，不利于节约库存持有成本。

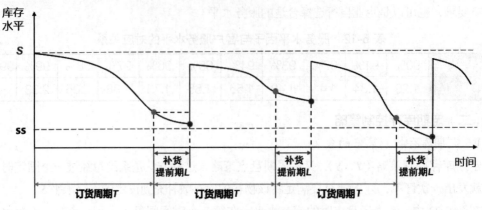

图6-24 (T, S) 策略订货示意

（三）最大最小库存控制策略

1. 最大最小库存控制策略的含义

最大最小库存控制策略 (s, S)，设定了库存订货点 s 和基本库存水平 S。这种方法是经过固定时间间隔 T 之后盘点，若当前库存量 K 小于库存订货点 s，则向上游发出采购订单，采购量为基本库存水平 S 与当前库存量 K 之差，即补货后库存达到基本库存水平 S；否则，系统不做任何响应。(s, S) 策略常结合周期盘点策略使用。

在图 6-25 中，K 表示盘点时的库存水平，在第一个时间间隔 T 进行盘点时，库存水平为 K_1，小于订货点 s，发出采购订单，订货量为 $S-K_1$；在第二个时间间隔 $2T$ 进行盘点时，库存水平为 K_2，大于订货点 s，系统不做任何响应；在第三个时间间隔 $3T$ 进行盘点时，库存水平为 K_3，小于订货点 s，订货量为 $S-K_3$。

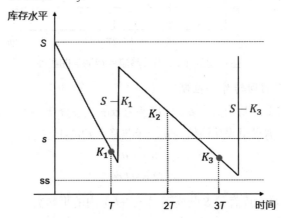

图6-25 (s, S) 策略库存消耗曲线1

2. (s, S) 策略下的周转库存控制

在很多情况中，库存水平的盘点是周期性的，且间隔期固定。当间隔期很短时，如 1 天、2 天，可理解为连续盘点；当间隔期很长时，如 1 周、1 月或者 1 年，即周期盘点。

(s, S) 策略下，基本库存水平 S 既需要满足 A 到 B 内期间平均需求，又要防止 A 到 B 期间的需求偏离平均值，如图 6-26 所示。因为补货周期的长短是不固定的，决定最优的 S 是比较困难的，所以制定策略时，只能计算出一个有效的近似值。

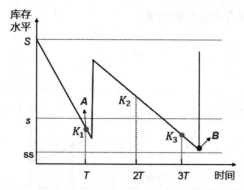

图6-26 (s, S) 策略订货示意

（1）周期盘点下的 (s, S) 策略。

假定每个盘点周期 r 之后都发出订单，如图6-27所示。基本库存水平 S 既要满足（$r+L$）内的平均需求，又要防止（$r+L$）内的需求偏离平均值，其计算公式为

$$S = k\sigma\sqrt{T+L} + (T+L)\mu$$

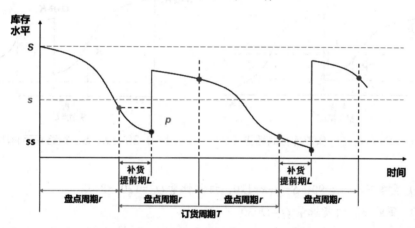

图6-27 周期盘点下的 (s, S) 策略

订货点 s 既要满足补货提前期 L 内的期望需求，又要防止补货提前期 L 内的需求偏离平均值，其计算公式为

$$s = \text{ss} + p = k\sigma\sqrt{L} + L\mu$$

以第二个盘点周期为例，需求较小的情况下库存消耗慢，在 (s, S) 策略下，由于周期盘点时库存水平高于订货点 s，所以不下达补货订单，使得较高的库存可以在下一个盘点周期内进行消耗。此时相比 (T, S) 策略，(s, S) 策略的平均库存水平更低，更有利于节约库存持有成本。

（2）连续盘点下的 (s, S) 策略。

假设在持续检查的情况下，令 $s=R$，则 $S=R+Q$，如图6-28所示。

同样的，s 既要满足补货提前期 L 内的期望需求，又要防止补货提前期 L 内的需求偏离平均值。其计算公式为：

$$s = \text{ss} + p = k\sigma\sqrt{L} + L\mu$$

【例6-9】假设 $R=90$，$Q=30$，K 点时，订单消耗使得库存水平下降至88，(R, Q) 策略的库存消耗曲线如图6-29所示，(s, S) 策略的库存消耗曲线如图6-30所示。试计算在 (R, Q)

策略和 (s, S) 策略下分别需要订货的数量。

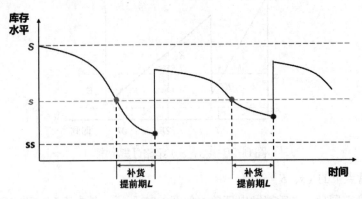

图 6-28　连续盘点下的 (s, S) 策略

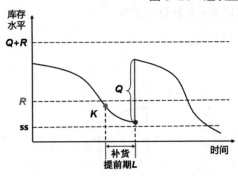

图 6-29　(R, Q) 策略库存消耗曲线 2　　　图 6-30　(s, S) 策略库存消耗曲线 2

【解】

(s, S) 策略下，$s=R=90$，$S=Q+R=120$，订货批量 $Q_1 =120-88=32$

(R, Q) 策略下，订货批量 $Q_2=Q=30$

由此可见，(R, Q) 策略和 (s, S) 策略的订货批量不同，(R, Q) 策略订货批量为固定值 30，(s, S) 策略订货批量会随需求的变化而发生变化。

（四）Base Stock策略

Base Stock 策略中，设定基准库存水平为 R，每当库存水平下降，马上补充库存，并补充到原定基准库存水平 R，补货量为 1。

该策略相当于特殊的 (s, S) 策略，此时 $s=R-1$，$S=R$，如图 6-31 所示。

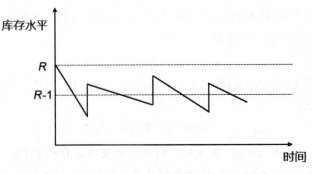

图 6-31　Base Stock 策略库存消耗曲线

五、库存策略的选择

在现实场景中，不同产品的需求曲线是多样的，并且由于各种因素的作用，需求往往是波动的。因此企业需要选择不同库存策略来应对不同类型的需求，以尽可能小的成本满足期望的客户服务水平。

（一）连续型需求下的库存策略选择

1. 平滑型需求

这种需求类型的特征是间隔少、数值波动小，需求量稳定，如图6-32所示。需求量可以采用固定订货批量 Q；为时刻获取库存水平，判断其是否达到订货点 R，可选择连续盘点。所以推荐使用（R，Q）策略。

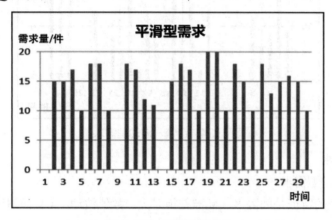

图6-32 平滑型需求2

2. 不规则型需求

这种需求类型的特征是间隔少、数值波动大，如图6-33所示。如果采用（R，Q）策略，R 对应的是补货提前期 L 的需求波动，而不规则型需求的整体数值波动大，防止缺货，平抑（$T+L$）内的需求波动，采用基本库存水平 S 更为合理。

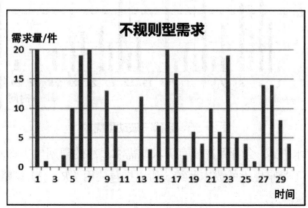

图6-33 不规则型需求2

在需求规模较小的情况下，如果采用（T，S）策略，会导致平均库存水平高，库存持有成本高，而（s，S）策略能够避免这种情况。所以推荐使用（s，S）策略。

（二）间歇型需求下的库存策略推荐

1. 缓慢-波动型需求

这种需求类型的特征是间隔多、数值波动（CV^2）相对小，波动缓慢，如图 6-34 所示。检查周期内发生缺货的概率小，同时平均需求较大，所以采用基本库存水平 S；在需求规模很小的情况下，(T, S) 策略存在库存持有成本高的缺点，采用订货点 s 更合理。所以推荐使用（s, S）策略。

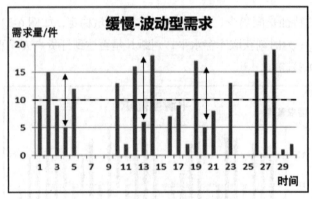

图 6-34   缓慢 – 波动型需求

2. 起伏型需求

（1）起伏 - 波动型需求。

这种需求类型的特征是间隔多、标准差相对大、数值波动（CV^2）相对大，波动剧烈，如图 6-35 所示。定期盘点发生缺货的概率比较大，所以采用连续盘点策略更合理。

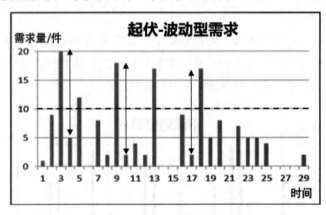

图 6-35   起伏 – 波动型需求

若采用最大库存水平 S，会导致在没有需求或需求很小的周期内平均库存水平高，平均需求较小，固定批量 Q 可带来更大的成本节约。所以推荐使用（R, Q）策略。

（2）起伏 - 平稳型需求。

这种需求类型的特征是标准差相对小，波动大，如图 6-36 所示。定期盘点发生缺货的概率比较大，所以采用连续盘点策略更合理。

同时，由于变异系数大，若采用最大库存水平 S，会导致在没有需求或需求很小的周期内平均库存水平高，平均需求较小，固定批量 Q 可带来更大的成本节约。所以推荐使用（R, Q）策略。

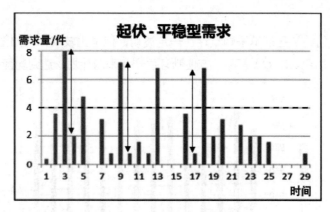

图 6-36　起伏 - 平稳型需求

3. 缓慢-平稳型需求

（1）单位需求型。

这种需求类型的特征是下游每个订单都只采购一个单位的产品，即 D_i =1，如图 6-37 所示。所以推荐采用 Base Stock 策略。

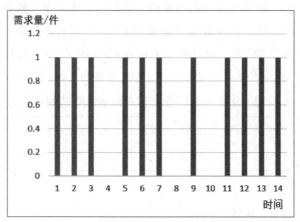

图 6-37　单位需求型 2

（2）块状需求型。

这种需求类型的特征是每个订单采购数量不完全相同，但是差异非常小，如图 6-38 所示。需求量比较稳定，建议采用（R，Q）策略，方便制订生产和采购计划，达到均衡化的效果。

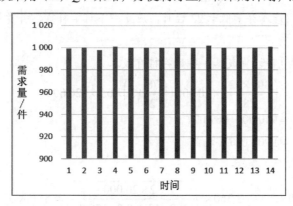

图 6-38　块状需求型 2

（3）规律型。

这种需求类型的特征是订单采购量存在一定波动，但也比较规律，如图 6-39 所示。需求量比较稳定，建议采用（R,Q）策略，方便制订生产和采购计划，达到均衡化的效果。

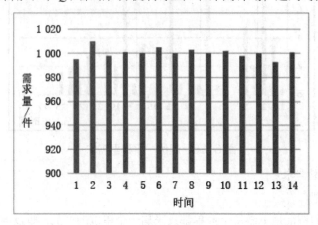

图 6-39　规律型 2

【例 6-10】凯乐汽车 4S 店对某系列汽车的需求服从正态分布，服务水平因子与客户服务水平的对应关系如表 6-13 所示，月需求均值为 300 台、标准差为 5 台。每次订货的订货成本为 20 000 元，补货提前期为 2 天。每台车的成本为 120 000 元，4S 店的库存持有成本费率为 20%。试比较，满足 95% 客户服务水平时，（R,Q）策略和（T,S）策略的总成本。

表 6-13　服务水平因子与客户服务水平的对应关系

客户服务水平	90%	91%	92%	93%	94%	95%	96%	97%	98%	99%	99.9%
k	1.29	1.34	1.41	1.48	1.56	1.65	1.75	1.88	2.05	2.33	3.08

【解】

1. 连续盘点（R,Q）策略

订货批量：$Q=\sqrt{\dfrac{2DS}{hC}}=\sqrt{\dfrac{2\times 3\,600\times 20\,000}{0.2\times 120\,000}}\approx 78$（台）

订货点：$R=k\sigma\sqrt{L}+L\mu=1.65\times\dfrac{5}{\sqrt{30}}\times\sqrt{2}+2\times\dfrac{300}{30}=2.1+20\approx 22$（台）

由计算可知，当门店库存量低于 22 台时，应立即下订单补货，补货量为 78 台。安全库存为 2.1，四舍五入后为 2。

$$TC_1=\text{年订货成本}+\text{年库存持有成本}$$
$$=\left(\dfrac{300\times 12}{78}\right)\times 20\,000+\left(\dfrac{78}{2}+2\right)\times 0.2\times 120\,000$$
$$=940\,000+967\,077$$
$$=1\,907\,077\text{（元）}$$

2. 周期盘点（T,S）策略

订货周期：$T=360\times\sqrt{\dfrac{2S}{DhC}}=360\times\sqrt{\dfrac{2\times 20\,000}{(300\times 12)\times 0.2\times 120\,000}}\approx 8$（天）

最大库存量:

$$S = k\sigma\sqrt{t+l} + (t+L)\mu = 1.65 \times \frac{5}{\sqrt{30}} \times \sqrt{2+8} + (8+2) \times \frac{300}{30} = 4.8 + 100 \approx 105 \text{（台）}$$

由计算可知,盘点周期为 8 天,每次盘点后立即下订单补货,使库存水平达到 105 台。安全库存为 4.8,四舍五入后为 5。

$$\begin{aligned} TC_1 &= \text{年订货成本} + \text{年库存持有成本} \\ &= \left(\frac{300 \times 12}{105-5}\right) \times 20\,000 + \left(\frac{105-5}{2} + 5\right) \times 0.2 \times 120\,000 \\ &= 720\,000 + 1\,320\,000 \\ &= 2\,040\,000 \text{（元）} \end{aligned}$$

经过计算可知,(R, Q) 策略的总成本更低,相比于 (T, S) 策略成本节约了 132 923 元,大约为 6.5%,所以应该选择 (R, Q) 策略。

通过分析总成本的构成,发现成本节约是更低的库存持有成本带来的,这就意味着拥有更低的库存水平,同时也印证了连续型需求下,稳定需求的产品进行库存控制策略的选择时,更适用于 (R, Q) 策略。

综上所述,不同需求类型下的库存策略推荐如表 6-14 所示。

表 6-14　不同需求类型下的库存策略推荐

序号	需求类型	特征	补货提前期内需求分布	推荐库存策略
1	平滑型	$p <$ IT $CV^2 <$ DT	正态分布（Normal）	(R, Q) 策略
2	不规则型	$p <$ IT $CV^2 \geq$ DT	伽马分布（Gamma）	(s, S) 策略
3	缓慢-波动型	$p \geq$ IT $\sigma \geq$ VT $CV^2 <$ DT	伽马分布（Gamma）	(s, S) 策略
4	起伏型 （订单批量 > 1）	$p \geq$ IT $\sigma \geq$ VT $CV^2 \geq$ DT	负二项分布/伽马分布 （Negative Binomiall/ Gamma）	(R, Q) 策略
5	单位需求型（订单批量 = 1）	$p \geq$ IT $\sigma <$ VT $CV^2 <$ DT $D_i = 1$	伽马分布（Gamma）	Base Stock策略
6	块状需求型或规律型 （订单批量 > 1）	$p \geq$ IT $\sigma <$ VT $CV^2 <$ DT	伽马分布（Gamma）	(R, Q) 策略

任务实施

华源科技有限公司对某产品的需求服从正态分布，服务水平因子与客户服务水平的对应关系如表6-15所示，月需求均值为420箱、标准差为4箱。每次订货的订货成本为2 500元，补货提前期为2天。每箱产品的成本为2 000元，库存持有成本费率为10%。

表6-15　服务水平因子与客户服务水平的对应关系

客户服务水平	90%	91%	92%	93%	94%	95%	96%	97%	98%	99%	99.9%
k	1.29	1.34	1.41	1.48	1.56	1.65	1.75	1.88	2.05	2.33	3.08

任务与思考

试比较，满足98%的客户服务水平时，(R,Q)策略和(T,S)策略下的总成本。

任务三　安全库存优化

知识学习

安全库存（Safety Stock，SS）也称安全存储量，又称保险库存，是指为了防止不确定性因素（如大量突发性订货、交货期突然延迟、临时用量增加、交货误期等特殊情况）而预备的保险储备量（缓冲库存）。

学习导入

安全库存的产生主要是为了抵御未知的波动，包括需求波动和供给波动。需求波动主要是消费者的需求数量不确定、需求时间不确定；供给波动是由于商家无法对补货提前期内的客户需求进行精准预测，同时供应商的发货量、发货时间、运输时间等不确定，供给的稳定性较难保证。

一、补货策略对安全库存的影响

安全库存量的大小，主要由客户服务水平（或订货满足率）来决定。所谓客户服务水平，就是指对客户需求情况的满足程度，满足原始需求的及时交货率，公式表示如下：

客户服务水平 CSL（%）＝ 1– 年缺货次数 / 年订货次数

客户服务水平（或订货满足率）越高，说明缺货发生的情况越少，从而缺货成本就较小，但因增加了安全库存量，库存的持有成本上升;而客户服务水平较低，说明缺货发生的情况较多，缺货成本较高，安全库存量水平较低，库存持有成本较小。

因而必须综合考虑客户服务水平、缺货成本和库存持有成本三者之间的关系，确定补货时机以及补货量，最后确定一个合理的安全库存量。

以一个补货周期为例，如图 6-40 所示。在上一批补货到达到再次订货的周期内，需要对库存进行盘点，以确定再订货点，需要用到的盘点方法包括连续盘点 (R,Q) 策略和周期盘点 (T,S) 策略。当库存下降到补货点时，发出补货订单，在补货提前期内，仍然需要进行库存盘点来对库存进行监控，以避免发生缺货。为了能够达到一定的客户服务水平，就需要设置合理的安全库存，直到供应商交付货物。

图6-40 补货周期

假设：（1）需求量、补货提前期相同；

（2）客户服务水平均为100%。

（R，Q）策略的订货点 R 由两部分组成：补货提前期 L 内需求的均值和安全库存，如图6-41所示。

（T，S）策略中，由于下一批订货是在（$T+L$）天后到来，所以当前的订货需要满足（$T+L$）天内的平均需求，而安全库存就需要用于保障（$T+L$）天内需求波动时的供应，如图6-42所示。

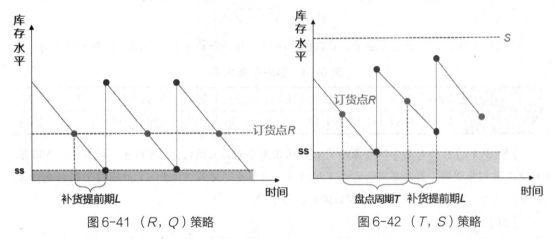

图6-41 （R，Q）策略　　　　　图6-42 （T，S）策略

所以，（R，Q）策略的安全库存只应对补货提前期 L 内的需求波动；（T，S）策略的安全库存需要应对盘点周期 T 和补货提前期 L 内的需求波动，所以（T，S）策略相较（R，Q）策略，所需安全库存更多。

二、安全库存的计算

（一）（R，Q）策略下安全库存的计算

假设：

（1）产品的需求服从均值为 D、标准差为 σ 的正态分布，且各个时期需求分布不相关；

（2）补货提前期内的需求服从均值为 D_L、标准差为 σ_L 的正态分布；

（3）补货提前期服从均值为 L、标准差为 s 的正态分布。

根据图6-43所示的库存消耗曲线，可以得出：

安全库存 $ss = R - D_L = R - D \times L$；

客户服务水平 $CSL = P(ss > 0) = P(D_L < R) = F(R, D_L, \sigma_L)$，$F$ 是正态分布累计函数；

安全库存 $ss = F^{-1}(CSL, D_L, \sigma_L) - D_L = F_s^{-1}(CSL) \times \sigma_L$，$F^{-1}$ 是正态分布累计函数逆函数，

F_s^{-1} 是标准正态分布累计函数逆函数。

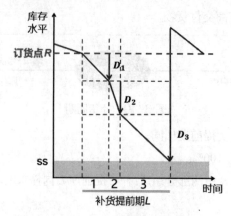

图6-43 （R，Q）策略库存消耗曲线3

补货提前期内需求标准差 $\sigma_L = \sqrt{L}\sigma = \sqrt{L\sigma^2 + D^2 s^2}$，得出

$$ss = k \times \sqrt{\sigma^2 L + D^2 s^2}$$

其中，k 为客户服务水平因子，其数值大小代表客户服务水平的高低，如表6-16所示。

表6-16 客户服务水平

客户服务水平	90%	91%	92%	93%	94%	95%	96%	97%	98%	99%	99.9%
k	1.29	1.34	1.41	1.48	1.56	1.65	1.75	1.88	2.05	2.33	3.08

【例6-11】L公司某品牌餐桌的需求服从正态分布，且均值为2 500张，标准差为500张。补货提前期为2周。假设每周的需求互相独立。当餐桌的库存下降到6 000张时进行补充订货，订货批量为10 000张，求该策略下的客户服务水平。

【解】

已知 Q=10 000张，R=6 000张，L=2周，D=2 500张，σ = 500张

则补货提前期内的需求特征为

$$D_L = D \times L = 2 \times 2\ 500 = 5\ 000 \ （张）$$

$$\sigma_L = \sqrt{L}\sigma = \sqrt{2} \times 500 \approx 707 \ （张）$$

安全库存为

$$ss = R - D \times L = 6\ 000 - 5\ 000 = 1\ 000 \ （张）$$

客户服务水平为

$$CSL = F(R, D_L, \sigma_L) = NORMDIST(R, D_L, \sigma_L) = NORMDIST(6\ 000, 5\ 000, 707) = 0.92$$

其中，NORMDIST是Excel中正态随机变量的累积分布函数。

【例6-12】如果上例中的需求特征不变，假设L公司采用连续盘点策略，要达到90%的客户服务水平，L公司应持有多少安全库存？

【解】

已知 D=2 500张，σ =500张，CSL=0.9，L=2周

则补货提前期内的需求特征为

$$D_L = D \times L = 5\ 000 \ （张）$$

$$\sigma_L = \sqrt{L}\sigma \approx 707 \text{（张）}$$

安全库存为

$$ss = F_s^{-1}(CSL) \times \sigma_L = NORMSINV(CSL) \times \sigma_L = NORMSINV(0.9) \times 707 = 906 \text{（张）}$$

其中，NORMSINV 是 Excel 中标准正态累计分布函数的逆函数。

（二）（T，S）策略下安全库存的计算

在（T，S）策略中，最大库存量 S 要满足（$T+L$）期间需求的库存。如果此期间需求超过目标库存水平，就会发生缺货。

假设：

（1）产品的需求服从均值为 D、标准差为 σ 的正态分布，且各个时期需求分布不相关；

（2）补货提前期内的需求服从均值为 D_L、标准差为 σ_L 的正态分布；

（3）平均补货提前期为 L。

根据图 6-44，可以得出

$$\text{安全库存 } ss = S - D_{T+L} = S - D \times (T+L)$$

$$\text{客务水平 } CSL = P(ss > 0) = P(D_{T+L} < S)$$

$$\text{（}T+L\text{）内需求标准差 } \sigma_{T+L} = \sqrt{T+L}\sigma$$

最后得出：$ss = F_s^{-1}(CSL) \times \sigma_{T+L}$。

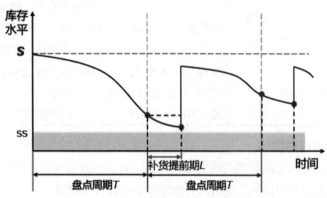

图 6-44 （T，S）策略库存消耗曲线 2

【例 6-13】周期盘点策略下安全库存的计算

沃尔玛超市的乐高积木的周需求服从正态分布，均值为 2 500 盒，标准差为 500 盒。补货提前期是 2 周，超市经理决定每 4 周盘点一次库存。假设超市实行的是周期盘点策略，试计算超市要想提供 90% 的 CSL 应当持有的安全库存以及该策略下的补货需要达到的最高库存水平 S。

【解】

本例中，每期的平均需求 D=2 500 盒，每期需求的标准差 σ=500 盒，平均补货提前期 L=2 周，盘点间隔期 T=4 周，首先求间隔期（$T+L$）内的需求分布。

间隔期（$T+L$）内的需求服从正态分布，则间隔期（$T+L$）内的需求均值为

$$D_{T+L} = (T+L) \times D = (2+4) \times 2\ 500 = 15\ 000 \text{（盒）}$$

间隔期（$T+L$）内需求的标准差 $\sigma_{T+L} = \sqrt{T+L}\sigma = \sqrt{4+2} \times 500 \approx 1\ 225$

已知期望 CSL=0.90，则安全库存为

$$ss = F_s^{-1}(CSL) \times \sigma_{T+L} = NORMSINV(0.90) \times 1\,225 = 1\,570（盒）$$

$$最高库存水平\ S = D_{T+L} + ss = 15\,000 + 1\,570 = 16\,570（盒）$$

三、安全库存的优化

以一个典型的生产制造型供应链为例，供应链由供应商、工厂、仓库及客户 4 个层级组成。单级安全库存优化只是针对某一层级或站点的库存进行优化，将补货提前期和客户服务水平分开考虑；多级安全库存优化，将供应链上的补货提前期和客户服务水平合并考虑，同时优化所有产品和地点的安全库存水平以及服务水平目标，以达到整体最优。

（一）单级安全库存优化

单级安全库存优化方法如表 6-17 所示，根据需求端、供给端和补货策略三个优化方向，采取对应的优化方法。

表 6-17　单级安全库存优化

优化方向	待优化因素	优化目标	优化方法
需求端	需求数量、需求时间的不确定性	降低需求的不确定性	提高预测精度
供给端	发货数量、发货时间、运输时间的不确定性	降低供给的不确定性	优化供应商的管理机制，通过制定合约、建立KPI考核机制等管理方法，使供应端更加稳定
补货策略	补货策略的选择	根据不同类型的产品选择合适的补货策略，降低安全库存	对于季节性或需求波动较为显著的产品，选择 (T, S) 策略；对需求较为稳定的产品选择 (R, Q) 策略

（二）多级安全库存优化

多级安全库存优化的思路是通过改变安全库存位置，来改变安全库存大小，从而优化供应链的安全库存。多级安全库存的优化策略分为集中策略和推拉策略。

1. 集中策略

（1）集中策略的概念。

集中策略是把原本分散在多个站点的库存，从物理或信息角度集中在一个站点，从而将需求集中起来，平抑原本多个站点的需求波动，如图 6-45 所示。在这个四级供应链上，有 4 个配送中心，可以将相邻两个配送中心的安全库存集中到一起。

（2）集中策略的优化原理。

假设有 k 个地区，需求都服从正态分布，需求特征参数如下：

D_i = 地区 i 的每期平均需求；

σ_i = 地区 i 的每期需求的标准差；

ρ_{ij} = 地区 i、地区 j 每期需求的相关系数。

其中：$\rho_{ij} = 1$，需求呈正相关；$\rho_{ij} = 0$，需求相互独立；$\rho_{ij} = -1$，需求呈负相关。

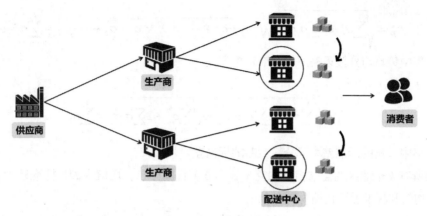

图6-45　集中策略

以配送中心为例，分散策略就是将安全库存分散在4个配送中心；集中策略是将4个配送中心的库存合并假设全部存储在1个配送中心，统一满足客户需求。分散策略与集中策略如图6-46所示。

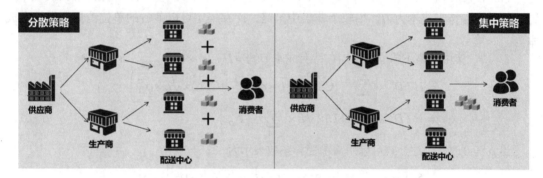

图6-46　分散策略与集中策略

在分散策略中，所需安全库存为各地区安全库存之和，计算公式如下

$$ss = \sum_{i=1}^{k} F_s^{-1}(CSL) \times \sqrt{L} \times \sigma_i$$

在集中策略中，所需安全库存的计算公式如下

$$ss = F_s^{-1}(CSL) \times \sqrt{L} \times \sigma_D^C$$

根据分散策略与集中策略中安全库存的计算公式，在 L、CSL 不变的前提下，只需比较 $\sum_{i=1}^{k} \sigma_i$ 与 σ_D^C 的大小即可判断集中后安全库存是否降低。

在集中策略下：

总需求均值 $D^C = \sum_{i=1}^{k} D_i$ ；

标准差 $\sigma_D^C = \sqrt{\sum_{i=1}^{k} \sigma_i^2 + 2\sum_{i>j} \rho_{ij} \sigma_i \sigma_j}$, $(-1 \leqslant \rho_{ij} \leqslant 1)$ 。

情形1：当 $\rho_{ij} = 1$ 时，

$$\sigma_D^C = \sqrt{\sum_{i=1}^{k}\sigma_i^2 + 2\sum_{i>j}\sigma_i\sigma_j} = \sqrt{(\sigma_1+\sigma_2+\cdots+\sigma_k)^2} = \sigma_1+\sigma_2+\cdots+\sigma_k = \sum_{i=1}^{k}\sigma_i$$

此时集中策略与分散策略下的标准差相等。

情形 2：当 $\rho_{ij} < 1$ 时，

$$\sigma_D^C = \sqrt{\sum_{i=1}^{k}\sigma_i^2 + 2\sum_{i>j}\rho_{ij}\sigma_i\sigma_j} < \sqrt{\sum_{i=1}^{k}\sigma_i^2 + 2\sum_{i>j}\sigma_i\sigma_j} < \sum_{i=1}^{k}\sigma_i$$

此时集中策略的标准差小于分散策略的标准差。

如果所有 k 个地区的需求相互独立（ $\rho_{ij} = 0$ ）且同分布，均值为 D，标准差为 σ_D，则集中后需求均值和标准差可化简为

$$D^C = kD \; ; \; \sigma_D^C = \sqrt{k}\sigma_D$$

集中后仓库所需的安全库存为

$$集中策略下所需要的安全库存总量 = F_s^{-1}(CSL) \times \sqrt{L}\sigma_D^C$$

将库存持有成本节约除以总需求量可以得到集中策略带来的单位销售量的库存持有成本节约，假设库存持有成本为 H，相较于非集中策略，库存集中可以节省的单位销量库存持有成本为

$$集中策略下单位销量库存持有成本节约 = H/D^C \times (ss_{分散策略} - ss_{集中策略})$$

$$= H/D^C \times \left(\sum_{i=1}^{k}F_s^{-1}(CSL) \times \sqrt{L} \times \sigma_i - F_s^{-1}(CSL) \times \sqrt{L} \times \sigma_D^C\right)$$

$$= H/D^C \times F_s^{-1}(CSL) \times \sqrt{L} \times \left(\sum_{i=1}^{k}\sigma_i - \sigma_D^C\right)$$

当 $\rho_{ij} = 0$ 时，上述公式可以用需求变异系数表示为

$$\left[H/D^C \times F_s^{-1}(CSL) \times \sqrt{L} \times (k - \sqrt{k}) \times \frac{1}{k} \times D^C\right] \times CV$$

可见，集中策略下成本的节约和需求变异系数正相关，需求变异越小，成本节约越少。

虽然集中策略可以节约成本，但不一定是所有的产品类型和供应链网络都适合采用集中策略，分散策略和集中策略的优缺点如表 6-18 所示。

表 6-18　分散策略与集中策略的优缺点

比较	分散策略	集中策略
优点	能快速响应市场； 运输成本较低	需要较低的安全库存； 降低库存持有成本和产品积压风险
缺点	需要持有大量安全库存； 产品积压风险较大，库存持有成本较高	对市场的响应速度慢； 运输成本较高

对于集中策略和分散策略，应当如何抉择呢？产品价值和预测需求的难易程度是决定集中策略效果的关键因素，分散策略与集中策略的选择如表 6-19 所示。对于低价值、需求易于预测的产品，集中策略带来的收益并不显著，为保障客户服务水平可以采用分散策略;对于高价值、需求难以预测的产品，集中策略的收益较为显著，但是如果客户为了方便买到产品愿为分散策略支付溢价，也可以采用分散策略。

表 6-19　分散策略与集中策略的选择

物资类型	集中库存	分散库存
低价值、需求易于预测	收益不高，且损害客户服务水平	低成本
高价值、需求难以预测	低成本	客户是否愿意支付溢价

2. 推拉策略

（1）推拉策略的概念。

推式生产方式由生产预测开始，进而建立主生产进程，按库存生产。拉式生产方式的生产计划是根据客户订单制订的。这两种生产方式各有优缺点，具体如表 6-20 所示。

表 6-20　推式生产与拉式生产的优缺点

比较	推式生产	拉式生产
优点	能产生规模效益，降低采购、生产和物流成本；能对订单需求快速响应，补货提前期短，客户服务水平高	库存成本较低，所以资源利用率比较高，库存风险小
缺点	对市场变化反应迟钝；缺货率和滞销率通常居高不下，库存风险大	补货提前期长，客户服务水平受限；难以利用生产和运输的规模优势，对灵活性和供应链组织能力要求很高

（2）推拉策略的基本原理。

推拉策略需要决定在何处存放安全库存，以及在哪个设施进行推式生产，在哪个设施进行拉式生产。对于需求量大、变动小的产品，采取库存靠近消费者，降低运输成本的推式生产；对于需求量小、变动大的产品，采取库存靠近供应端，降低库存成本的拉式生产；另外还可以采取推拉混合策略，如图 6-47 所示。推拉边界就是推式阶段实施计划产出与拉式阶段作为生产输入的交接点，而在此交接点通常会设置安全库存来缓解需求的不确定风险。推拉混合策略的缓冲库存由需求预测来确定，而这个预测就是根据拉动阶段的历史需求数据进行预测的。

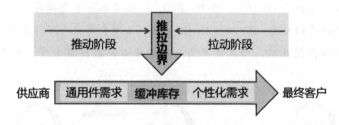

图 6-47　推拉混合策略

（3）推拉策略优化方法。

对于生产企业来说，从收到客户的订单到供货完成，主要涉及 3 个时间段。

承诺服务时间 S：站点收到下游订单到发货的时间间隔。

到达服务时间 SI：站点向上游发出订单，至订单交付所用的时间，包括上游将货物运输至站点的运输时间和上游对站点的承诺服务时间。

加工时间 T：产品到达站点后进行流通加工的时间。

为保证企业能够按时供货，需要计算净提前期长度，计算公式如下

$$净提前期长度（风险覆盖天数）L = \text{SI} + T - S$$

设置合理的承诺服务时间 S，可以改变净提前期的长度，从而决定是否存储安全库存。

当 $L > 0$，意味着客户允许的订单备货期并不够用，若供应商不提前备货，无法在生产商允许的时间范围内将订单送达，此时供应商需要备有安全库存；当 $L \leqslant 0$，意味着客户允许的订单备货期内，生产商可以完成原材料备货和生产的全过程，则生产商在可以接到客户订单时才进行生产，此时生产商不需要备有安全库存，但此时安全库存会向上游或下游转移。

所以推拉策略需要决策的事情就转换为：选择每个设施合适的承诺服务时间（S），从而选择库存的存放位置和存放量，以减少系统安全库存成本。

假设提前期稳定，已知期望的周期服务水平，需求服从正态分布，其不确定性用需求的标准差 σ_D 来衡量，则安全库存计算公式如下

$$\text{ss} = F_s^{-1}(\text{CSL}) \times \sqrt{\text{SI} + T - S} \times \sigma_D$$

【例6-14】请根据图6-48，计算生产商与配送中心净提前期长度，判断是否需要储存安全库存。

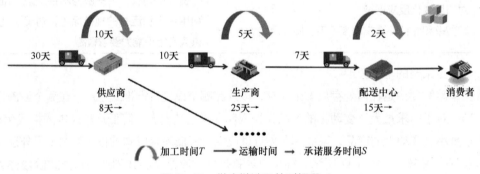

图6-48 供应链涉及的时间段1

【解】

生产商的净提前期长度：8+10+5-25<0，L<0，不需要备有安全库存。

配送中心的净提前期长度：25+7+2-15>0，L>0，必须备有安全库存才能满足客户需求。

【例6-15】请根据图6-49，计算生产商与配送中心净提前期长度，判断是否需要储存安全库存。

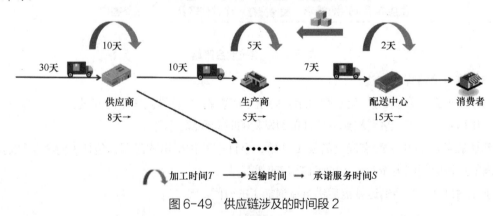

图6-49 供应链涉及的时间段2

【解】

生产商的净提前期长度：8+10+5-5>0，$L>0$，需要持有安全库存。

配送中心的净提前期长度：5+7+2-15<0，$L<0$，不需要持有安全库存。

 任务实施

L公司餐桌的需求均值为 2 500 张，标准差为 500 张。餐桌供应商补货的提前期为 7 天。L公司对其餐桌库存设定的周期服务水平为 90%。

任务与思考

如果补货提前期标准差为 7 天，计算 L 公司必须持有的餐桌安全库存。

实训一 不同补货策略下的安全库存分析

实训背景

苹果公司用位于中国的合同制造商生产的手机为美国市场供货。美国市场由位于田纳西州孟菲斯的仓库负责供货。孟菲斯仓库的日需求服从正态分布，均值为 5 000，标准差为 4 000。仓库期望的 CSL 为 99%。苹果公司内部对于是采用海运还是空运方式从中国进货存在争议。采用海运方式下，补货提前期为 36 天，运输成本为每台手机 0.50 美元。采用空运方式下，补货提前期为 4 天，运输成本为每台手机 1.50 美元。每台手机的成本是 100 美元，苹果公司的库存持有成本是 20%。在给定的最小订货批量下，如果采用海运方式，苹果公司每次（平均而言，为每 20 天订一次货）将订购 100 000 台手机；如果采用空运方式，每次（平均而言，为每天订一次货）将订购 5 000 台手机。这里假设苹果公司对在途库存拥有所有权。

1. 假设苹果公司采取的是连续盘点策略。

（1）在海运方式和空运方式下，仓库的再订货点和安全库存分别应当为多少？在每种运输方式下，苹果公司分别应当持有多少天的安全库存？

（2）在每种运输方式下，苹果公司分别应持有多少天的周转库存？

（3）在连续盘点策略下，如果苹果公司并不对在途库存拥有所有权，你会建议它采用哪种运输方式？如果苹果公司对在途库存拥有所有权，你的建议会发生变化吗？

2. 假设苹果公司采取的是周期盘点策略。

（1）在海运方式和空运方式下，仓库的再订货点和安全库存分别应当为多少？在每种运输方式下，苹果公司分别应当持有多少天的安全库存？

（2）在每种运输方式下，苹果公司分别应持有多少天的周转库存？

（3）在周期盘点策略下，如果苹果公司并不对在途库存拥有所有权，你会建议它采用哪种运输方式？如果苹果公司对在途库存拥有所有权，你的建议会发生变化吗？

实训目的

掌握不同补货策略下的安全库存、周转库存的计算方法。

实训组织

1. 通过 Excel 完成上述案例中的任务。

2. 整理数据，完成实训报告。

3. 按时提交实训报告。

实训评价

1. 结果准确（60%）。

2. 步骤清晰，格式规范（40%）。

实训二　库存优化中的集中策略与分散策略

实训背景

正京元药业在杭州地区有 25 个零售店。现行的策略是在每个零售店持有每种药物。正京元药业正在调研将部分药物聚集到一个中央仓库的可行性。一种药物被聚集后，单位运输成本将增加 0.02 元。运输成本增加的原因是从中央仓库到各个零售店所需的额外接驳卡车的费用。正京元药业每周都会为每一个零售店补货（每 7 天进行一次补货），补货订单必须在供应商发货前 3 天发出。即使药物集中存放，正京元药业仍会沿用每周补货一次的做法。正京元药业的库存持有成本为 20%，期望的 CSL 为 99%。假设各零售店的需求相互独立。

（1）考虑一种药物，其在每一个零售店的日需求服从正态分布，均值为 300，标准差为 50。该药物的成本是每单位 10 元。所有零售店的安全库存的年持有成本是多少？如果将该药物集中存放在某个地点，该地点的年库存持有成本是多少？年运输成本将增加多少？你是否建议采取集中策略？

（2）现在考虑一种药物，其在每一个零售店的日需求服从正态分布，均值为 5，标准差为 4。该药物的成本是每单位 10 元。所有零售店的安全库存的年持有成本是多少？如果该药物集中存放在某个地点，该地点的年库存持有成本是多少？年运输成本将增加多少？你是否建议采取集中策略？

（3）如果各个零售店的需求之间的相关系数是 0.5，你对（1）和（2）中的问题的答案会发生变化吗？

实训目的

掌握集中策略与分散策略的具体操作方法。

实训组织

1. 通过 Excel 完成上述案例中的任务。

2. 整理数据，撰写实训报告。

3. 按时提交实训报告。

实训评价

1. 结果准确（60%）。

2. 步骤清晰，格式规范（40%）。

项目七 供应链网络优化

知识目标

1. 知道供应链网络构成;
2. 知道供应链网络优化的价值和内容;
3. 理解供应链网络优化的思路;
4. 理解加权平均距离的计算规则;
5. 知道基于加权距离的设施选址模型的目标和约束;
6. 知道服务水平的概念和量化规则;
7. 知道基于服务水平的设施选址模型的目标和约束;
8. 知道设施选址中的成本构成和量化方法;
9. 知道最小化总成本的设施选址模型的目标和约束;
10. 知道权衡成本和服务水平的供应链网络设计与优化思路;
11. 知道多级供应链网络设计模型的目标和约束。

技能目标

1. 能使用Excel等工具软件实现基于加权距离的设施选址决策;
2. 能使用Excel等工具软件实现基于最小化总成本的设施选址决策。

素质目标

1. 养成关注成本优化与客户服务的意识;
2. 具有积极探索与不怕挫折的意志和品质。

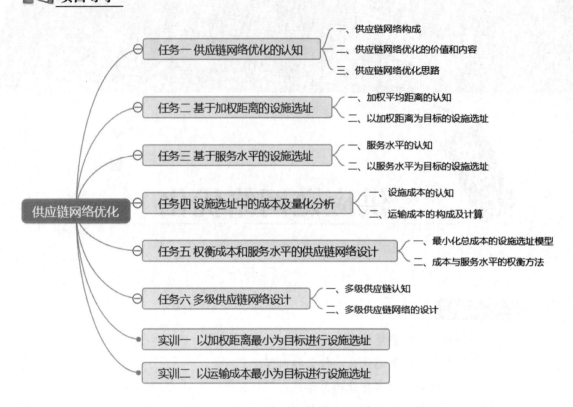
任务一　供应链网络优化的认知

　　在复杂供应链中，往往会面临众多问题，如供应商应该如何选、工厂应该建在何处、工厂分配哪些 SKU、产能应为多大、在哪里设置仓库、设置几个仓库、仓库需要多大、仓库放哪些 SKU 等。供应链网络设计与优化可以帮助企业解决这些问题。

学习导入

知识学习

一、供应链网络构成

　　供应链是指产品生产和流通过程中，由围绕核心企业的原材料供应商、生产商、分销商、零售商以及最终客户等成员通过与上游、下游成员的连接组成的网链结构。供应链是动态的，包括不同环节间持续流动的信息流、资金流、商流、产品流。

（一）供应链网络组成

　　供应链中的基础设施相当于点，实物的流动相当于线，点和线构成网络。供应链网络由设施节点和产品流构成。设施节点是指使企业的原材料、在制品和产成品得以采购、运输、存储和销售的基础设施；产品流是实体产品在设施内及设施节点间的流动。

1. 设施节点

供应链网络中会涉及四大设施节点，包括供应商设施、工厂、仓库和销售设施，如图 7-1 所示。

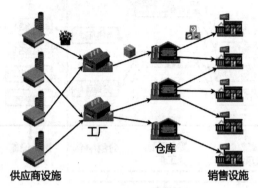

图 7-1　供应链网络

供应商设施是为工厂提供原材料、零部件、半成品、产成品、设备、能源等资源的设施。

工厂是用以生产制造产品的设施，按功能分，可以分为生产原材料、半成品或成品的制造工厂以及加工装配工厂。

仓库是接收、分类、入库、存储、出库以及分发的设施。仓库按目的分，可以分为配送中心、物流中心和存储中心；按级别分，可以分为工厂附属仓库、中央仓库、区域仓库和前置仓库。

销售设施是直接或间接为最终客户提供服务的设施，按目的分，可以分为零售店和分销中心。

2. 产品流

产品流从源头供应商到最终客户，涉及原材料、半成品和成品的流动、加工和储存，存在于供应链的采购、生产、运输、存储等环节。产品流是供应链的根本。

产品流的管理重点是以最经济、有效的方式分配产品，其本质是考虑综合成本是否最低。

（二）供应链网络结构

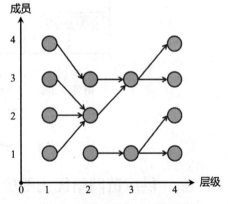

图 7-2　供应链网络二维结构

供应链网络结构由网络层级和成员数目决定。在图 7-2 中，横轴代表供应链层级数目，即几级网络，如二级网络包括仓库和客户，三级网络包括工厂、仓库、客户，四级网络包括工厂、总仓、分仓、客户；竖轴代表各层级的成员数目。

供应链中的核心企业在不同层级上，会对供应链网络决策产生影响。核心企业越靠近源头，越以运输成本为供应链网络优化的目标；越靠近客户端，越以服务水平为优化目标。

以制造企业为核心的供应链网络结构，如图 7-3 所示，决策重点在于供应商、装配工厂以及分销商。

以零售企业为核心的供应链网络结构，如图 7-4 所示，决策重点在于中央仓库、配送中心以及零售店。

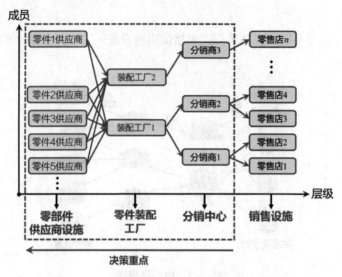

图 7-3　以制造企业为核心的供应链网络结构

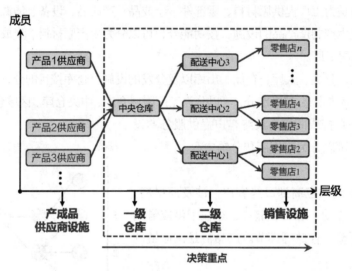

图 7-4　以零售企业为核心的供应链网络结构

二、供应链网络优化的价值和内容

（一）供应链网络优化的价值

供应链 80% 的成本都与设施的位置和产品流的确定紧密相关，它们是任何供应链的关键因素。供应链网络优化的价值就在于降低成本的同时，能够维持或提升客户服务水平，实现利润增长。

进行供应链网络优化，可以帮助企业降低库存成本、运输成本、采购成本、生产成本等，改善服务水平，增加收入，从而实现利润增长，如图 7-5 所示。

（二）供应链网络优化的内容

供应链网络优化的内容主要包括确定供应链网络层级、确定供应链网络设施的作用、供应链网络设施选址、供应链网络设施产能分配、供应链网络设施间产品流分配。

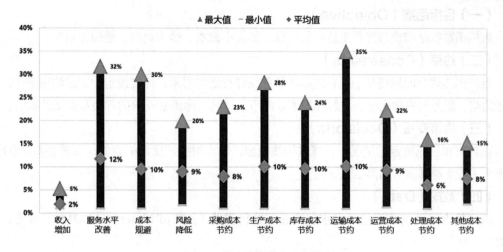

图 7-5　供应链网络优化的价值

1．确定供应链网络层级

确定供应链网络层级主要包括确定供应链的层级数目，以及供应链中包含的设施，如供应商设施、工厂、仓库、销售设施。

2．确定供应链网络设施的作用

设施及其相应的执行能力是供应链响应和效率性能的关键驱动器。例如，当一个产品只在一个地方制造或存放，企业就可以获得经济规模，集中提高了效率。然而这种集中带来的成本减少是以牺牲响应为代价的，尤其当企业的许多客户位于远离生产设施的时候。反之，把设施建在靠近客户的地方将增加必要的设施数量，加快了响应，但降低了效率。设施决策能帮助企业调整供应链以吻合其竞争策略目标。

3．供应链网络设施选址

企业的设施选址决策占供应链设计的一大部分工作。这里的两个基本选择是，把设施集中获得经济规模还是分散接近客户获得更快的响应。核心是确定供应链网络设施的数目以及各设施的位置。

4．供应链网络设施产能分配

设施的能力对供应链响应和效率也有影响，过剩的能力具有柔性但效率低。因此，企业必须正确决定每个设施的产能。

5．供应链网络设施间产品流分配

核心是确定供应商设施和工厂、工厂和仓库、仓库和销售设施之间的产品流向和流量。

三、供应链网络优化思路

供应链网络优化技术的核心就是将供应链网络优化问题构建为一个数学模型问题，基于数据的支持，运用数学优化技术进行求解和分析，并找到较优的决策方案。在进行供应链网络优化时，最常用的是定量分析技术。而定量分析技术的核心就是建立供应链网络优化模型。建立供应链网络优化模型涉及四要素：目标函数、约束、决策变量和数据。

（一）目标函数（Objective）

目标函数就是模型最终希望达成的目标，如最小成本、最大利润、最短距离等。

（二）约束（Constraints）

目标的实现有时候要基于现有的基础条件或者特定的要求，通过设定一定的约束条件，如产能约束、服务水平约束等，求解在约束条件下，达到目标函数要求的各决策变量的数值。

（三）决策变量（Decisions）

在约束和目标确定的情况下，通过构建模型，来求解决策变量的数值，如需要多少仓库、在哪个工厂生产哪些产品等。

（四）数据（Data）

供应链中涉及的数据包括需求、产品、物料清单（Bill of Material，BOM）、设施、成本等。

任务实施

某企业有 5 个备选仓库，为了节约成本，计划从中选出 3 个，使需求权重距离最小。

权重距离最小目标 $\text{minimize} \sum_{i \in I} \sum_{j \in J} \text{dist}_{i,j} d_j Y_{i,j}$。

i：第 i 个设施。

j：第 j 个客户。

I：设施集合。

J：客户集合。

$Y_{i,j}$：设施 i 是否为客户 j 服务。

d_j：表示客户 j 的需求量。

P：表示选择的设施数量。

$\text{dist}_{i,j}$：表示设施 i 与客户 j 之间的距离。

$\sum_{i \in I} Y_{i,j} = 1; \forall j \in J$，所有的需求应被满足。

$\sum_{i \in I} X_i = P$，选择仓库数量为 P，此处 $P=3$。

$Y_{i,j} \leqslant X_i; \forall i \in I; \forall j \in J$，确保需求被分配至开启的仓库。

$Y_{i,j} \in \{0,1\}; \forall i \in I; \forall j \in J$，仓库 i 是否为客户 j 提供服务。

$X_i \in \{0,1\}; \forall i \in I$，是否使用仓库 I。

X_i：是否使用设施 i。

任务与思考

结合模型构建的四要素，说明上述资料中，目标函数、约束、决策变量和数据分别是什么。

任务二　基于加权距离的设施选址

为了使设施更靠近客户，构建以加权距离为目标的设施选址模型，本质上是使设施到所有客户需求的加权平均距离最短，最终得到设施选址方案，从而提高设施对客户的响应速度。

学习导入

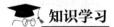 知识学习

一、加权平均距离的认知

加权平均距离就是以客户需求为权重计算的平均距离。计算公式如下

$$加权平均距离 = \frac{\sum(\mathrm{dist}_{i,j} \times d_j)}{\sum d_j}$$

其中，$\mathrm{dist}_{i,j}$ 表示仓库 i 到门店 j 的距离，d_j 代表各门店的需求量。

设施选址的两大关键目标是成本和服务水平，距离是衡量快速交付能力的重要指标，加权平均距离小，可以更快地将产品交付给客户；距离和运输成本高度相关，加权平均距离越小，运输成本越少。

二、以加权距离为目标的设施选址

（一）确定设施位置的步骤

1. 确定设施的备选集

设施备选集可避免将设施选在不可行的区域里，这时就能根据公司要求从备选集里选择一定数量的设施。

2. 比较不同组合方案下，设施到客户的加权平均距离

假如设施备选集中设施数为 m，公司要选择的设施数是 n，可能的组合数就是 C_m^n。通过表 7-1，我们可以看到，当潜在仓总数为 25 个和 250 个时，选择不同数量仓库所存在的组合可能性。

当潜在仓数量较大，要选择的仓库不止一个时，可能的组合数就会激增，所以就需要通过编程或供应链专业软件来解决更复杂和现实的问题。

表 7-1　25 个与 250 个潜在仓所产生的组合可能性对比

潜在仓总数/个	选择仓库数/个	总的组合数/个	潜在仓总数/个	选择仓库数/个	总的组合数/个
25	2	300	250	2	31 125
	3	2 300		3	2 573 000
	4	12 650		4	158 882 750
	5	53 130		5	7 817 031 300

3. 选择加权平均距离最小的设施选址方案

通过对比不同设施选址方案的加权平均距离，选择加权平均距离最小的设施选址方案。

（二）目标及假设

在二级供应链网络（见图 7-6）中，设施为客户提供服务，以总加权距离最小为目标，从设施备选集中选择一个或多个设施。

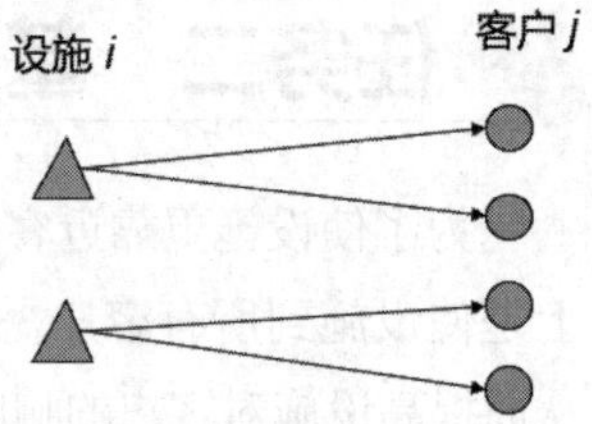

模型假设条件：

（1）客户的位置、需求是固定且已知的；

（2）每个设施都能满足客户的全部需求；

（3）每个客户的需求只能被一个设施全部满足；

（4）存在设施备选集。

图 7-6　设施与客户的二级供应链网络

（三）模型实况

（1）模型的目标是最小化总加权距离。

（2）决策变量有两个，分别是启用候选（潜在）设施集中的哪些设施服务客户、每个启用的设施服务哪一个或几个客户，具体描述如下，

X_i：是否使用设施 i，使用设施 i，X_i 取 1，否则取 0。

$Y_{i,j}$：设施 i 是否为客户 j 服务，设施 i 为客户 j 服务，$Y_{i,j}$ 取 1，否则取 0。

（3）模型需要满足下列三个约束：

① 客户 j 的需求一次性全满足；

② 指定设施数量为 P；

③ 选择设施 i，设施 i 才能为客户提供服务。

综上，模型如下所示

$$\min \sum_{i \in I} \sum_{j \in J} \mathrm{dist}_{i,j} d_j Y_{i,j}$$

约束条件：

① $\sum_{i \in I} Y_{i,j} = 1; \quad \forall j \in J$；

② $\sum_{i \in I} X_i = P$；

③ $Y_{i,j} \leqslant X_i; \quad \forall i \in I, \quad \forall j \in J$；

④ $X_i \in \{0,1\}; \quad \forall i \in I$；

⑤ $Y_{i,j} \in \{0,1\}; \quad \forall i \in I, \quad \forall j \in J$。

其中：

i 表示第 i 个设施；

I 表示设施集合；

j 表示第 j 个客户；

J 表示客户集合；

$\mathrm{dist}_{i,j}$ 表示设施 i 与客户 j 之间的距离；

d_j 表示客户 j 的需求量；

P 表示选择的设施数量。

任务实施

某超市有两家门店 A、B 分别在城市的最西边和最东边，两家门店相距 10 千米，A、B 两家店的需求量分别是 9 000 和 4 000，如图 7-7 所示。现在需要在该城市里选择一个地点建仓库。

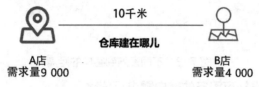

图 7-7　A、B 店分布

任务与思考

为了保证配货的及时性，每家门店都希望离仓库更近一些，请以加权平均距离最小为目标，确定仓库的位置。

任务三　基于服务水平的设施选址

为了提高设施对客户需求的响应速度，构建以服务水平为目标的设施选址模型，保证一定距离内可服务的客户需求百分比最大化，从而求得设施选址方案。

学习导入

知识学习

一、服务水平的认知

服务水平在网络设计中通常有两种不同的度量方式：一种是通过设施到客户的加权平均距离来度量，另一种是通过一定距离内设施可服务的客户需求百分比来度量。

（一）设施到客户的加权平均距离

设施到客户的加权平均距离越小，意味着设施越靠近大型需求中心。

【例 7-1】假设存在 2 个设施（设施 1 和设施 2）和 4 个客户（客户 A、客户 B、客户 C 和客户 D）；4 个客户的需求量分别是 1 000、1 000、500 和 500。设施到各客户的距离如图 7-8 所示。试计算设施 1 和设施 2 到客户的加权平均距离。

【解】

$$设施1到客户的加权平均距离 = \frac{100 \times 1\,000 + 100 \times 1\,000 + 120 \times 500 + 150 \times 500}{1\,000 + 1\,000 + 500 + 500} \approx 112（千米）$$

$$设施2到客户的加权平均距离 = \frac{150 \times 1\,000 + 120 \times 1\,000 + 100 \times 500 + 100 \times 500}{1\,000 + 1\,000 + 500 + 500} \approx 123（千米）$$

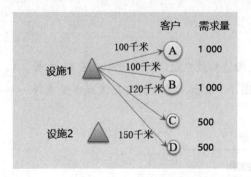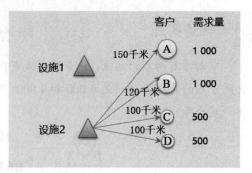

图7-8　不同设施到客户的距离

（二）一定距离内设施可服务的客户需求百分比

一定距离内设施可服务的客户需求的百分比越大，意味着将设施选在此位置可以满足越多客户的需求。

计算公式如下

$$HighServiceDemand = \frac{\sum 一定距离内服务到的客户需求量}{\sum d_j}$$

其中：HighServiceDemand 表示一定距离内设施可服务的客户需求百分比；d_j 表示客户的需求量。

【例7-2】假设存在2个设施（设施1和设施2）和4个客户（客户A、客户B、客户C和客户D）；4个客户的需求量分别是1 000、1 000、500和500。设施到各客户的距离如图7-9所示，图中虚线表示设施在一定距离内可服务的客户需求。试计算设施1和设施2在一定距离内可服务的客户需求百分比。

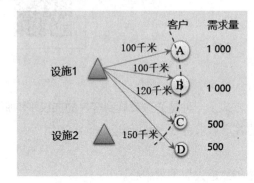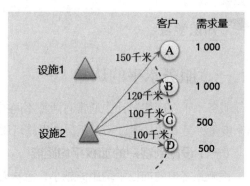

图7-9　不同设施在一定距离内可服务的客户需求

【解】

$$设施1在一定距离内可服务的客户需求百分比 = \frac{1\,000 + 1\,000 + 500}{1\,000 + 1\,000 + 500 + 500} \approx 83.3\%$$

$$设施2在一定距离内可服务的客户需求百分比 = \frac{1\,000 + 500 + 500}{1\,000 + 1\,000 + 500 + 500} \approx 66.7\%$$

在现实中，设施选址会对网络的服务水平有一定的要求。

1. 要求在一定距离内服务水平大于一定的百分比

假如要求在100千米内能服务的客户需求百分比超过80%，当原有设施地址无法满足这一服务水平的要求时，就会导致设施位置发生变化，以满足服务水平，具体如图7-10所示。当原有设施无法满足客户需求百分比时，设施可以向客户的方向移动，以便满足更多的客户需求。

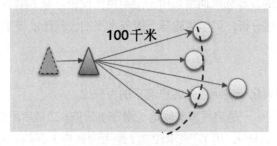

图7-10 设施位置发生变化

2. 要求在一定距离内为所有客户服务

假如一个设施没法在50千米内服务所有的客户，如图7-11（a）所示；可以增加1个设施，由2个设施来满足50千米内100%的客户需求，如图7-11（b）所示。

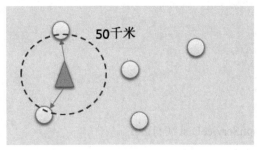
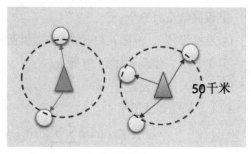

（a）1个设施   （b）2个设施

图7-11 设施数量发生变化

3. 不同的客户子集有不同的服务水平要求

假如重要的客户要求在两天内收到货，其他客户要求五天内收到货，这样就会导致设施选址时更倾向于靠近重要客户。在图7-12中，左边三个圆圈代表重要客户，右边两个圆圈代表其他客户，在设施选址时会更靠近重要客户。

4. 设施数量和距离同时被约束

假如要求只能建一个设施且在100千米内为所有客户服务，如图7-13所示，这时我们会发现，这种情况下没有解决方案。所以，当约束条件过多时，就很可能导致没有满足要求的解决方案。

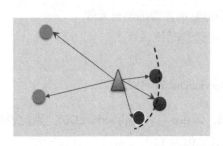
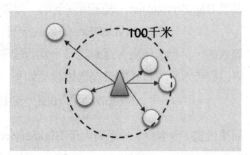

图7-12 设施靠近重要客户   图7-13 无解决方案

二、以服务水平为目标的设施选址

以服务水平为目标的设施选址通常采用一定距离内设施可服务的客户需求百分比来度量和设置目标函数。结合上述分析，可以构建基于服务水平的设施选址模型，模型假设与基于加权距离的设施选址相同。

（一）模型实况

（1）目标函数是最大化一定距离内客户需求的百分比。

（2）决策变量有两个：一是启用哪些候选（潜在）设施；二是启用的设施为哪些客户服务。可以用 X_i 表示是否使用设施 i，用 $Y_{i,j}$ 表示设施 i 是否为客户 j 服务。X_i 和 $Y_{i,j}$ 的取值及含义与基于加权距离的设施选址模型相同。

（3）约束条件有如下六个。

① 距离超过最大值，设施将不会为客户服务。

② 客户 j 的需求一次性全满足。

③ 设施数量为 P 个。

④ 选择设施 i，设施 i 才能为客户提供服务。

⑤ $Y_{i,j}=1$，设施 i 为客户 j 服务。

⑥ $X_i=1$，使用设施 i。

综上，模型如下所示

$$\text{Maximize}\sum_{i\in I}\sum_{j\in J}(\text{dist}_{i,j}>\text{HighServiceDist}?0:1)d_jY_{i,j}$$

约束条件如下。

① $Y_{i,j}\leqslant(\text{dist}_{i,j}>\text{MaximumDist}?0:1);\ \forall i\in I,\forall j\in J$；

② $\sum_{i\in I}Y_{i,j}=1;\forall j\in J$。

③ $\sum_{i\in I}X_i=P$。

④ $Y_{i,j}\leqslant X_i;\ \forall i\in I,\ \forall j\in J$。

⑤ $Y_{i,j}\in\{0,1\};\ \forall i\in I,\forall j\in J$。

⑥ $X_i\in\{0,1\};\ \ \forall i\in I$。

（二）模型解读

1. 限制的一定距离

参数 HighServiceDist，表示所限制的一定距离，计算公式如下：

HighServiceDist= 等效的一日行驶距离 × 期望的运输天数

等效的一日行驶距离 = 运载工具平均行驶速度 × 运送时长

则以服务水平为目标的设施选址模型如下

$$\text{Maximize}\sum_{i\in I}\sum_{j\in J}(\text{dist}_{i,j}>\text{HighServiceDist}?0:1)d_jY_{i,j}$$

如果设施 i 到客户 j 的距离大于 HighServiceDist，即 $\text{dist}_{i,j}>\text{HighServiceDist}$，则此表达式的值为 0；如果 $\text{dist}_{i,j}\leqslant\text{HighServiceDist}$，则此表达式的值为 1。

2. 最大服务距离

参数 MaximumDist，表示设施到客户的最大服务距离。MaximumDist 的值一般要大于 HighServiceDist 的值，所有的设施到客户的距离都小于这个值。

则约束条件

$$Y_{i,j} \leqslant (\mathrm{dist}_{i,j} > \mathrm{MaximumDist}\,?\,0:1);\ \forall i \in I,\ \forall j \in J$$

如果设施 i 到客户 j 的距离大于 MaximumDist 的值，即 $\mathrm{dist}_{i,j} > \mathrm{MaximumDist}$，则此表达式的值为 0，即设施 i 不会服务客户 j；如果 $\mathrm{dist}_{i,j} \leqslant \mathrm{MaximumDist}$，则此表达式的值为 1，即设施 i 服务客户 j。

任务实施

假设某送货卡车的平均行驶速度为 50 千米／时，驾驶员每天工作 8 小时，一日行驶距离就是 400 千米，期望 2 天送达。

任务与思考

1. 该案例中如何确定 HighServiceDist？

2. 假如期望送达时间为 1 天和 5 天，请计算 HighServiceDist。

3. 期望送达时间对 HighServiceDist 有什么影响？

任务四 设施选址中的成本及量化分析

设施选址涉及的成本包括运输成本和设施成本两大类。设施位置和数量对运输成本影响很大，而运输成本占总成本的比重很大，所以构建以运输成本最小化的设施选址模型，需要对设施成本和运输成本进行分析，而且当运输成本结构发生变化时，设施选址方案也会相应发生变化。

学习导入

 **知识学习**

一、设施成本的认知

设施成本包括设施固定成本和设施可变成本。

（一）设施固定成本

设施固定成本是指成本总额在一定时期和一定业务量范围内，不受业务量增减变动影响而能保持不变的成本。它是一笔一次性费用，与物流量的相关性不明显，例如设施建设费，购入生产线、货架和自动化设备的费用等。设施固定成本曲线是阶跃函数，随着设施产能的扩张，阶段性提高，如图 7-14 所示。

设施固定成本在模型中的计算方式

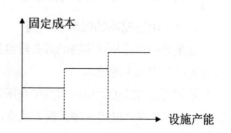

图 7-14　设施固定成本与设施产能的关系

$$\text{设施固定成本} = \sum_{i \in I} \text{facFix}_i X_i$$

其中，facFix_i 是固定成本，与设施所在的地点和规模都直接有关。

在建模时，要根据设施的属性判断设施固定成本的结构和参数取值。

1. 自营设施

建模时要考虑的固定成本有：固定建设成本，这个成本在设施的全周期只发生一次，包括设施建造成本和生产线或设备投入成本；固定运营成本，是每年计算一次，包括设施管理成本、设备维修保养成本和建筑物维护成本。

2. 租赁设施

建模时要考虑的固定成本主要是设施租赁成本。

（二）设施可变成本

设施可变成本是指在产品制造或流转过程中，支付给各种变动生产要素的费用，如购买原材料的费用、电力消耗费用和工人工资等。设施可变成本是连续函数，随着设施实际处理量的提高而提高，如图 7-15 所示。

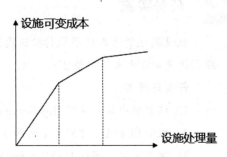

图 7-15　设施可变成本与设施处理量的关系

设施可变成本通常随设施处理量的变化而变化，在实际生产过程开始后才需支付。

设施可变成本在模型中的计算方式

$$\text{设施可变成本} = \sum_{i \in I} \sum_{j \in J} \text{facVar}_i d_j Y_{i,j}$$

其中，facVar_i 是可变成本，与设施所在的地点和处理量有关。

设施可变成本参数取值前，同样要根据设施属性判断成本结构。

1. 自营设施

自营设施情况下，需要考虑的成本如下。

① 人工成本：人工处理一件货有多少成本。

② 公用事业成本：水电燃气等费用均摊到每件货品。

③ 物料成本：围绕产品流动所购买的辅助用品，如包装箱。

2. 租赁设施

租赁设施时，需要考虑的成本通常是第三方生产或处理每个产品收取的费用。

二、运输成本的构成及计算

（一）运输成本的概念及结构

运输是指产品从供应链的源头转移到客户手中所发生的产品的空间位移，运输成本就是指在运输过程中产生的成本。

不同运输方式的运输成本结构有所不同，具体如表 7-2 所示。表 7-2 中列举了公路、铁路、海运、空运和多式联运 5 种运输方式常见的成本结构。

表 7-2　不同运输方式的成本结构

运输方式	成本结构	运输方式	成本结构
公路	按距离等方式计费	空运	重量、体积择大计费
铁路	按吨/千米等单位计费	多式联运	区间内统一收费
海运	区间内统一收费		

表 7-3 列举了不同运输组织形式下对应的成本结构。

表 7-3　不同运输组织形式的成本结构

运输组织形式	成本结构
公路整车运输	基本运价+里程价 按距离分段收费 区间内统一收费
公路零担运输	按距离分段收费
铁路整车运输	基本运价+里程价
铁路零担运输	按托运货物的吨/千米数和运价率计费
快递包裹运输	基价+重量价
循环取货	里程费+停车费

所以运输方式和运输组织形式都会影响运输成本的结构及计算方法。

（二）运输成本标准化的方法

在建模时，如果用每次装运成本来表示运输成本，模型会太复杂。所以，建模时需要标准化数据，这时将成本转换为单位运输成本，让其作为标准化输入数据。

运输成本的计算公式如下

$$运输成本 = \sum_{i \in I} \sum_{j \in J} \text{trans}_{i,j} d_j Y_{i,j}$$

其中，参数 $\text{trans}_{i,j}$ 表示单位运输成本，它的计算公式如下

$$\text{trans}_{i,j} = \frac{\text{load}_{i,j}}{\text{avg}_{i,j}}$$

其中：$\text{load}_{i,j}$ 表示载运工具从点 i 移到 j 的成本；$\text{avg}_{i,j}$ 表示实际载运量。

【例 7-3】甲公司在运往上海、合肥等地的运输线路上可选择多种运输方式，不同运输方式的运输成本不同，具体信息如表 7-4 所示，试计算每单位运输成本。

【解】

可根据表中的每单位运输成本计算公式及相关数据，计算得出每单位运输成本，具体如表 7-5 所示。

【例 7-4】乙公司从北京到上海采用公路整车运输，运费计算按照区间内统一收费，具体信息如表 7-6 所示。试计算乙公司从北京到上海线路的平均每单位运输成本。计算结果保留 1位小数。

表 7-4　甲公司运输成本

起点	终点	运输距离/千米	产品质量/吨	产品体积/立方米	运输方式	实际载运量	变动运输成本	固定运输成本/元	每单位运输成本计算公式	每单位运输成本/元
北京	上海	1 318	1.5	1	铁路	72件	0.1元/千米	—	变动运输成本×运输距离/实际载运量	
上海	合肥	466	1.5	1	零担运输	—	3元/吨	—	变动运输成本×产品质量	
上海	合肥	466	0.1	0.2	零担运输	—	3元/吨	—	变动运输成本×产品质量	
上海	合肥	466	1.5	1	空运	—	300元/立方米	—	变动运输成本×产品体积	
上海	合肥	466	0.1	0.2	空运	—	300元/立方米	—	变动运输成本×产品体积	

表 7-5　甲公司单位运输成本计算结果

起点	终点	运输距离/千米	产品质量/吨	产品体积/立方米	运输方式	实际载运量	变动运输成本	固定运输成本	每单位运输成本计算公式	每单位运输成本
北京	上海	1 318	1.5	1	铁路	72件	0.1元/千米	—	变动运输成本×运输距离/实际载运量	1.8元/件
上海	合肥	466	1.5	1	零担运输	—	3元/吨	—	变动运输成本×产品质量	4.5元/件
上海	合肥	466	0.1	0.2	零担运输	—	3元/吨	—	变动运输成本×产品质量	0.3元/件
上海	合肥	466	1.5	1	空运	—	300元/立方米	—	变动运输成本×产品体积	300元/件
上海	合肥	466	0.1	0.2	空运	—	300元/立方米	—	变动运输成本×产品体积	60元/件

表 7-6　乙公司运输成本

起点	终点	运输距离/千米	产品质量/吨	实际载运量/件	运输方式	固定运输成本/元	每单位产品实际运输成本/（元·件[1]）	每单位运输成本/（元·件[1]）
北京	上海	1 318	0.1	30	公路整车运输	600		
北京	上海	1 318	0.1	35	公路整车运输	600		
北京	上海	1 318	0.1	38	公路整车运输	600		
北京	上海	1 318	0.1	40	公路整车运输	600		
北京	上海	1 318	0.1	42	公路整车运输	600		
北京	上海	1 318	0.1	45	公路整车运输	600		

【解】

从表 7-6 中，可以得出乙公司从北京到上海线路的统一收费标准是 600 元。

$$每单位产品实际运输成本 = \frac{固定运输成本}{实际载运量}$$

每单位运输成本为每单位产品实际运输成本的均值。

根据计算公式及相关数据，得出表 7-7。

表 7-7 乙公司单位运输成本计算结果

起点	终点	运输距离/千米	产品质量/吨	实际载运量/件	运输方式	固定运输成本/元	每单位产品实际运输成本/（元·件[1]）	每单位运输成本/（元·件[1]）
北京	上海	1 318	0.1	30	公路整车运输	600	20.0	
北京	上海	1 318	0.1	35	公路整车运输	600	17.1	
北京	上海	1 318	0.1	38	公路整车运输	600	15.8	15.9
北京	上海	1 318	0.1	40	公路整车运输	600	15.0	
北京	上海	1 318	0.1	42	公路整车运输	600	14.3	
北京	上海	1 318	0.1	45	公路整车运输	600	13.3	

 任务实施

丙公司采用最低报价法计算单位运输成本，实际费用取"最低报价"及"按距离计算的费用"两种计价方式的较大者。具体信息如表 7-8 所示。

表 7-8 丙公司运输成本

起点	终点	实际载运量/吨	运输距离/千米	每千米的运价/（元·千米[1]）	一批货物的最低报价/元	按距离计算的费用/元	实际费用/元	每单位运输成本/（元·吨[1]）
武汉	昆明	18.3	1 487.6	5.04	2 000			
武汉	合肥	17.5	378.6	5.04	2 000			

任务与思考

1. 试计算丙公司的每单位运输成本，填写完成表 7-8。

2. 甲、乙、丙三个公司的单位运输成本计算方法有何不同？

任务五 权衡成本和服务水平的供应链网络设计

在现实问题中，企业往往希望在成本最低的情况下最大限度地满足客户需求。所以，为了使供应链网络在降低成本的同时，能够维持或提升服务水平，构建以总成本最小化为目标的设施选址模型，同时添加服务水平约束，权衡成本和服务水平，从而得到较好的网络设计方案。

学习导入

一、最小化总成本的设施选址模型

仓库越靠近客户，仓库数量越多，服务水平越高，而设施成本也越高。为达到成本与服务水平的均衡，需要构建最小化总成本的设施选址模型。

供应链网络最常见的两类成本是运输成本和设施成本，通常也是供应链总成本的主要构成部分，最小化总成本的目标函数，可以用下列公式表示：

Min 运输成本 + 设施成本 = 需求量 ×（单位运输成本 + 单位设施可变成本）+ 设施固定成本

在构建企业供应链成本模型时，可以根据实际情况增加其他成本，如税收成本、库存持有成本等。

（一）模型假设

假设设施规模存在差别，规模大小影响设施的固定开设成本和运营成本，不同规模设施的固定成本和运营成本（可变成本）不同，每个潜在位置只能选用给定规模集合中的某一种规模设施来运营。其他假设条件与前面四个项目描述相同。

（二）决策变量

模型的决策变量有两个：一个是是否在潜在位置 i 使用规模为 w 的设施，用 $X_{i,w}$ 表示，$X_{i,w}$ 取值为 0 或 1，0 表示否，1 表示是；另一个决策变量是设施 i 是否为客户 j 提供服务，用 $Y_{i,j}$ 表示，$Y_{i,j}$ 取值为 0 或 1，0 表示否，1 表示是。

（三）约束条件

（1）客户 j 的需求一次性全满足。

（2）设施数量为 P 个。

（3）每个地点的设施在 W 个规模下至多选 1 个。

（4）提供服务的设施必须已经开放。

（5）一定距离内满足客户需求的百分比不低于某个数值。

综上，构建最小化总成本的设施选址模型如下所示

$$\min \sum_{i \in I} \sum_{j \in J} (\text{trans}_{i,j} + \text{facVar}_i) d_j Y_{i,j} + \sum_{i \in I} \sum_{w \in W} \text{facFix}_{i,w} X_{i,w}$$

约束条件：

（1）$\sum_{i \in I} Y_{i,j} = 1$；$\forall j \in J$。

（2）$\sum_{i \in I} \sum_{w \in W} X_{i,w} = P$。

（3）$\sum_{w \in W} X_{i,w} \leqslant 1$；$\forall i \in I$。

（4）$Y_{i,j} \leqslant \sum_{w \in W} X_{i,w}$；$\forall i \in I$，$\forall j \in J$。

（5）$\sum_{i \in I} \sum_{j \in J} (\text{dist}_{i,j} > \text{HighServiceDist}\,?\,0:1) d_j Y_{i,j} \geqslant \text{HighServiceDemand}$。

（6）$Y_{i,j} \in \{0,1\}$；$\forall i \in I$，$\forall j \in J$。

（7）$X_{i,w} \in \{0,1\}$；$\forall i \in I$，$\forall w \in W$。

其中：

w 表示规模为 w 的设施；

W 表示设施规模集合；

其他参数与前面四个项目涉及的参数相同。

二、成本与服务水平的权衡方法

供应链网络设计与优化的目的是降低成本的同时维持或提升客户服务水平，这就涉及成本和服务水平的权衡。一般情况下，随着仓库数量的增加，服务水平提高，总成本也会增加。

在进行成本和服务水平权衡时，先以最小化成本为目标进行设施选址，然后加入不同服务水平梯度的约束，最后对比得到不同的方案。

添加服务水平约束，需要引入参数 HighServiceDemand，表示一定距离内满足客户需求百分比。具有服务水平限制约束的模型如下所示：

$$\sum_{i \in I} \sum_{j \in J} (\text{dist}_{i,j} > \text{HighServiceDist} ? 0 : 1) d_j Y_{i,j} \geq \text{HighServiceDemand}$$

【例 7-5】某公司要求在 480 千米内满足客户需求百分比不低于 80%，请根据资料构建该模型。

【解】

HighServiceDist 取 480 千米，HighServiceDemand = 客户的总需求量 × 80%，上述模型就可以表达为：$\sum_{i \in I} \sum_{j \in J} (\text{dist}_{i,j} > 480 ? 0 : 1) d_j Y_{i,j} \geq \sum d_j \times 80\%$。

任务实施

A 公司为进一步拓展业务，提升客户响应度，希望能够在降低成本的同时维持或提升客户服务水平。目前，该公司希望能够在 500 千米内满足客户需求百分比不低于 85%。

任务与思考

1. 请根据 A 公司的要求，构建服务水平限制约束的模型。

2. 假如距离不变，依然是 500 千米以内，但客户需求百分比要不低于 95%，则可能会对仓库选址产生什么影响？

任务六　多级供应链网络设计

在实际生产消费过程中，产品的供需一般通过多级供应链完成，会涉及总仓、配送中心和客户等。服务水平的要求制约着成本下降的空间，研究多级供应链网络设计，就是考虑如何在现有网络中考虑服务水平的影响，追求该条件下的最优成本。

学习导入

知识学习

一、多级供应链认知

（一）多级供应链的概念

多级供应链是指从供应商到客户，供应链层级为三级及以上的供应链，如图 7-16 所示。多级供应链具有"牵一发而动全身"的特性。采用多级供应链会得到更科学合理的优化设计效果。

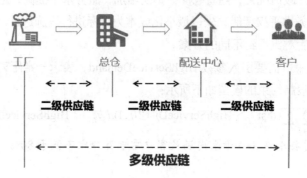

图 7-16　多级供应链

（二）从二级到多级供应链的考虑因素

常见的供应链类型有二级供应链、三级供应链和四级供应链。二级供应链包含配送中心和客户；三级供应链包括总仓、配送中心和客户；四级供应链包含工厂、总仓、配送中心和客户，具体如图 7-17 所示。

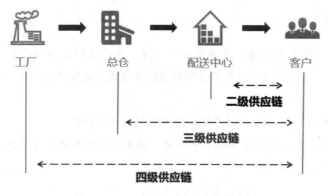

图 7-17　二级、三级及四级供应链

1. 出入站环节

从图 7-18 可知，由二级供应链变为三级供应链时，配送中心为变化前后的衔接点，此时相比二级供应链，形成了"配送中心→客户"的出站环节以及"总仓→配送中心"的入站环节。由三级供应链变为四级供应链时，总仓为变化前后的衔接点，此时相比三级供应链，添加了"工厂→总仓"的入站环节。

配送中心位置与出站、入站成本有着密切的关系。当配送中心靠近客户端时，入站成本上升，出站成本下降；当配送中心靠近工厂端时，入站成本降低，出站成本上升。

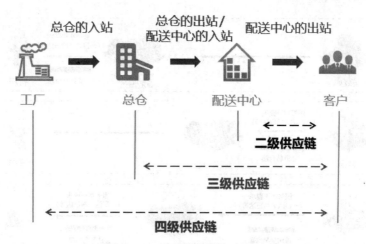

图 7-18　多级供应链与出入站

在多级供应链中，总仓一般通过整车运输将货物运送到配送中心，配送中心通过零担运输将货物运送到各客户点，而零担运输成本较整车运输成本高，即：入站成本＜出站成本。

所以为使总成本最小，配送中心位置应往客户端靠近。

随着配送中心数量的增加，出站成本逐渐减少，入站成本逐渐增加，同时会引发配送中心运营成本的增加，如图 7-19 所示。

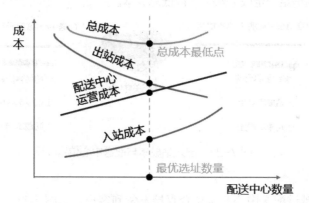

图 7-19　配送中心数量与成本的关系

在图 7-19 中，总成本曲线的底部为总成本最优的方案，其对应的配送中心数量为最优配送中心选址数量。

2. 多级服务水平

在二级供应链中，只有"客户"存在服务要求，而多级供应链的中间层级设施（总仓、配送中心），同时担任供给和需求的角色，也存在服务要求，因此多级供应链增加了供应链决策的复杂性。

服务水平跟距离直接相关，各级服务水平的要求会拉动配送中心位置的移动。在图 7-20 中，当客户服务水平要求为一日达或两日达时，配送中心需要建立在靠近客户端的位置；同样，当总仓服务水平要求为一日达或两日达时，配送中心需要建立在靠近总仓端的位置；而当客户和总仓的服务水平都要求为一日达或两日达时，配送中心选址就需要在总仓和客户之间进行权衡，或通过增加配送中心的数量来解决此问题。

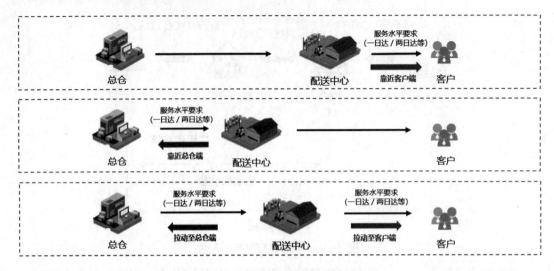

图 7-20 服务水平与配送中心位置

配送中心位置的移动还伴随着出入站成本的变动，从而引发服务水平与成本的权衡。当配送中心靠近客户端时，入站成本增加，出站成本减少；当配送中心靠近总仓端时，入站成本减少，出站成本增加，如图 7-21 所示。因此，配送中心位置的确定需要在总成本与总服务水平之间进行权衡，以便得到满足一定服务水平的最低总成本。

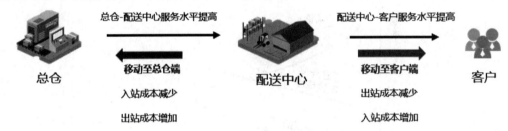

图 7-21 出入站成本与配送中心位置

3. 跨级采购

跨级采购是指越过配送中心，从总仓直接发货到客户，如图 7-22 所示。采用跨级采购，可识别成本进一步减少的空间，通过对比不同方案，以总成本较低的跨级采购替换总成本较高

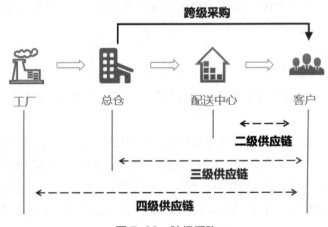

图 7-22 跨级采购

的三级采购。

跨级采购涉及的成本包括配送中心运营成本和运输成本。跨级采购可减少配送中心数量，从而减少配送中心运营成本；但是，跨级采购可能使得运输成本增加，也可能使其减少。

二、多级供应链网络的设计

（一）多级供应链涉及的成本

在四级供应链中，涉及的成本有工厂到总仓的运输成本、总仓到配送中心的运输成本、配送中心到客户的运输成本以及配送中心运营成本。如果采用跨级采购，不建立配送中心，直接由总仓运输给客户，涉及的成本有工厂到总仓的运输成本、总仓到客户的跨级运输成本。

企业可根据实际情况，构建多级供应链网络设计模型。

工厂到总仓的运输成本 $= \sum_{l \in L} \sum_{h \in H} (\text{transPS}_{l,h}) U_{l,h}$ ；

总仓到配送中心的运输成本 $= \sum_{h \in H} \sum_{i \in I} (\text{transSW}_{h,i}) Z_{h,i}$ ；

配送中心到客户的运输成本 $= \sum_{i \in I} \sum_{j \in J} \text{transWC}_{i,j} d_j Y_{i,j}$ ；

总仓到客户的跨级运输成本 $= \sum_{h \in H} \sum_{j \in J} (\text{transSC}_{h,j}) d_j V_{h,j}$ ；

配送中心运营成本 $= \sum_{i \in I} \sum_{w \in W} \text{whFix}_{i,w} X_{i,w}$ 。

（二）多级供应链网络设计模型构建

1. 目标函数

根据多级供应链中涉及的成本，可以构建以下成本最小化模型。

$$\min \sum_{l \in L} \sum_{h \in H} (\text{transPS}_{l,h}) U_{l,h} + \sum_{h \in H} \sum_{i \in I} (\text{transSW}_{h,i}) Z_{h,i} +$$
$$\sum_{i \in I} \sum_{j \in J} \text{transWC}_{i,j} d_j Y_{i,j} + \sum_{h \in H} \sum_{j \in J} (\text{transSC}_{h,j}) d_j V_{h,j} + \sum_{i \in I} \sum_{w \in W} \text{whFix}_{i,w} X_{i,w}$$

2. 约束条件

（1） $\sum_{i \in I} Y_{i,j} = 1, \quad \forall j \in J$ 。

（2） $\sum_{h \in H} V_{h,j} = 1, \quad \forall j \in J$ 。

（3） $\sum_{i \in I} \sum_{w \in W} X_{i,w} = P$ 。

（4） $\sum_{w \in W} X_{i,w} \leqslant 1, \quad \forall i \in I$ 。

（5） $\sum_{j \in J} \text{vol}_{i,j} Y_{i,j} \leqslant \sum_{w \in W} \text{whCap}_{i,w} X_{i,w}, \quad \forall i \in I$ 。

（6） $\sum_{l \in L} U_{l,h} = \sum_{j \in J} d_j Y_{i,j} + \sum_{j \in J} d_j V_{h,j}, \quad \forall i \in I, \quad \forall h \in H$ 。

（7） $\sum_{h \in H} U_{l,h} \leqslant \text{pCap}_l, \quad \forall l \in L$ 。

（8） $Y_{i,j} \leqslant \sum_{w \in W} X_{i,w}, \quad \forall i \in I, \quad \forall j \in J$ 。

（9） $\sum_{l \in L} \sum_{h \in H} (\text{dist}_{l,h} > \text{HighServiceDist}_{l,h} ? 0 : 1) U_{l,h} \geqslant \text{HighServiceDemand}_{l,h}$ 。

（10）$\sum_{h \in H} \sum_{i \in I}(\text{dist}_{h,i} > \text{HighServiceDist}_{h,i}?0:1)Z_{h,i} \geqslant \text{HighServiceDemand}_{h,i}$。

（11）$\sum_{i \in I} \sum_{j \in J}(\text{dist}_{i,j} > \text{HighServiceDist}_{i,j}?0:1)d_j Y_{i,j} \geqslant \text{HighServiceDemand}_{i,j}$。

（12）$\sum_{h \in H} \sum_{j \in J}(\text{dist}_{h,j} > \text{HighServiceDist}_{h,j}?0:1)d_j V_{h,j} \geqslant \text{HighServiceDemand}_{h,j}$。

（13）$Y_{i,j} \in \{0,1\}, \quad \forall i \in I, \quad \forall j \in J$。

（14）$X_{i,w} \in \{0,1\}, \quad \forall i \in I, \quad \forall w \in W$。

（15）$Z_{h,i} \geqslant 0, \quad \forall h \in H, \quad \forall i \in I$。

（16）$U_{l,h} \geqslant 0, \quad \forall l \in L, \quad \forall h \in H$。

（17）$V_{h,j} \in \{0,1\}, \quad \forall h \in H, \quad \forall j \in J$。

3. 符号说明

目标函数中符号所代表的含义，如表 7-9 所示。

表 7-9　符号说明

符号	含义	符号	含义
W	备选配送中心集合	$V_{h,j}$	总仓 h 是否运送产品到客户 j
w	特定备选配送中心	$\text{transPS}_{l,h}$	将产品从工厂 l 运送到总仓 h 的运输成本
I（i 的大写字母）	配送中心集合	$\text{transSW}_{h,i}$	将产品从总仓 h 运送到配送中心 i 的运输成本
i	特定配送中心	$\text{transWC}_{i,j}$	将产品从配送中心 i 运送到客户 j 的运输成本
H	总仓集合	$\text{transSC}_{h,j}$	将产品从总仓 h 运送到客户 j 的运输成本
h	特定总仓	$\text{whFix}_{i,w}$	配送中心 i 的固定成本
L	工厂集合	$\text{vol}_{i,j}$	配送中心 i 分配给客户 j 的产品存储空间量
l（L 的小写字母）	特定工厂	$\text{whCap}_{i,w}$	配送中心 i 的容量
d_j	客户 j 对产品的需求	pCap_l	工厂 l（L 的小写字母）的产能
$X_{i,w}$	是否建立配送中心 i	$\text{dist}_{l,h}$	工厂 l（L 的小写字母）与总仓 h 之间的距离
$Y_{i,j}$	配送中心 i 是否运送产品到客户 j	$\text{HighServiceDist}_{l,h}$	工厂 l（L 的小写字母）与总仓 h 之间服务需求距离
$Z_{h,i}$	从总仓 h 运送到配送中心 i 的产品数	$\text{HighServiceDemand}_{l,h}$	工厂 l（L 的小写字母）到总仓 h 的服务水平
$U_{l,h}$	从工厂 l 运送到总仓 h 的产品数		

任务实施

　　某企业是一家大型生产制造企业,拥有自己的工厂,并在北京建立了总仓,在全国各地级市设立了配送中心,由配送中心将产品配送给末端客户。为进一步降低成本,该企业计划进行供应链网络优化,选取 3 个地级市作为试点,撤销其配送中心,采用跨级采购,试点地区的产品直接由总仓运输给客户,其他地区的产品还是由配送中心运输给客户。

任务与思考

1. 上述情景属于几级供应链?
2. 该企业优化后的供应链网络,涉及的成本都有哪些?

实训一　以加权距离最小为目标进行设施选址

实训背景

　　CZ 公司是一家电子产品生产厂家,在全国范围内共有 15 家客户需要进行供货,客户的货物需求量如表 7-10 所示。全国范围内备选发货仓库有武汉、天津、泉州三个,各仓库到客户的运输距离见如表 7-11 所示。

表 7-10　客户需求量 1

客户	需求量/件	客户	需求量/件
CZ_Baoding_franchise	8 217	CZ_Hengyang_franchise	7 802
CZ_Bozhou_franchise	7 951	CZ_Hulunbeier_franchise	8 110
CZ_Chenzhou_franchise	8 363	CZ_Jishou_franchise	9 342
CZ_Dali_franchise	6 938	CZ_Kelamayi_franchise	4 443
CZ_Dalian_retail	6 661	CZ_Kunming_franchise	8 089
CZ_Foshan_franchise	7 175	CZ_Liuan_franchise	4 498
CZ_Guangan_franchise	9 836	CZ_Longyan_retail	7 154
CZ_Handan_retail	8 026		

表 7-11　发货仓库到客户距离 1

客户	DC_武汉/千米	DC_天津/千米	DC_泉州/千米
CZ_Baoding_franchise	1 085.427 6	233.435 9	1 820.142 4
CZ_Bozhou_franchise	458.868 6	703.310 5	1 181.094 8
CZ_Chenzhou_franchise	641.581 2	1 798.868 2	702.526 9
CZ_Dali_franchise	1 717.353	2 587.700 2	2 195.871 4
CZ_Dalian_retail	1 343.456 9	389.560 4	1 807.809 5

客户	DC_武汉/千米	DC_天津/千米	DC_泉州/千米
CZ_Foshan_franchise	993.198 5	2 142.535 5	749.155 7
CZ_Guangan_franchise	840.837	1 626.935 4	1 573.578 3
CZ_Handan_retail	784.790 5	453.949 2	1 565.992
CZ_Hengyang_franchise	514.405 2	1 674.246 7	778.876 1
CZ_Hulunbeier_franchise	2 483.701 1	1 340.378 5	3 125.278 3
CZ_Jishou_franchise	587.802 1	1 647.126 1	1 147.588 7
CZ_Kelamayi_franchise	3 541.471 3	3 251.783 7	4 428.149 1
CZ_Kunming_franchise	1 497.602 2	2 462.358 4	1 899.219 3
CZ_Liuan_franchise	303.521 2	955.445 1	895.160 2
CZ_Longyan_retail	791.643 4	1 814.636 8	229.872 4

为了提高客户响应能力，CZ 公司希望自己的仓库离客户越近越好。启用仓库站点数量不同对运输距离也有影响，此次探究分别采用 1 个、2 个、3 个仓库进行供货时的最小加权平均距离，并且找出仓库与客户的对应关系。

实训目的

能够应用 Excel 线性规划求解加权距离；理解仓库站点数量对运输距离的影响。

实训组织

1. 使用 Excel 软件进行以加权距离最小为目标的设施选址。

2. 整理数据，完成实训报告。

3. 按时提交实训报告。

实训评价

1. 结果准确（60%）。

2. 步骤清晰，格式规范（40%）。

实训二　以运输成本最小为目标进行设施选址

实训背景

CZ 公司是一家电子产品生产厂家，在全国范围内共有 15 家客户需要进行供货，客户的货物需求量如表 7-12 所示。全国范围内备选发货仓库有武汉、天津、泉州三个，各仓库到客户的运输距离如表 7-13 所示。

不同仓库发货的单位运输成本并不相同，本次设武汉、天津、泉州仓库发货价格分别为 0.06、0.05、0.045 元 /（千米·件）。此次开启两个仓库为 15 个客户进行供货，在运输成本不同的前提下，寻找运输成本最小的最优解。

表 7-12　客户需求量 2

客户	需求量/件	客户	需求量/件
CZ_Baoding_franchise	8 217	CZ_Hengyang_franchise	7 802
CZ_Bozhou_franchise	7 951	CZ_Hulunbeier_franchise	8 110
CZ_Chenzhou_franchise	8 363	CZ_Jishou_franchise	9 342
CZ_Dali_franchise	6 938	CZ_Kelamayi_franchise	4 443
CZ_Dalian_retail	6 661	CZ_Kunming_franchise	8 089
CZ_Foshan_franchise	7 175	CZ_Liuan_franchise	4 498
CZ_Guangan_franchise	9 836	CZ_Longyan_retail	- 7 154
CZ_Handan_retail	8 026		

表 7-13　发货仓库到客户距离 2

客户	DC_武汉/千米	DC_天津/千米	DC_泉州/千米
CZ_Baoding_franchise	1 085.427 6	233.435 9	1 820.142 4
CZ_Bozhou_franchise	458.868 6	703.310 5	1 181.094 8
CZ_Chenzhou_franchise	641.581 2	1 798.868 2	702.526 9
CZ_Dali_franchise	1 717.353	2 587.700 2	2 195.871 4
CZ_Dalian_retail	1 343.456 9	389.560 4	1 807.809 5
CZ_Foshan_franchise	993.198 5	2 142.535 5	749.155 7
CZ_Guangan_franchise	840.837	1 626.935 4	1 573.578 3
CZ_Handan_retail	784.790 5	453.949 2	1 565.992
CZ_Hengyang_franchise	514.405 2	1 674.246 7	778.876 1
CZ_Hulunbeier_franchise	2 483.701 1	1 340.378 5	3 125.278 3
CZ_Jishou_franchise	587.802 1	1 647.126 1	1 147.588 7
CZ_Kelamayi_franchise	3 541.471 3	3 251.783 7	4 428.149 1
CZ_Kunming_franchise	1 497.602 2	2 462.358 4	1 899.219 3
CZ_Liuan_franchise	303.521 2	955.445 1	895.160 2
CZ_Longyan_retail	791.643 4	1 814.636 8	229.872 4

实训目的

理解单位运输成本对模型结果的影响；能够应用 Excel 线性规划求解运输成本。

实训组织

1. 使用 Excel 软件进行以运输成本最小为目标的设施选址。

2. 整理数据，完成实训报告。

3. 按时提交实训报告。

实训评价

1. 结果准确（60%）。

2. 步骤清晰，格式规范（40%）。

项目八 供应链规划与优化综合实训

1. 能完成给定企业的需求分析与库存策略选择；
2. 能完成给定企业的安全库存优化；
3. 能完成给定企业基于加权距离的设施选址；
4. 能完成给定企业基于服务水平的设施选址；
5. 能完成给定企业基于运输成本的设施选址；
6. 能完成给定企业的权衡成本和服务水平的供应链网络设计；
7. 能完成给定企业的多级供应链网络设计。

1. 具有积极探索与不怕挫折的意志和品质；
2. 崇尚并养成创新性思维习惯。

项目导学

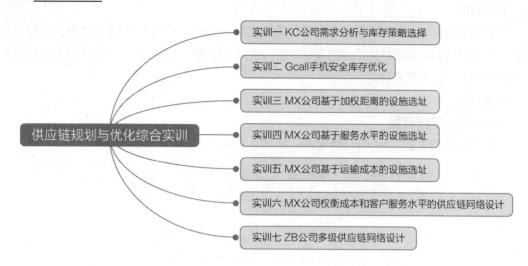

实训一　KC公司需求分析与库存策略选择

实训背景

KC公司是国内一家机械工程零部件加工公司，除了主营的三类零部件加工之外，在天津、上海、长沙、广州这四个客户集中区域建立备件仓库，也会承接部分自动化设备生产与组装的业务。KC公司刚成立阶段，仅在武汉有一个加工厂，然而随着公司业务的不断发展，订单越来越多，给客户的交货期也越来越长。因此，公司在天津、上海、长沙、广州这四个客户集中区域各建立了一个备件仓库，以提升公司在市场中的竞争力，更好地为客户服务。

管理层依据之前的需求数据和经验，计划于这四个仓库执行库存策略，如表8-1所示。

表8-1　初始库存策略

站点-产品	库存策略	重新订购点	库存上限	审查周期
DC_01-FG_01	(s, S)	60 000	90 000	连续
DC_02-FG_02	(s, S)	30 000	50 000	连续
DC_03-FG_03	(s, S)	60 000	90 000	连续
DC_04-FG_04	(s, S)	2	4	连续

注：DC表示仓库站点；FG表示产品

请你借助LLamasoft软件，结合上述实训背景，完成下列任务：

（1）基于现有库存策略进行仿真，观察成本与库存细节；

（2）根据现状，按日汇总需求进行需求分析以及库存优化；

（3）使用按日汇总需求进行库存优化后得到的库存策略进行库存仿真；

（4）调整策略后［比如将(R, Q)策略调整为(s, S)策略］进行库存仿真；

（5）按周汇总需求分别进行库存优化和库存仿真。

实训目的

帮助学生理解解决库存问题的基本方法论：从需求分析、库存优化到库存仿真全流程；利用库存仿真对比利用需求分类推荐的库存策略与自定义策略的区别；对比将需求以不同时间跨度汇总后的库存优化的差异。

实训组织

（一）建立基线模型

建立基线模型主要分为以下七个步骤，如图 8-1 所示。

图 8-1　建立基线模型的步骤 1

（二）多场景分析

（1）日汇总库存优化与仿真。

日汇总库存优化与仿真主要分为以下七个步骤，如图 8-2 所示。

图 8-2　日汇总库存优化与仿真的步骤

（2）策略调整库存仿真。

策略调整库存仿真主要分为以下六个步骤，如图 8-3 所示。

图 8-3　策略调整库存仿真的步骤

（3）周汇总库存优化。

以上场景都是基于日汇总需求进行处理，接着我们尝试将需求按周汇总进行库存优化。

按周汇总库存优化主要分为以下四个步骤，如图 8-4 所示。

图 8-4　周汇总库存优化的步骤

（4）周汇总库存仿真。

周汇总库存仿真主要分为以下五个步骤，如图 8-5 所示。

图 8-5　周汇总库存仿真的步骤

实训评价

1. 模型建立正确（30%）。

2. 模型运行结果准确（50%）。

3. 结果分析全面翔实，思路清晰（20%）。

实训二　Gcall手机安全库存优化

实训背景

Gcall 是手机生产企业，拥有全球的供应链网络，市场竞争日趋激烈，供应链库存成本过高，现正在评估其当前的库存策略，并希望通过调整其库存策略在降低其库存总成本的同时提高或维持客户服务水平。该企业的供应链网络结构，如图 8-6 所示，具体供应链情况如下。

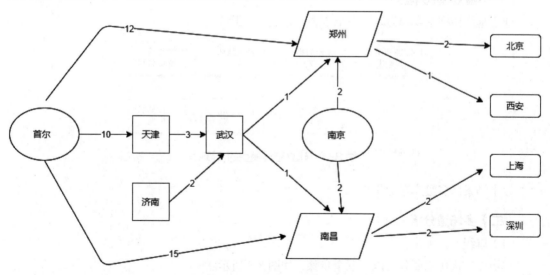

图 8-6　Gcall 供应链网络结构

（1）有两家供应商分别位于中国南京和韩国首尔，在南京的供应商负责供应充电器，在首尔的供应商负责供应手机屏幕。

（2）在中国有三家工厂，分别位于天津、济南和武汉，在天津的工厂由首尔的供应商供货，然后组装成手机半成品，在济南的工厂生产手机外壳，生产的半成品和手机外壳运往武汉的工厂组装成整机。

（3）目前生产的手机外壳分别有金色、黑色、粉色和白色四种类型。

（4）在中国的郑州和南昌有两个配送中心，储存屏幕和所有类型的手机和充电器，存储的屏幕由首尔的供应商供应，存储的手机由武汉的工厂供应，存储的充电器由南京的供应商供应。

（5）有四家经销商分别位于北京、上海、西安和深圳，北京、上海和西安的三家经销商销售屏幕、所有类型的手机和充电器，深圳的经销商销售屏幕。上海和深圳的经销商由位于南昌的配送中心提供服务，西安和北京的经销商由位于郑州的配送中心提供服务。

（6）各供应商、工厂、配送中心均允许积压订单，目前均采用零担运输的方式，如果在运输过程中超过时间要求仍需完成运输，没有运输折扣。

（7）目前的客户服务水平为满足客户95%的需求。

请你借助LLamasoft软件，结合上述实训背景，完成下列任务。

（1）完成单级库存优化和多级库存优化的对比分析。

（2）完成使用推式策略、拉式策略、推拉结合策略的对比分析。

（3）完成使用集中策略和分散策略的对比分析。

（4）完成客户服务水平的灵敏度分析。

实训目的

了解单级和多级库存优化的优化逻辑；了解推拉策略的基本原理和优劣；了解集中策略的优化原理及其与分散策略的优劣；认识库存成本和服务水平的关系。

实训组织

（一）建立基线模型

建立基线模型主要分为以下七个步骤，如图8-7所示。

图8-7　建立基线模型的步骤2

以上场景即多级库存优化。

（二）多场景分析

（1）单级库存优化。

单级库存优化主要分为以下五个步骤，如图8-8所示。

图8-8　单级库存优化的步骤

（2）推拉生产策略。

以上运行的"baseline"场景即推拉结合策略下的库存优化,故需要补充"推式生产"和"拉式生产"策略下库存优化的场景。在本案例中,推式生产指的是只在配送中心备安全库存,当经销商下单后,配送中心能立即满足;拉式生产指的是只在工厂备安全库存,配送中心不备安全库存,经销商下单后,配送中心需要先向上游下单提货,再满足经销商。

推拉生产策略库存优化主要分为以下五个步骤,如图 8-9 所示。

图 8-9　推拉生产策略库存优化的步骤

（3）集中策略。

以上运行的"baseline"场景即分散策略下的库存优化,故只需要构建一个"集中策略"下的场景即可。在集中策略下,原本在南昌配送中心存储的产品全部转移到郑州配送中心,故需要调整相应的采购规则、运输规则并删除南昌配送中心。

集中策略库存优化分为以下四个步骤,如图 8-10 所示。

图 8-10　集中策略库存优化的步骤

（4）客户服务水平灵敏度分析。

以上运行的"baseline"场景即客户服务水平为 95% 限制下的库存优化,接着构建客户服务水平为 91%、93%、97% 和 99% 限制下的库存优化场景。

客户服务水平灵敏度分析分为以下四个步骤,如图 8-11 所示。

图 8-11　客户服务水平灵敏度分析的步骤

实训评价

1. 模型建立正确（30%）。

2. 模型运行结果准确（50%）。

3. 结果分析全面翔实,思路清晰（20%）。

实训三　MX公司基于加权距离的设施选址

实训背景

MX 公司是一家电子产品生产企业,有 6 种主营产品:FG_PhoneBlack、FG_PhoneSilver、

FG_PhoneGold、FG_PhoneBlue、FG_Tablet、FG_Laptop。MX 公司为服务遍布全国的 385 个门店，门店需求量以一年的总量来衡量，各地需求量大小不一。

MX 公司意识到竞争非常激烈，认为自己的仓库离门店越近越好。该公司在咨询了第三方物流公司之后确定了 25 个可供选择的潜在仓库。

请你借助 LLamasoft 软件，结合上述实训背景，在 25 个潜在仓库中选择仓库，通过运行具有不同仓库数目（1 ~ 10）的方案来比较。

实训目的

理解加权平均距离的重要性，掌握利用 SCGX 工具进行以加权距离为目标的建模，以及学会使用 SCGX 的场景功能和可视化输出功能。

实训组织

（一）选择1个DC

建立选择 1 个 DC 的模型主要分为以下八个步骤，如图 8-12 所示。

图 8-12　建立选择 1 个 DC 的模型的步骤

（二）选择2~10个DC

建立选择 2 ~ 10 个 DC 的模型主要分为以下六个步骤，如图 8-13 所示。

图 8-13　建立选择 2 ~ 10 个 DC 的模型的步骤

实训评价

1. 模型建立正确（30%）。
2. 模型运行结果准确（50%）。
3. 结果分析全面翔实，思路清晰（20%）。

实训四　MX公司基于服务水平的设施选址

实训背景

MX 公司目前有一个广汉仓服务于全国的客户，但管理人员明显感觉到目前的服务水平是低下的。MX 公司在模型中做出了类似的假设。利用公司自己的运输数据的平均值，以及有关主要道路和人迹罕至的本地道路上车辆的平均速度和交通方式的公共信息，该公司确定了送货卡车的平均行驶速度仅为 60 千米 / 小时。将这些信息与驾驶员每天最多只能工作 8 小时的假设相结合，能够计算出等效的一日乘车距离：60 千米 / 小时 ×8 小时 =480 千米。

MX 公司将期望服务水平定为两天内满足客户，即客户距离站点需要在 960 千米之内。对 MX 公司的现状（或基线场景）进行建模显示，目前能在两天内满足的需求仅为 24.81%。这远远达不到该公司的预期效果。

请你借助 LLamasoft 软件，结合上述实训背景，完成下列任务。

（1）还原现状（基线场景）。

（2）最小化加权平均距离。

（3）最大化两日达客户需求。

（4）960 千米内客户需求 100% 满足 +3 仓库。

（5）1 536 千米内客户需求 100% 满足 +3 仓库。

（6）1 800 千米内客户需求 100% 满足 +3 仓库。

（7）1 536 千米内客户需求 100% 满足 +4 仓库。

实训目的

理解服务水平对设施选址的影响；能够根据约束条件以服务水平为目标进行建模，以解决实际问题。

实训组织

（一）建立基线模型

建立基线模型主要分为以下七个步骤，如图 8-14 所示。

图 8-14　建立基线模型的步骤 3

（二）多场景分析

（1）最小化加权平均距离。

在这个场景中，希望评估以最小化加权距离为目标的选址方案。构建优化模型场景，添加场景项以将所有 DC 的状态设置为"Consider"，添加场景项以将站点限制的记录状态设置为"Include"。

建立最小化加权平均距离模型主要分为以下五个步骤，如图 8-15 所示。

图 8-15　建立最小化加权平均距离模型的步骤

（2）最大化两日达客户需求。

对于第一个场景，该公司团队在运输规则里使用了统一单位费率 1 元，这更适用于以加权平均距离最小化为目标的模型；但如果以一定距离内最大化需求为目标，则需要对超出最大半径的距离收取惩罚成本。

该公司团队首先利用"输入管道"制定表 8-2 所示的计价方式。

表 8-2 计价方式

距离	成本/元
960千米以内	1
960千米之外	10 000

建立最大化两日达客户需求模型主要分为以下七个步骤，如图 8-16 所示。

图 8-16 建立最大化两日达客户需求模型的步骤

（3）960 千米内客户需求 100% 满足 +3 仓库。

建立 960 千米内客户需求 100% 满足 +3 仓库模型主要分为以下六个步骤，如图 8-17 所示。

图 8-17 建立 960 千米内客户需求 100% 满足 +3 仓库模型的步骤

（4）1 536 千米内客户需求 100% 满足 +3 仓库。

建立 1 536 千米内客户需求 100% 满足 +3 仓库模型主要分为以下五个步骤，如图 8-18 所示。

图 8-18 建立 1 536 千米内客户需求 100% 满足 +3 仓库模型的步骤

（5）1 800 千米内客户需求 100% 满足 +3 仓库。

建立 1 800 千米内客户需求 100% 满足 +3 仓库模型主要分为以下五个步骤，如图 8-19 所示。

图 8-19 建立 1 800 千米内客户需求 100% 满足 +3 仓库模型的步骤

（6）1 536 千米内客户需求 100% 满足 +4 仓库。

建立 1 536 千米内客户需求 100% 满足 +4 仓库模型主要分为以下五个步骤，如图 8-20 所示。

图 8-20　建立 1 536 千米内客户需求 100% 满足 +4 仓库模型的步骤

实训评价

1. 模型建立正确（30%）。
2. 模型运行结果准确（50%）。
3. 结果分析全面翔实，思路清晰（20%）。

实训五　MX公司基于运输成本的设施选址

实训背景

尽管 MX 公司的分析团队找到了使加权平均距离下降的仓库数量拐点为 3，找到了比较适合建仓的三个位置：天津、芜湖和广汉。但团队觉得，以成本为目标的决策要比以加权距离为目标的决策更能让人信服。所以团队决定在实训四模型的基础上引入运输成本，找出使得运输成本最低的三个仓库。目前使用的运价计算方式是全网统一的单位运输成本：0.05 元 /（件·千米）。

团队想要增加使用两种不同的运价计算方式，比较二者得到的选址方案与现状的差异，了解运输成本对于供应链网络的影响。

（1）使用全网统一的单位运输费率：0.05 元 /（件·千米）。

（2）使用全网统一的单位运输费率：0.06 元 /（件·千米）。

（3）考虑到不同区域的单位运输费率存在较大差异，拟使用不同 DC 到客户的单位运输成本 [单位：元 /（件·千米）]，如表 8-3 所示。

表 8-3　不同 DC 到客户的单位运输成本

站点	单位运输成本	站点	单位运输成本
DC_昌吉	0.031	DC_广州	0.065
DC_防城港	0.041	……	……
DC_广汉	0.049		

实训目的

理解单位运输成本对供应链模型结果的影响，理解以成本为目标与以加权平均距离为目标进行供应链建模的差异。

实训组织

（一）建立基线模型

建立基线模型主要分为以下七个步骤，如图 8-21 所示。

图 8-21 建立基线模型的步骤 4

（二）多场景分析

（1）统一单位运输成本。

在这个场景中，希望评估当单位运输成本统一成 0.06 元 /（件·千米）时，以运输成本最小为目标的选址方案。将构建优化模型场景，添加场景项以将单位运输成本统一成 0.06 元 /（件·千米）。

统一单位运输成本场景构建主要分为以下六个步骤，如图 8-22 所示。

图 8-22 统一单位运输成本场景构建

（2）分区单位运输成本。

在这个场景中，希望评估当单位运输成本分区计入时，以运输成本最小为目标的选址方案。将构建优化模型场景，添加场景项以排除统一运输规则，包含分区运输规则。

建立分区单位运输成本模型主要分为以下五个步骤，如图 8-23 所示。

图 8-23 建立分区单位运输成本模型的步骤

实训评价

1. 模型建立正确（30%）。
2. 模型运行结果准确（50%）。
3. 结果分析全面翔实，思路清晰（20%）。

实训六 MX公司权衡成本和客户服务水平的供应链网络设计

实训背景

随着 MX 公司业务的不断发展，面临的竞争也越来越大，公司需要进一步提升客户服务水平，当然也需要考虑成本。考虑的设施成本包含仓库固定成本和仓库可变成本两部分：仓库的固定成本为 200 万元 / 个，表 8-4 所示的仓库可变成本，为阶梯成本。单位运输成本为 0.05 元 /（件·千米）。

表 8-4 不同吞吐量水平下的仓库可变成本

吞吐量水平/件	仓库可变成本/元	吞吐量水平/件	仓库可变成本/元
0~25万	50万	50万~100万	150万
25万~50万	100万	100万~200万	200万

本实训中，规定送货卡车的平均行驶速度仍为 60 千米 / 小时，驾驶员每天最多只能工作 8 小时，计算出等效的一日乘车距离为 480 千米。MX 公司计划在全国范围内优化网络布局，以达到期望的客户服务水平，并获得需要付出的成本情况。

请你借助 LLamasoft 软件，结合上述实训背景，完成下列任务。

（1）以总成本最低为目标进行供应链网络设计。

（2）以满足不同客户服务水平期望为前提的总成本最低为目标进行供应链网络设计。

实训目的

理解成本和客户服务水平的权衡方法；能够解决以总成本最低为目标同时添加客户服务水平约束的设施选址问题。

任务组织

（一）建立基线模型

建立基线模型主要分为以下七个步骤，如图 8-24 所示。

图 8-24 建立基线模型的步骤 5

（二）改变客户服务水平

通过计算，我们可以得到基线场景下，480 千米内的服务满足率为 83.91%。管理层觉得 83.91% 的客户服务水平不够，他们觉得一日之内的需求满足率至少达到 85%，但又担心这会带来过高的成本。团队决定设置不同的客户服务水平梯度，以观察相应的成本变化。因此，我们以不同客户服务水平约束建立场景进行分析。

构建 85%、86%、87%、88%、89% 和 90% 的客户服务水平场景的步骤主要分为以下五个，如图 8-25 所示。

图 8-25 构建 85%、86%、87%、88%、89% 和 90% 的客户服务水平场景的步骤

实训评价

1. 模型建立正确（30%）。

2. 模型运行结果准确（50%）。

3. 结果分析全面翔实，思路清晰（20%）。

实训七　ZB公司多级供应链网络设计

实训背景

ZB 公司是一家大型杂货零售商，总部位于武汉，主要经营冷冻食品、果汁和饮料等杂货，其在国内经营着 120 家商店。

随着业务的增长，企业将在成都建立总仓，采取总仓—配送中心—客户的三级供应链模式，每个配送中心的运营成本为 200 万元，配送中心到客户的单位运输成本为 0.01 元 /（件·千米），总仓到配送中心的单位运输成本为 0.004 元 /（件·千米）。

请你借助 LLamasoft 软件，结合上述实训背景，完成下列任务。

（1）场景 1：仅考虑二级供应链的配送中心选址。

（2）场景 2：配送中心选址不变，添加入站成本。

（3）场景 3：添加入站成本后的配送中心重新选址。

（4）场景 4：考虑客户服务水平的配送中心重新选址。

（5）场景 5：允许跨级采购后的配送中心重新选址。

实训目的

通过构建不同约束条件下的供应链网络优化模型，理解添加入站成本及多级客户服务水平对配送中心选址的影响；理解跨级采购对供应链网络的影响。

实训组织

（一）建立基线模型

建立基线模型主要分为以下七个步骤，如图 8-26 所示。

图 8-26　建立基线模型的步骤6

（二）多场景分析

（1）三级现状。

在这个场景中，仍使用哈尔滨、咸阳、郑州、南昌、重庆和防城港 6 个配送中心，添加入站运输成本，重新进行产品流的分配。

建立三级现状模型主要分为以下八个步骤，如图 8-27 所示。

图 8-27　建立三级现状模型的步骤

（2）三级选址。

在这个场景中，希望在三级网络下重新进行网络选址，添加场景项以将所有 DC 的状态改为"Consider"。

建立三级选址的模型主要分为以下五个步骤，如图 8-28 所示。

图 8-28　建立三级选址模型的步骤

（3）考虑客户服务水平的三级选址。

在这个场景中，希望在考虑客户服务水平的三级网络下重新进行网络选址，添加场景项以考虑客户服务水平限制（客户一日达的服务水平至少为 80%）。

建立考虑客户服务水平的三级选址的模型主要分为以下六个步骤，如图 8-29 所示。

图 8-29　建立考虑客户服务水平的三级选址模型的步骤

（4）允许跨级采购的三级选址。

建立允许跨级采购的三级选址的模型主要分为以下七个步骤，如图 8-30 所示。

图 8-30　建立允许跨级采购的三级选址模型的步骤

实训评价

1. 模型建立正确（30%）。

2. 模型运行结果准确（50%）。

3. 结果分析全面翔实，思路清晰（20%）。

附录 A

T分布表

自由度Df	概率P							
	0.1	0.05	0.025	0.01	0.005	0.001	0.000 5	单尾
	0.2	0.1	0.05	0.02	0.01	0.002	0.001	双尾
1	3.078	6.314	12.706	31.821	63.657	318.309	636.619	
2	1.886	2.920	4.303	6.965	9.925	22.327	31.599	
3	1.638	2.353	3.182	4.541	5.841	10.215	12.924	
4	1.533	2.132	2.776	3.747	4.604	7.173	8.610	
5	1.476	2.015	2.571	3.365	4.032	5.893	6.869	
6	1.440	1.943	2.447	3.143	3.707	5.208	5.959	
7	1.415	1.895	2.365	2.998	3.499	4.785	5.408	
8	1.397	1.860	2.306	2.896	3.355	4.501	5.041	
9	1.383	1.833	2.262	2.821	3.250	4.297	4.781	
10	1.372	1.812	2.228	2.764	3.169	4.144	4.587	
11	1.363	1.796	2.201	2.718	3.106	4.025	4.437	
12	1.356	1.782	2.179	2.681	3.055	3.930	4.318	
13	1.350	1.771	2.160	2.650	3.012	3.852	4.221	
14	1.345	1.761	2.145	2.624	2.977	3.787	4.140	
15	1.341	1.753	2.131	2.602	2.947	3.733	4.073	
16	1.337	1.746	2.120	2.583	2.921	3.686	4.015	
17	1.333	1.740	2.110	2.567	2.898	3.646	3.965	
18	1.330	1.734	2.101	2.552	2.878	3.610	3.922	
19	1.328	1.729	2.093	2.539	2.861	3.579	3.883	
20	1.325	1.725	2.086	2.528	2.845	3.552	3.850	
21	1.323	1.721	2.080	2.518	2.831	3.527	3.819	
22	1.321	1.717	2.074	2.508	2.819	3.505	3.792	
23	1.319	1.714	2.069	2.500	2.807	3.485	3.768	
24	1.318	1.711	2.064	2.492	2.797	3.467	3.745	
25	1.316	1.708	2.060	2.485	2.787	3.450	3.725	

自由度Df	概率P							单尾
	0.1	0.05	0.025	0.01	0.005	0.001	0.000 5	单尾
	0.2	0.1	0.05	0.02	0.01	0.002	0.001	双尾
26	1.315	1.706	2.056	2.479	2.779	3.435	3.707	
27	1.314	1.703	2.052	2.473	2.771	3.421	3.690	
28	1.313	1.701	2.048	2.467	2.763	3.408	3.674	
29	1.311	1.699	2.045	2.462	2.756	3.396	3.659	
30	1.310	1.697	2.042	2.457	2.750	3.385	3.646	
31	1.309	1.696	2.040	2.453	2.744	3.375	3.633	
32	1.309	1.694	2.037	2.449	2.738	3.365	3.622	
33	1.308	1.692	2.035	2.445	2.733	3.356	3.611	
34	1.307	1.691	2.032	2.441	2.728	3.348	3.601	
35	1.306	1.690	2.030	2.438	2.724	3.340	3.591	
36	1.306	1.688	2.028	2.434	2.719	3.333	3.582	
37	1.305	1.687	2.026	2.431	2.715	3.326	3.574	
38	1.304	1.686	2.024	2.429	2.712	3.319	3.566	
39	1.304	1.685	2.023	2.426	2.708	3.313	3.558	
40	1.303	1.684	2.021	2.423	2.704	3.307	3.551	
41	1.303	1.683	2.020	2.421	2.701	3.301	3.544	
42	1.302	1.682	2.018	2.418	2.698	3.296	3.538	
43	1.302	1.681	2.017	2.416	2.695	3.291	3.532	
44	1.301	1.680	2.015	2.414	2.692	3.286	3.526	
45	1.301	1.679	2.014	2.412	2.690	3.281	3.520	
46	1.300	1.679	2.013	2.410	2.687	3.277	3.515	
47	1.300	1.678	2.012	2.408	2.685	3.273	3.510	
48	1.299	1.677	2.011	2.407	2.682	3.269	3.505	
49	1.299	1.677	2.010	2.405	2.680	3.265	3.500	
50	1.299	1.676	2.009	2.403	2.678	3.261	3.496	
51	1.298	1.675	2.008	2.402	2.676	3.258	3.492	
52	1.298	1.675	2.007	2.400	2.674	3.255	3.488	
53	1.298	1.674	2.006	2.399	2.672	3.251	3.484	
54	1.297	1.674	2.005	2.397	2.670	3.248	3.480	
55	1.297	1.673	2.004	2.396	2.668	3.245	3.476	
56	1.297	1.673	2.003	2.395	2.667	3.242	3.473	

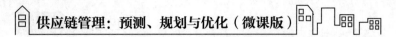

续表

自由度Df	概率P							单尾
	0.1	0.05	0.025	0.01	0.005	0.001	0.000 5	单尾
	0.2	0.1	0.05	0.02	0.01	0.002	0.001	双尾
57	1.297	1.672	2.002	2.394	2.665	3.239	3.470	
58	1.296	1.672	2.002	2.392	2.663	3.237	3.466	
59	1.296	1.671	2.001	2.391	2.662	3.234	3.463	
60	1.296	1.671	2.000	2.390	2.660	3.232	3.460	
61	1.296	1.670	2.000	2.389	2.659	3.229	3.457	
62	1.295	1.670	1.999	2.388	2.657	3.227	3.454	
63	1.295	1.669	1.998	2.387	2.656	3.225	3.452	
64	1.295	1.669	1.998	2.386	2.655	3.223	3.449	
65	1.295	1.669	1.997	2.385	2.654	3.220	3.447	
66	1.295	1.668	1.997	2.384	2.652	3.218	3.444	
67	1.294	1.668	1.996	2.383	2.651	3.216	3.442	
68	1.294	1.668	1.995	2.382	2.650	3.214	3.439	
69	1.294	1.667	1.995	2.382	2.649	3.213	3.437	
70	1.294	1.667	1.994	2.381	2.648	3.211	3.435	
71	1.294	1.667	1.994	2.380	2.647	3.209	3.433	
72	1.293	1.666	1.993	2.379	2.646	3.207	3.431	
73	1.293	1.666	1.993	2.379	2.645	3.206	3.429	
74	1.293	1.666	1.993	2.378	2.644	3.204	3.427	
75	1.293	1.665	1.992	2.377	2.643	3.202	3.425	
76	1.293	1.665	1.992	2.376	2.642	3.201	3.423	
77	1.293	1.665	1.991	2.376	2.641	3.199	3.421	
78	1.292	1.665	1.991	2.375	2.640	3.198	3.420	
79	1.292	1.664	1.990	2.374	2.640	3.197	3.418	
80	1.292	1.664	1.990	2.374	2.639	3.195	3.416	
81	1.292	1.664	1.990	2.373	2.638	3.194	3.415	
82	1.292	1.664	1.989	2.373	2.637	3.193	3.413	
83	1.292	1.663	1.989	2.372	2.636	3.191	3.412	
84	1.292	1.663	1.989	2.372	2.636	3.190	3.410	
85	1.292	1.663	1.988	2.371	2.635	3.189	3.409	
86	1.291	1.663	1.988	2.370	2.634	3.188	3.407	
87	1.291	1.663	1.988	2.370	2.634	3.187	3.406	

自由度Df	概率P							单尾
	0.1	0.05	0.025	0.01	0.005	0.001	0.000 5	
	0.2	0.1	0.05	0.02	0.01	0.002	0.001	双尾
88	1.291	1.662	1.987	2.369	2.633	3.185	3.405	
89	1.291	1.662	1.987	2.369	2.632	3.184	3.403	
90	1.291	1.662	1.987	2.368	2.632	3.183	3.402	
91	1.291	1.662	1.986	2.368	2.631	3.182	3.401	
92	1.291	1.662	1.986	2.368	2.630	3.181	3.399	
93	1.291	1.661	1.986	2.367	2.630	3.180	3.398	
94	1.291	1.661	1.986	2.367	2.629	3.179	3.397	
95	1.291	1.661	1.985	2.366	2.629	3.178	3.396	
96	1.290	1.661	1.985	2.366	2.628	3.177	3.395	
97	1.290	1.661	1.985	2.365	2.627	3.176	3.394	
98	1.290	1.661	1.984	2.365	2.627	3.175	3.393	
99	1.290	1.660	1.984	2.365	2.626	3.175	3.392	
100	1.290	1.660	1.984	2.364	2.626	3.174	3.390	
120	1.289	1.658	1.980	2.358	2.617	3.160	3.373	
∞	1.282	1.645	1.960	2.326	2.576	3.090	3.291	

标准正态分布表

$$\Phi(x) = \int_{-\infty}^{x} \frac{1}{\sqrt{2\pi}} e^{-\frac{t^2}{2}} dt = P(X \leqslant x)$$

$$\Phi(-x) = 1 - \Phi(x)$$

x	0	0.01	0.02	0.03	0.04	0.05	0.06	0.07	0.08	0.09
0	0.500 0	0.504 0	0.508 0	0.512 0	0.516 0	0.519 9	0.523 9	0.527 9	0.531 9	0.535 9
0.1	0.539 8	0.543 8	0.547 8	0.551 7	0.555 7	0.559 6	0.563 6	0.567 5	0.571 4	0.575 3
0.2	0.579 3	0.583 2	0.587 1	0.591 0	0.594 8	0.598 7	0.602 6	0.606 4	0.610 3	0.614 1
0.3	0.617 9	0.621 7	0.625 5	0.629 3	0.633 1	0.636 8	0.640 4	0.644 3	0.648 0	0.651 7
0.4	0.655 4	0.659 1	0.662 8	0.666 4	0.670 0	0.673 6	0.677 2	0.680 8	0.684 4	0.687 9
0.5	0.691 5	0.695 0	0.698 5	0.701 9	0.705 4	0.708 8	0.712 3	0.715 7	0.719 0	0.722 4
0.6	0.725 7	0.729 1	0.732 4	0.735 7	0.738 9	0.742 2	0.745 4	0.748 6	0.751 7	0.754 9
0.7	0.758 0	0.761 1	0.764 2	0.767 3	0.770 3	0.773 4	0.776 4	0.779 4	0.782 3	0.785 2
0.8	0.788 1	0.791 0	0.793 9	0.796 7	0.799 5	0.802 3	0.805 1	0.807 8	0.810 6	0.813 3
0.9	0.815 9	0.818 6	0.821 2	0.823 8	0.826 4	0.828 9	0.835 5	0.834 0	0.836 5	0.838 9
1	0.841 3	0.843 8	0.846 1	0.848 5	0.850 8	0.853 1	0.855 4	0.857 7	0.859 9	0.862 1
1.1	0.864 3	0.866 5	0.868 6	0.870 8	0.872 9	0.874 9	0.877 0	0.879 0	0.881 0	0.883 0
1.2	0.884 9	0.886 9	0.888 8	0.890 7	0.892 5	0.894 4	0.896 2	0.898 0	0.899 7	0.901 5
1.3	0.903 2	0.904 9	0.906 6	0.908 2	0.909 9	0.911 5	0.913 1	0.914 7	0.916 2	0.917 7
1.4	0.919 2	0.920 7	0.922 2	0.923 6	0.925 1	0.926 5	0.927 9	0.929 2	0.930 6	0.931 9
1.5	0.933 2	0.934 5	0.935 7	0.937 0	0.938 2	0.939 4	0.940 6	0.941 8	0.943 0	0.944 1
1.6	0.945 2	0.946 3	0.947 4	0.948 4	0.949 5	0.950 5	0.951 5	0.952 5	0.953 5	0.953 5
1.7	0.955 4	0.956 4	0.957 3	0.958 2	0.959 1	0.959 9	0.960 8	0.961 6	0.962 5	0.963 3
1.8	0.964 1	0.964 8	0.965 6	0.966 4	0.967 2	0.967 8	0.968 6	0.969 3	0.970 0	0.970 6
1.9	0.971 3	0.971 9	0.972 6	0.973 2	0.973 8	0.974 4	0.975 0	0.975 6	0.976 2	0.976 7
2	0.977 2	0.977 8	0.978 3	0.978 8	0.979 3	0.979 8	0.980 3	0.980 8	0.981 2	0.981 7
2.1	0.982 1	0.982 6	0.983 0	0.983 4	0.983 8	0.984 2	0.984 6	0.985 0	0.985 4	0.985 7
2.2	0.986 1	0.986 4	0.986 8	0.987 1	0.987 4	0.987 8	0.988 1	0.988 4	0.988 7	0.989 0
2.3	0.989 3	0.989 6	0.989 8	0.990 1	0.990 4	0.990 6	0.990 9	0.991 1	0.991 3	0.991 6

x	0	0.01	0.02	0.03	0.04	0.05	0.06	0.07	0.08	0.09
2.4	0.991 8	0.992 0	0.992 2	0.992 5	0.992 7	0.992 9	0.993 1	0.993 2	0.993 4	0.993 6
2.5	0.993 8	0.994 0	0.994 1	0.994 3	0.994 5	0.994 6	0.994 8	0.994 9	0.995 1	0.995 2
2.6	0.995 3	0.995 5	0.995 6	0.995 7	0.995 9	0.996 0	0.996 1	0.996 2	0.996 3	0.996 4
2.7	0.996 5	0.996 6	0.996 7	0.996 8	0.996 9	0.997 0	0.997 1	0.997 2	0.997 3	0.997 4
2.8	0.997 4	0.997 5	0.997 6	0.997 7	0.997 7	0.997 8	0.997 9	0.997 9	0.998 0	0.998 1
2.9	0.998 1	0.998 2	0.998 2	0.998 3	0.998 4	0.998 4	0.998 5	0.998 5	0.998 6	0.998 6
3	0.998 7	0.999 0	0.999 3	0.999 5	0.999 7	0.999 8	0.999 8	0.999 9	0.999 9	1.000 0

参考文献

[1] 张启慧，孟庆永，杨妍. 供应链管理 [M]. 北京：机械工业出版社，2021.

[2] 辛奇 - 利维 D，卡明斯基，辛奇 - 利维 E. 供应链设计与管理：概念、战略与案例研究 [M]. 季建华，邵晓峰，译. 北京：中国人民大学出版社，2010.

[3] 施丽华，黄新祥，汤世强. 供应链管理 [M]. 北京：清华大学出版社，2014.

[4] 马璐，吕品. 物流决策与优化 [M]. 武汉：华中科技大学出版社，2019.

[5] 鄂立彬. 跨境电商供应链管理 [M]. 北京：对外经济贸易大学出版社，2017.

[6] 王先庆. 新物流：新零售时代的供应链变革与机遇 [M]. 北京：中国经济出版社，2019.

[7] 朱占峰，陈勇. 供应链管理 [M]. 3 版. 北京：高等教育出版社，2019.

[8] 乔普拉，迈因德尔. 供应链管理：战略、计划和运作 [M]. 刘曙光，吴秀云，译. 北京：清华大学出版社，2014.

[9] 施耐德，申作军. 供应链理论基础 [M]. 冉仑，钟华，李金林，译. 北京：清华大学出版社，2016.

[10] 供应链管理专业协会，泰特. 供应链与采购管理 [M]. 黄薇，译. 北京：人民邮电出版社，2020.

[11] 王玉荣. 商务预测方法 [M]. 3 版. 北京：对外经济贸易大学出版社，2014.

[12] 陈江，马立平. 预测与决策概论 [M]. 4 版. 北京：首都经济贸易大学出版社，2018.

[13] 魏艳华，王丙参，郝淑双. 统计预测与决策 [M]. 成都：西南交通大学出版社，2014.

[14] 冯文权，傅征. 经济预测与决策技术 [M]. 6 版. 武汉：武汉大学出版社，2018.

[15] 杨林泉. 系统工程方法与应用 [M]. 北京：冶金工业出版社，2018.

[16] 王玉荣. 商务数据分析软件教程 [M]. 北京：对外经济贸易大学出版社，2016.

[17] 申卯兴，令伟锋，何媛，等. 应用统计学：基于 SPSS[M]. 2 版. 天津：天津大学出版社，2020.

[18] 何大义. 管理运筹学方法 [M]. 武汉：武汉大学出版社，2018.

[19] 冯光明，余峰. 客户关系管理理论与实务 [M]. 北京：清华大学出版社，2019.

[20] 何晓群. 多元统计分析 [M]. 5 版. 北京：中国人民大学出版社，2019.

[21] 王自勤. 物流管理综合实务 [M]. 北京：高等教育出版社，2015.

[22] 谢家平，梁玲，宋明珍. 供应链管理 [M]. 4 版. 上海：上海财经大学出版社，2021.

[23] 张彤，马洁. 采购与供应管理 [M]. 北京：清华大学出版社，2020.